新编21世纪高等职业教育精品教材 · 公共基础课系列

耕读劳动

新时代劳动教育实践

GENGDU LAODONG
XINSHIDAI
LAODONG
JIAOYU
SHIJIAN

主　编 ◎ 李振科

中国人民大学出版社
· 北京 ·

编委会

前言

《中共中央　国务院关于全面加强新时代大中小学劳动教育的意见》明确要求，全面构建体现时代特征的劳动教育体系。2022年中央一号文件也明确提出“加强乡村振兴人才队伍建设”，并“完善耕读教育体系”。国家希望通过加强耕读教育来培养更多具备现代农业知识和技能的人才。作为培养农业领域专业人才的重要基地，职业院校承担着不可推卸的责任与使命。在此背景下，我们精心策划并编写了这本旨在融合理论与实践、传统与现代、知识与技能的劳动教育教材。

本教材积极响应国家关于深化教育教学改革、加强劳动教育的号召，通过“立体化教学”创新模式，打破传统教材的局限，为学习者提供一个更加丰富、多元、互动的学习平台。在编写过程中，我们打破了传统教材的线性叙述方式，采用模块化设计，使得教材内容更加灵活、易于理解。同时，我们还设计了技能实训、问题探讨等多元化体例，旨在增强教材的互动性和实用性，激发学生的学习兴趣和参与热情。此外，我们特别融入了智能化农业、绿色养殖、食品加工和烹饪等行业最新技术和发展趋势，确保教材内容的前沿性和前瞻性，为学生未来的职业发展奠定坚实基础。

在内容编排上，我们力求做到既全面又深入。从现代农业技术的最新进展到园艺技术的实践应用，从水产养殖的精细管理到农产品加工与烹饪的技艺传承，本教材涵盖了农林牧渔业生产劳动的全过程，旨在为学生构建一个完整、系统的知识体系。同时，我们还特别注重培养学生的创新思维和解决问题的能力，通过设置问题探讨、案例分析等栏目，激发学生的思考热情，培养他们的批判性思维和创新能力。

本教材由广西农业工程职业技术学院组织编写，莫嘉凌担任主审，李振科担任主编，强艳芳、韦淑丹担任副主编，潘文兴、梁燕理、农新闻、林圆圆、何伟鸿、吴凤莲、尧功梅、方紫蕊、赖东、韦燕梅、黄淼、黄柳滢、吴建璋、农丽凤、王颖、石晓玲、张东莓、王华美、蒋季容、朱苗闪、覃莹莹、杨小妹、陈贤珍、龚振熙、韦小影、李嘉参与编写。

我们深知，教育是一项长期而艰巨的任务，需要全社会的共同努力。因此，我们诚挚地希望广大师生、教育工作者以及行业专家能够对本教材提出宝贵的意见和建议，共同推动农业教育的创新发展。同时，我们也期待本教材能够为培养更多优秀的农业领域人才贡献一份力量，为实现农业现代化和乡村振兴的伟大目标添砖加瓦。

目 录

专题一　农业劳动生产

专题导语

在探索多元化知识体系与技能实践的广阔领域中，农业劳动生产作为自然与人类智慧交融的桥梁，始终保持着不可替代的重要地位。本专题深入剖析现代农业技术革新的核心要素及劳动效率提升的实践路径，旨在通过这一探索，既回顾农业生产悠久的历史脉络，又展望其面向未来的发展趋势。我们期望引领读者深入理解高效种植技术、智能管理体系以及生态平衡理念在现代农业中的应用，激励每位读者为农业劳动的现代化转型与可持续发展贡献智慧与力量。

项目一

传统农业生产

项目目标

1. 通过学习，深入理解并掌握传统农业劳动工具的发展历程、种类划分、构造原理及在农业生产中的实际应用。

2. 通过田间劳动实践，熟练掌握常见劳动农具的使用方法，把握常规农事操作的技术要领。同时，了解作物的生长周期，熟悉各生育期的主要特点及生长环境条件的具体要求。

3. 结合劳动实践，将理论知识与实际操作紧密结合，深刻体会到传统农业劳动中蕴含的人类智慧，以及人与自然和谐共生的生态理念。

项目导语

本项目围绕传统农业生产这一核心主题，通过“劳动工具的演变与智慧”及“传统农业种植管理要点”两个方面进行深入探索。在“劳动工具的演变与智慧”中，我们将引领您穿越历史的长廊，从石器时代起步，历经铁器时代的辉煌，直至近代，基本了解传统农业工具的发展历程。在“传统农业种植管理要点”中，我们将细致入微地剖析传统农业种植中的土壤培育、作物种植、田间管理等关键环节，深入揭示这些技术与方法背后的科学原理及其在实践中的巨大价值。

任务一 传统农具

科普知识

劳动工具的演变与智慧——传统农具全览

在人类文明的长河中，农业始终扮演着至关重要的角色，它不仅是人类生存与发展的基石，也是文化传承与社会进步的重要推动力。农业劳动工具，作为农业生产的直接媒介，其演变历程不仅见证了人类生产力的巨大飞跃，更凝聚了无数代人的智慧与辛勤汗水。

传统农具，作为农业劳动智慧的结晶，种类繁多，功能各异。它们大致可以分为耕作工具、播种工具、灌溉工具、收割工具及农产品加工工具等几大类。每一类工具都承载着特定的历史使命，共同编织出传统农业生产的完整链条，为人类的农业生产活动提供了强有力的支持。

一、耕作工具

如犁、耙、锄等，是农业生产中最基础且至关重要的工具之一。它们主要用于土壤的翻新与整平，为作物的健康生长创造适宜的土壤环境。其中，犁作为耕作工具的代表，其设计极为巧妙，充分利用了杠杆原理并结合动物或机械的力量，显著提高了耕作的效率。耙用于进一步细化土壤，使其更加松软细腻，从而有利于作物的根系深入土壤，吸收养分。

二、播种工具

如耧车，是古代农业智慧的又一璀璨结晶。它不仅能够均匀地将种子播撒在土壤中，还能在播种的同时巧妙地施加肥料，实现了作物生长所需养分的均衡供给。这种工具的出现，极大地提高了播种的精度与效率，为作物的茁壮成长和最终丰收奠定了坚实的基础。

三、灌溉工具

这类工具是古代农业中为解决水资源短缺问题而做出的重要发明。它们巧妙地利用自然力量（如重力）或人力驱动，将水源高效引入农田，为作物的健康生长提供了不可或缺的水分。这些工具的发明与使用，不仅成功解决了农业生产的用水难题，更极大地推动了农业灌溉技术的持续发展与进步。

四、收割工具

如镰刀、稻镰、连枷等，是农作物成熟后收获的关键工具。它们的设计简洁而实用，能够高效地割下作物，确保粮食的及时收获与储存。这些工具的广泛使用，不仅提高了农业生产效率，更为后世的机械化收割技术提供了有益的借鉴。

五、农产品加工工具

如石磨、石臼、舂米、风车等，是将收获的粮食加工成可食用形态的重要设备。它们通过物理方式，如研磨、碾压或分离，将粮食转化成粉末状、去除杂质，为人类提供了更加多样化的饮食选择。这些工具的发明与使用，不仅极大地丰富了人类的饮食结构，更推动了农业加工技术的持续发展与革新。

六、代表性的传统农具及其实际应用

接下来，我们将深入探索一系列具有代表性的传统农具及其实际应用，带您领略这些古老工具背后所蕴含的智慧与魅力。通过了解这些工具的历史背景、设计原理以及使用场景，您将能够更加深切地体会到传统农业生产的艰辛历程与劳动人民的卓越智慧。同时，这些传统农具也将为现代农业技术的创新与发展提供宝贵的启示与借鉴。

（一）犁

犁是农业生产中最具代表性的工具之一，其主要功能是翻土，并兼具松土、碎土的作用（见图 1-1）。中国的犁是由耒耜（lěi sì）发展演变而成，使用牛拉耒耜之后，渐渐有了专属名称——犁。我国犁出现于商朝，西周晚期至春秋时期出现铁犁，标志着农业生产工具的一大进步。西汉时期，直辕犁问世，到隋唐时期，犁的构造又经历了较大的改进，曲辕犁应运而生。自唐代以后，我国的犁在构造上便基本定型，没有再进行大的改动。

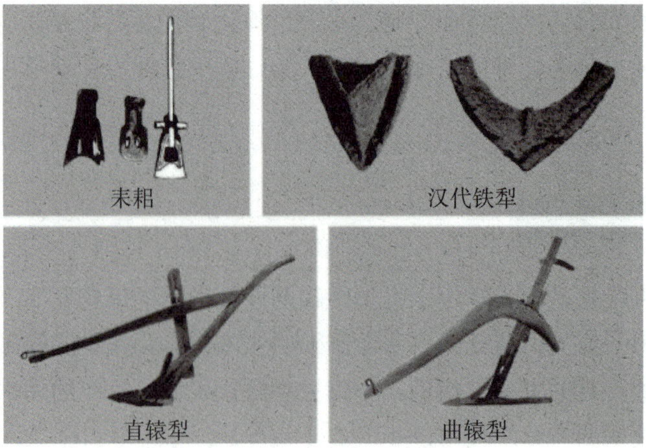

图 1-1　犁

在使用曲辕犁时，通常会将支架固定在牛或马等动力源上，随后将犁铧安装在支架的下方，并仔细调整好其深度和角度，以确保耕作效果（见图 1–2）。开始耕作前，操作者会先将曲辕犁拉到田地的一侧做好准备。随后，让动物逐步拉着曲辕犁前行，耕作过程中，操作者需要密切关注并适时调整犁的深度和角度，以确保土地被均匀且彻底地翻动。

图 1–2　曲辕犁

（二）耙

耙（读音有两种，分别为“pá”和“bà”）是一种农业工具及其相关动作的名称。耙作为中国古代传统农具之一，在农业生产中发挥了重要作用。它的发展和使用历程不仅推动了农业生产力的提升，也体现了古代人民对农业工具的不断改进和创新精神。

当读作“pá”时，耙通常指的是一种用于聚拢谷物、平整土地或聚拢、散开柴草等物品的用具（见图 1–3）。当读作“bà”时，耙则特指一种碎土、平地的农具，其主要功能是将耕过的地里的大土块弄碎并平整土地（见图 1–4）。

图 1–3　耙（pá）

图 1–4　耙（bà）

耙作为一种多功能的农具，其设计多样，以适应不同的农业作业需求。常见的耙有钉齿耙和圆盘耙等类型。这些耙通常由耙齿、耙梁和耙柄等关键部分组成。耙齿负责直接作用于土壤或作物，耙梁起到支撑和连接耙齿的作用，耙柄则是操作者握持或连接动力源的部分。通过人力或畜力拉动或推动耙柄，可以驱动耙进行各种农业作业。

功能与应用：（1）聚拢谷物，在农作物收获季节，耙可以用来将散落的谷物聚拢起来，方便收集；（2）平整土地，在耕种前或耕种过程中，耙可以用来平整土地，将大土块弄碎，为作物的生长创造良好的土壤条件。除了上述功能外，耙还可以用于散开柴草等物品，或作为其他农业活动中的辅助工具。

（三）耧车

耧车，也叫“耧犁”“耙耧”，是一种畜力条播机，西汉赵过作耧，已有两千多年历史（见图 1–5）。由耧架、耧斗、耧腿、耧铲等构成。有一腿耧至七腿耧多种，以两腿耧播种较均匀。由牲畜牵引，后面有人扶着，可以同时完成开沟和下种两项工作。播种时，用一头牛拉着耧车，耧脚在平整好的土地上开沟播种，同时进行覆盖和填压，一举数得，省时省力，故其效率可以达到“日种一顷”。

图 1–5　耧车

（四）桔槔

桔槔（jié gāo），是一种简易而实用的汲水工具，其工作原理基于杠杆原理，通过在井旁或水边的树上或架子上挂一杠杆，一端系水桶，另一端坠大石块，通过一起一落的动作实现汲水（见图 1–6）。这种设计使得汲水过程更为省力，大大提高了取水效率。桔槔的使用范围广泛，尤其适用于从井中取水，是古代农村生活中不可或缺的一部分。

图 1–6　桔槔

桔槔的构造简单却富有智慧，它充分利用了自然条件和物理原理，体现了古代人民对自然规律的深刻认识和巧妙利用。同时，桔槔的出现也极大地改善了古代人民的生活条件，使得取水变得更加便捷高效。

（五）龙骨水车

龙骨水车，也称翻车、踏车、水车，是中国古代重要的灌溉工具。它利用水力或人力驱动，将低处的水集到高处，以解决高地或远离水源地区的农田灌溉问题。龙骨水车的基本构造是以木板为槽，尾部浸入水流中，有小轮轴，另一端有小轮轴固定于堤岸的木架上，通过踩动拐木使大轮轴转动，带动槽内板叶刮水上行，倾灌于地势较高的田中（见图 1–7）。

图 1–7　龙骨水车

龙骨水车的发展历史悠久，约始于东汉时期，三国时发明家马钧曾对其进行改进。此后，龙骨水车一直在农业上发挥巨大的作用。随着技术的不断进步，后世又出现了利用流水作动力的水转龙骨车、利用牛拉使齿轮转动的牛拉翻车以及利用风力转动的风转翻车等多种类型。

龙骨水车的设计巧妙，充分利用了轮轴原理、杠杆原理以及势能转化等科学原理，其结构合理、可靠实用，使得提水效率大大提高。同时，龙骨水车的制作材料主要是木材，因为木材具有较好的韧性和弹性，能够承受水车的重量和压力，且抗腐蚀、抗老化等特点使其适合在长期处于湿润环境中使用。

龙骨水车广泛应用于中国古代农业中，尤其在南方水稻种植区更是不可或缺。它极大地推动了农业生产的发展，提高了灌溉效率，促进了农业生产力的提升。直到近代，随着农用水泵的普遍使用，龙骨水车才逐渐退出历史舞台。然而，它作为灌溉机具所承载的历史与文化价值，以及所蕴含的智慧与创新精神，将永远留在人们的记忆中。

（六）镰刀

镰刀是一种古老而重要的农具，在人类农耕历史中扮演了重要的角色，它是农村收割庄稼和割草的农具，由刀片和木把构成，有的刀片上带有小锯齿，一般用来收割小麦、稻谷等，现在农村还有广泛的使用（见图 1–8）。镰刀的历史可以追溯到旧石器时代，当时人们开始利用石器刀片和木质手柄来收割庄稼。随着人类文明的发展，铜器和青铜器的出现为镰刀的制作提供了新的材料。

镰刀作为一种古老而重要的农具，经历了漫长的发展历程。从最早的简单工具到现代化的农业机械设备，镰刀一直在不断适应农业的需求，并发挥着重要的作用。尽管在现代农业中，自动化收割设备逐渐取代了镰刀，但镰刀仍然在一些特定的农业环境中发挥着重要作用。特别是在发展中国家、偏远地区、有机农业和农田保护方面，镰刀仍然是不可或缺的工具。此外，镰刀也在有机农业和农田保护方面发挥着重要作用。由于镰

图 1-8　镰刀

刀的操作相对温和，不会对土壤结构和植物生长造成过多的损害，因此被广泛应用于有机农场和环境敏感区域。

（七）石臼和杵

舂米通常使用的工具有石臼和杵（见图 1-9）。石臼是一个由大整石凿成的容器，形如巨大的酒盅，其直径 70 ~ 80 厘米，有的甚至需要四个人才能抬动。杵是一个用来捣谷物的棒槌，有时也叫舂米杵，一般一米左右长，两头粗中间把手处较细，每个重约三千克。

图 1-9　石臼和杵

舂米（chōng mǐ）是一种古代加工粮食的方法。具体而言，是将谷类等放入石臼里，用杵捣去皮壳。在这个过程中，会产生米糠（谷物的外壳碎片），剩下的米粒就是可以食用的白米。这个过程通常需要多次重复，直至谷物的外壳被完全去除。

尽管现代科技的飞速进步使得传统的舂米方式在粮食加工中已鲜少被采用，但在某些地区或特殊庆典中，人们仍会沿用此法来制作独具风味的特色食品，或作为文化传承的重要活动，让这一古老技艺得以延续。

劳动技能

技能 1　传统农具耕作体验——镰刀

一、劳动任务

使用镰刀在田间进行杂草切割、收割庄稼、修剪树枝、收集干草等。

二、劳动工具及准备

镰刀、手套、小推车、箩筐等。

三、劳动步骤

（一）制订劳动计划

根据劳动任务进行分组，各小组成员讨论确定劳动目标，并协商团队分工。

（二）开展劳动实践

以小组为单位，按照操作步骤进行劳动实践。

1. 认识镰刀（见图 1-10）

（1）刀片的作用是利用其锋利刀刃切割植物。

（2）木把则为人手握处，以使力切割。

图 1-10　镰刀

2. 领取工具

各小组每人领取一把镰刀，检查是否有破损、安装不牢的情况，以免影响劳动。

3. 工具运输

领取检查完工具后，各班级分别将镰刀、箩筐等工具用小推车运到地头备用。

4. 劳动准备

教师根据地块和分组情况，将地块划分为若干小块，下达任务要求。

5. 开始劳动

各小组根据要求割杂草，右手攥住刀把，左手抓住要割的草，镰刀刃向后切割。镰刀除草要紧挨着地皮，防止割着左手，不需要太用力。重复使用镰刀进行劳动。

6. 切割后整理

将切割下来的杂草用簸箕收到地头小推车上。

7. 劳动成果检查与展示

要求地间杂草清理干净，小组成员对照劳动任务标准检查本组劳动成果，教师根据实际完成情况进行现场点评。

8. 工具保养

劳动完成后，将工具上附着的泥土清理干净。

9. 工具归还

清点工具，清理干净后及时归还，归还时要码放整齐。

四、劳动注意事项

（1）劳动前进行安全教育，使学生掌握正确的工具使用方法，避免劳动过程中的安全隐患。

（2）劳动间隙时工具需拿到地头统一放置，以避免学生来回走动时引起磕碰。

（3）劳动过程中严禁手拿工具奔跑打闹。

（4）春季花粉较多，花粉过敏人员应注意做好个人防护；夏季炎热高温，应注意做好防晒措施。

技能 2　传统农具耕作体验——犁

犁是一种耕地的农具，通常系在用于牵引的牲畜或机动车上，也可用人力驱动，用来破碎土块并耕出槽沟从而为播种做好准备。犁的种类包括：直辕犁、曲辕型、旋耕犁、单铧型、三铧型等。

一、劳动任务

正值春耕时节，现有农用地 1 亩，计划种植玉米，要求认识曲辕犁并使用曲辕犁进行土地深翻，根据翻地要求分组完成任务，并做好播种前土地平整工作。

二、劳动工具及准备

曲辕犁、手套、长绳、锄头、铁锹、平耙等。

三、劳动步骤

（一）制订劳动计划

根据劳动任务进行分组，各小组成员讨论确定劳动目标，并协商团队分工。

（二）开展劳动实践

以小组为单位，按照操作步骤进行劳动实践。

1. 认识曲辕犁（见图 1–11）

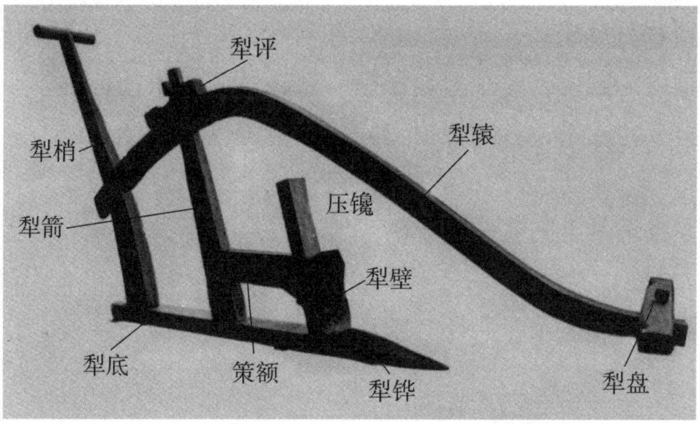

图 1–11 曲辕犁构造

（1）犁辕。犁的牵引部分，根据辕的曲直，将犁分为直辕犁（耕作方式——二牛抬杠）、曲辕型（单牛单人就可以操作，适用于小块水田，功效较高）。

（2）犁箭。也称犁建，下部连接犁底，上部有孔，上下移动可以调节耕地深浅。

（3）犁梢。位于犁体后部，耕地时，人手把持以控制犁体防止倒伏，同时控制犁的行进方向。

（4）犁底。也称犁床，用结实硬木制成，其上安装犁铧、犁壁等部件。

（5）犁壁。又称犁镜或犁碗，犁的主要工作部件，汉代开始广泛使用，比欧洲早一千多年，17 世纪带有犁壁的中国犁传入欧洲，才使欧洲农业有了一次重大改进。犁壁是用铸铁制成，有一个曲面，用来控制翻土方向，将地表土壤以及肥料、昆虫、杂草翻入地下，增加土壤肥力，同时将地下土壤翻上来进行熟化。

（6）犁铧。也称犁头、铲头、镵等，犁上的主要工作部件，用于破土，形状为三角形以减少耕地阻力，其材质经历从石头（新石器时期）到铜（夏商周）再到铁（春秋战国时期）的变更，现在使用较好的钢材。

2. 领取工具

各小组领取一个曲辕犁，检查犁的各零部件是否安装完好，要求各部分零件不松动，犁能够正常使用。

3. 运输工具

领取、检查完工具后，各小组分别将犁用小推车运到地头备用。装车注意事项：两人分别压住小推车两边扶手防止翻车，双人抬犁轻轻放入车内。运输中一人推车，两人在两侧扶犁。

4. 犁地准备

教师根据地块和分组情况，将地块划分为若干小块，下达任务要求，包括耕地深度、整地标准等。

5. 开始劳动

各小组根据要求设定犁地深度，调整角度，一人扶犁，其余人拉动犁开始工作。

6. 犁后整理

地头和畦垄边界处犁不到的地方用铁锹深翻，从土地一头开始用平耙耙平地面。

7. 劳动成果检查与展示

要求土地深翻均匀到位，整个地块平整一致，达到种植前标准。小组成员对照劳动任务标准检查本组劳动成果，教师根据实际完成情况进行现场点评。

8. 工具保养

劳动完成后，将工具上附着的泥土清理干净。

9. 工具归还

清点工具，清理干净后及时归还，归还时要码放整齐。

四、劳动注意事项

（1）劳动前进行安全教育，使学生掌握正确的工具使用方法，避免工具使用过程中的安全隐患。

（2）劳动间隙时，工具需拿到地头统一放置，以避免学生来回走动时引起磕碰。

（3）劳动过程中严禁手拿工具追跑打闹。

（4）春季花粉较多，花粉过敏人员应注意做好个人防护；夏季炎热高温，应注意做好防晒措施。

技能 3　传统农具耕作体验——耙

一、劳动任务

使用耙进行平地碎土、移除石块、除草与整地等。

二、劳动工具及准备

耙、手套、小推车等。

三、劳动步骤

（一）团队分工

根据劳动任务进行分组，各小组成员讨论确定劳动目标，并协商团队分工。

（二）开展劳动实践

以小组为单位，按照操作步骤进行劳动实践。

1. 认识耙（见图 1–12）

耙的构成非常简单，主要由耙齿、耙杆组成。

2. 领取工具

各小组领取一个耙，检查耙各零部件是否安装完好，要求各部分零件不松动，耙能够正常使用。

3. 工具运输

领取、检查完工具后，各小组将耙带到地头备用。

4. 劳动前准备工作

教师根据地块和分组情况，将地块划分为若干小块，下达任务要求。

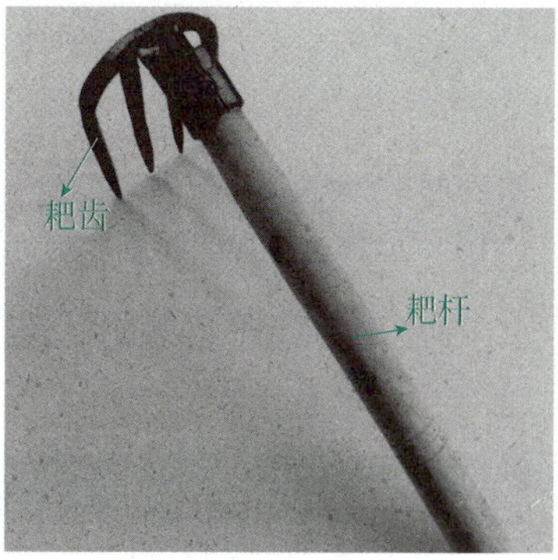

图 1–12 耙

5. 开始用耙进行平地碎土、移除石块或障碍物

操作时，站在工作区域的一侧，将耙子放置在前方地面上。握住把手，将耙子正面朝向自己，轻轻插入地面。然后，向下挖掘并用力将耙子向前挥动，以便翻动土壤。持续以上动作，直到完成劳作。

6. 平地后处理

将耙出来的石头、障碍物用小推车运输至统一地点再进行处理。

7. 劳动成果检查与展示

小组成员对照劳动任务标准检查本组劳动成果，教师根据实际完成情况进行现场分组点评。

8. 工具保养

劳动完成后，将工具上附着的泥土清理干净，要求无泥土、草屑。检查耙子的铲片或锯齿是否损坏，可进行润滑保养，保持其运转顺畅。

9. 工具归还

劳动完成后各组清点工具，及时归还。要求工具归还后要码放整齐，并存放在干燥、通风的地方，防止锈蚀。

四、劳动注意事项

（1）劳动前进行安全教育，使学生掌握正确的工具使用方法，避免劳动过程中的安全隐患。

（2）保持安全距离，避免误伤自己或他人。劳动时保持注意力集中，避免误操作和危险情况的发生。

（3）劳动间隙时工具需拿到地头统一放置，以避免学生来回走动时引起磕碰。

（4）劳动过程中严禁手拿工具奔跑打闹。

（5）春季花粉较多，花粉过敏人员应注意做好个人防护；夏季炎热高温，应注意做好防晒措施。

技能4　传统农具耕作体验——耧

一、劳动任务

在土地已经平整好的情况下，本次劳动任务为使用耧车进行播种。

二、劳动工具及准备

耧、手套、种子、开沟器、锄、镰刀等。

三、劳动步骤

（一）制订劳动计划

根据劳动任务进行分组，各小组成员讨论确定劳动目标，并协商团队分工。

（二）开展劳动实践

以小组为单位，按照操作步骤进行劳动实践。

1. 认识耧（见图 1–13）

耧车由扶手、漏斗、漏筒、漏足、牵引架五个部分组成。

（1）扶手的作用是通过左右摇动促使漏斗里的种子往下流动。

（2）漏斗的作用是盛种子。

（3）漏筒有三个，安装在漏斗和漏脚之间，作用是将漏斗里的种子流往漏脚中。

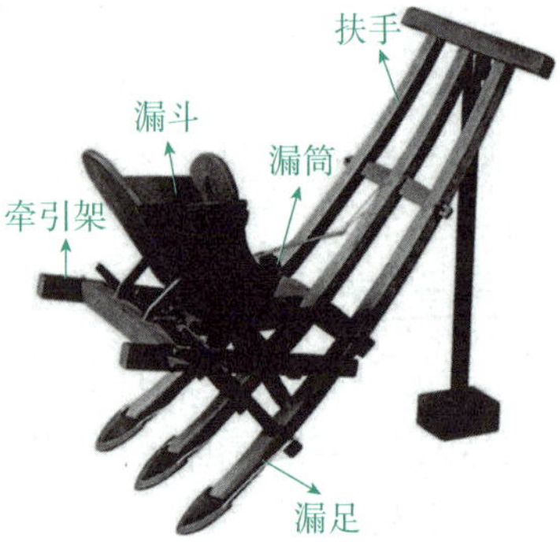

图 1–13　耧车

（4）漏足，也叫漏脚。作用是把种子流入土里。每个漏脚上可以安装一个小“铁犁铧”，目的是开挖沟槽，将漏脚里流下来的种子埋入土里。

2. 领取工具

各小组领取耧一个，检查耧各零部件是否安装完好，要求各部分零件不松动，耧能够正常使用。

3. 运输工具

领取检查完工具后，各小组将耧用小推车运到地头备用。装车注意事项：两人分别压住小推车两边扶手防止翻车，双人抬耧轻轻放入车内。运输时一人推车两人分两侧扶耧运输。

4. 播种前准备工作

教师根据地块和分组情况，将地块划分为若干小块，下达任务要求，讲解播种深度、株行距、行向标准。

5. 开始用耧进行播种

各小组根据要求设定播种深度，调整角度，一人扶耧，其余人拉动耧车开始工作。

播种时注意行距、行向，检查是否有种子外露、是否有漏播，发现问题及时补种及覆土。

6. 播种后土地处理

播种后用双脚沿行向踩压，以促进出苗。踩压力度要适中，踩压过轻种子会出现带种皮萌发现象（俗称“戴帽”），种苗容易倒伏；踩压过重，种子顶土费力，苗弱，严重时会造成无法出苗。另外边踩压边注意播种沟是否有漏播现象，有的话随时进行补种。

7. 劳动成果检查与展示

小组成员对照劳动任务标准检查本组劳动成果，教师根据实际完成情况进行现场分组点评。

8. 工具保养

劳动完成后，将工具上附着的泥土清理干净，要求无泥土、草屑。

9. 工具归还

劳动完成后各组清点工具，及时归还。要求工具归还后要码放整齐。

四、劳动注意事项

（1）劳动前进行安全教育，使学生掌握正确的工具使用方法，避免劳动过程中的安全隐患。

（2）劳动间隙时工具需拿到地头统一放置，以避免学生来回走动时引起磕碰。

（3）劳动过程中严禁手拿工具追跑打闹。

（4）春季花粉较多，花粉过敏人员应注意做好个人防护。

任务二 传统农业种植管理

科普知识

传统农业种植管理要点——劳动人民的智慧结晶

在传统农业中，种植管理是一个复杂而精细的过程，涉及土壤管理、种子选择、灌溉排水、病虫害防治、田间管理、收割以及轮作休耕等多个方面。

一、土壤管理与肥沃度提升

（一）深耕细作

深耕可以打破土壤底层，增加土壤通透性，有利于根系下扎和水分、养分的吸收。同时，细作（如耙地、镇压等）可以提高土壤保水保肥能力，为作物生长创造良好的土壤环境。

（二）**轮作与间作**

轮作是指在同一块田地上依次种植不同作物，以改善土壤结构，减少病虫害积累，提高土壤养分利用率。间作是在同一块田地上同时或不同时间种植两种或两种以上作物，通过作物间的相互作用，如遮阴、固氮等，提高土地利用率和作物产量。

（三）**有机肥料施用**

有机肥料富含有机质和多种营养元素，可以改善土壤结构，提高土壤肥力。常见的有机肥料包括农家肥（如畜禽粪便、堆肥、绿肥等）、泥炭、腐殖土等。施用时应根据作物需肥特性和土壤条件，合理确定施肥量和施肥时期。

二、种子选择与处理

（一）**优选良种**

根据当地气候、土壤条件、市场需求等因素，选择高产、优质、抗病、适应性强的品种。同时，注意品种的更新换代，以保持品种的优良性状。

（二）**种子处理**

播前对种子进行处理，如晒种、选种、拌种等。晒种可以提高种子发芽率，选种可以去除病弱种子，拌种则可以用石灰水、草木灰、农药等处理种子，以杀菌消毒、促进发芽和防治病虫害。

三、灌溉与排水

（一）**合理灌溉**

根据作物需水特性和土壤墒情，合理安排灌溉时间和灌溉量。采用节水灌溉技术，如滴灌、渗灌等，可以减少水分蒸发和渗漏损失，提高灌溉效率。同时，注意灌溉水质的安全，避免使用含有有害物质的水源。

（二）**排水系统**

建立完善的田间排水系统，确保雨季能够及时排除积水，防止涝害发生。排水系统应包括田间排水沟、排水渠等，其设计和施工应符合当地地形、气候和土壤条件。

四、病虫害防治

（一）**生物防治**

利用天敌、性诱剂、生物农药等自然方法控制害虫和病害。天敌防治如释放赤眼蜂防治棉铃虫，性诱剂防治如利用性信息素诱杀害虫等。生物农药包括微生物农药、植物源农药等，具有环保、低毒、高效等优点。

（二）物理防治

利用物理手段防治病虫害，如设置黄板诱虫、灯光诱杀、人工捕捉等。黄板诱虫是利用害虫对黄色的趋性进行诱杀，灯光诱杀是利用害虫对特定波长的光的趋性进行诱杀。

（三）化学防治

必要时可选用化学农药进行防治，但应严格遵守农药使用规定和安全间隔期。选择低毒、高效、环境友好的农药品种，避免使用高毒、高残留农药。同时，注意农药的轮换使用和混合使用，以防止害虫产生抗药性。

五、田间管理与收割

（一）中耕除草

中耕可以松土保墒，提高土壤温度，促进作物根系生长。除草可以减少杂草对养分的竞争，提高作物产量。中耕除草应结合作物生长情况和土壤条件进行，避免损伤作物根系。

（二）适时修剪

对于果树和蔬菜作物，适时进行修剪可以促进作物生长和结果。修剪包括剪除病弱枝、徒长枝、过密枝等，以改善通风透光条件，减少病虫害发生。

（三）适时收割

根据作物成熟度选择合适的时间进行收割。过早收割会导致产量降低，品质下降；过晚收割则可能导致作物脱落、病虫害增加等问题。收割时应注意保护作物根系和土壤结构，避免对土壤造成破坏。

六、轮作与休耕

（一）轮作制度

轮作是指在同一块田地上依次种植不同种类的作物，以改善土壤结构、平衡土壤养分、减少病虫害积累、提高土壤肥力的一种农业管理措施。

轮作时应根据作物的生物学特性、需肥特性、根系分布以及对土壤环境的影响等因素进行合理搭配。例如，深根作物与浅根作物轮作可以充分利用不同土层的养分；豆科作物与非豆科作物轮作可以利用豆科作物的固氮作用增加土壤氮素含量。

轮作周期的长短应根据作物种类、土壤条件、气候条件以及市场需求等因素综合考虑。一般来说，轮作周期不宜过短，以避免作物连作障碍的发生；同时也不宜过长，以免影响土地利用效率和经济效益。

轮作是防治病虫害的有效手段之一。通过种植不同种类的作物，可以打破病虫害的生态环境，减少病虫害的积累和传播。例如，水稻与小麦轮作可以减少水稻纹枯病和小麦条锈病的发生；蔬菜与粮食作物轮作可以减少蔬菜病虫害的积累。

轮作还可以结合土壤改良措施进行。例如，在轮作周期中种植绿肥作物或施用有机肥，可以改善土壤结构、增加土壤有机质含量、提高土壤肥力。同时，绿肥作物还可以作为饲料或生物质能源利用，实现资源的循环利用。

（二）**休耕制度**

休耕是指让土地在一定时期内停止耕种，以恢复地力、减少水土流失和土壤退化、保护生态环境的一种农业管理措施。

休耕的主要目的是恢复地力、改善土壤结构、减少水土流失和土壤退化。同时，休耕还可以促进生物多样性保护、维护生态平衡以及提高农业生态系统的稳定性和可持续性。

休耕时间的长短应根据土壤条件、气候条件以及作物种类等因素综合考虑。一般来说，休耕时间不宜过短，以确保土壤得到充分的恢复；同时也不宜过长，以免影响土地利用效率和经济效益。休耕方式可以是全年休耕或季节性休耕，也可以是局部休耕或全田休耕。

在休耕期间，应采取有效的土壤管理与保护措施，以防止水土流失和土壤退化。例如，可以在休耕地上种植绿肥作物或覆盖作物，以保持土壤覆盖度、减少水土流失；同时，还可以进行深松、旋耕等土壤耕作措施，以改善土壤结构、提高土壤通气性和保水能力。

劳动技能

技能 1　整地做畦

一、劳动任务

现有 1 亩地需要做畦、施基肥、整地，为播种玉米做准备。要求做好畦，按规定将有机肥作为基肥施入，然后将地面整平，准备播种。

二、劳动工具及准备

有机肥、平耙、铁锹、锄头、尺子、木棍、旋耕犁等。

三、劳动步骤

（一）**制订劳动计划**

全班进行分组，先做畦，然后撒施有机肥，用铁锹翻地，最后用平耙平整土地。这是农业生产中最基础的一步，就像建房打地基一样，每一步都不能马虎。

（二）**开展劳动实践**

1. 领取工具、有机肥

各组领取工具和有机肥，检查工具的各零部件是否安装完好，要求各部分零件不松动，工具能够正常使用。

2. 肥料运输

各小组分别将（50 kg）有机肥料用小推车运到地头备用。装车注意：一人压住小推车两边扶手防止翻车，其他人将肥料放入车内。运输中一人推车，两侧各一人辅助推车。

3. 分组劳动

按分组情况，将地块划分为若干小块，明确任务要求。

（1）做畦。每组派出两名同学首先用尺子量出 1.5m 宽的距离，然后将木桩插入地下，在地头做好标记。将绳子贴地固定在木桩上，沿绳子位置脚踩出一条直线，在畦的两端按同样方法踩出直线。之后两名同学分别站在线的两边用铁锹培土，培好土后，一名同学站在土埂上，脚挨脚移动踩实，重复此过程两次。第三次培土后无须再踩，埂完成。做畦标准：横平竖直、标准一致。

（2）撒施基肥。每组将 50kg 有机肥均匀撒施在做好的畦里。注意肥料撒施一定要均匀，避免由于肥料过于集中导致烧苗现象。

（3）翻地。肥料撒施完成后，用铁锹翻地，将地面上的有机肥、碎草等翻入地下，地下土壤翻到上面。翻地时每锹要挨着，不要遗漏，深度要求 25cm 左右，翻地的同时用铁锹将大土块打碎。

（4）平整土地。翻地后，使用平耙等工具平整畦内土地，同时将中小型土块打碎，此举有利于播种，以及幼苗出土。

4. 劳动成果检查与展示

各小组检查土地平整情况，将没有平整好的地块整平。对照劳动任务标准检查本组劳动成果，教师进行现场分组点评。

5. 工具保养与归还

劳动完成后，将工具上附着的泥土清理干净，要求无泥土、草屑，并及时归还。工具归还后码放整齐。将装有机肥的袋子统一交到库房。

四、劳动注意事项

（1）劳动前进行安全教育，使学生掌握工具的正确使用方法，避免工具使用过程中的安全隐患。

（2）劳动过程中严禁手拿工具追跑打闹，劳动间隙工具拿到地头统一放置，避免学生来回走动时引起磕碰。

（3）春季花粉较多，过敏同学注意个人防护；夏季高温炎热，注意穿戴好防晒帽、防晒服等。

技能 2　播种

一、劳动任务

在已经平整好的土地上，人工播种玉米。播种方式为点播，种植深度为 5 ~ 7cm，穴行距为（15 ~ 25）cm ×（30 ~ 35）cm，品种不同、季节不同，可根据地力对穴行距进行适当调整，一般春播行距 35cm，穴距 20cm；夏播行距 30cm，穴距 15cm。

二、劳动工具及准备

玉米种子、开沟器、尺子、平耙、锄头等。

三、劳动步骤

（一）制订劳动计划

分发玉米种子，各组在自己的地块确定行距，再开沟、播种、覆土、镇压、平整地块，完成播种工作。如果土壤墒情不足，则先点水，再播种。

（二）开展劳动实践

1. 种子分级

领取玉米种子，分级时将大粒、饱满、均匀的种子作为一级种子，其余为二级种子。播种时只播饱满的一级种子。

2. 开沟

先南北向以 30cm 确定行距，用开沟器开沟，深度为 8cm 左右；或者按照 30cm 行距、20cm 穴距挖坑，穴深度 8cm 左右。

3. 播种

点播要求按照间隔 20cm，每穴播种 2 粒种子。如果土壤墒情不足，先点水再点播。

4. 覆土镇压

覆土 5 ~ 7cm，用脚顺向镇压。每亩要求 11 100 穴左右。

5. 播种后整理

用平耙平整地面，以方便灌溉。

6. 劳动成果检查与展示

小组成员对照劳动任务标准检查本组劳动成果，教师进行现场分组点评。

四、劳动注意事项

（1）劳动前进行安全教育，学会工具正确使用方法，避免工具使用过程中的安全隐患，劳动过程中严禁手拿工具追跑打闹。

（2）播种平整地块后，禁止在播种地逗留、踩踏。

（3）夏季天气较炎热，注意补水，穿戴防晒帽、防晒服。春季花粉较多，易过敏的同学注意做好个人防护。

（4）播种要求行距均匀，没有漏播，播后镇压均匀。

技能3 田间管理

一、劳动任务

已出苗的玉米田需要锄草及中耕壅土。

二、劳动工具及准备

锄、耙、手套等。

三、劳动步骤

（一）制订劳动计划

将新出土的杂草以及一些宿根杂草锄下来，行间适当松土，玉米苗基部适当壅土（目的在于促进玉米根系的发育），再将杂草用耙搂出，堆在空地做堆肥，实现循环利用。

（二）开展劳动实践

1. 锄的使用

锄是锄草、中耕松土的工具，可分为大、中、小三种。使用过程中，应注意锄面与地面的角度一般为10°～15°，角度过大、入土太深容易伤到苗根，角度过小则中耕效果不好。本技能使用小锄，使用时，人蹲着，锄面与地面角度保持15°左右即可。

2. 锄草、中耕、壅土

老师按地块和分组情况，将地块划分若干小块，下达任务要求：锄草要求锄干净，中耕要做3cm左右的浅中耕，防止伤根，玉米苗基部适当壅土。

3. 开始劳动

各小组根据要求，开始工作。

4. 中耕、锄草后整理

将地里锄下的杂草集中到一起，运到地头，用土盖起来堆沤制成绿肥，将来还田，形成良性循环。

5. 劳动成果检查与展示

小组成员对照劳动任务标准检查本组劳动成果，教师根据实际完成情况进行现场点评。

6. 工具保养、归还。

劳动完成后，将工具清理干净，清点工具，及时归还，归还后要码放整齐。

四、劳动注意事项

（1）劳动前进行安全教育。劳动间隙工具拿到地头统一放置，避免学生来回走动时引起磕碰。

（2）夏季天气较热，多饮水，戴草帽防晒，做好个人防护。

（3）中耕、锄草尽量做到深浅均匀一致，壅土量不宜过大。

技能 4　采收

一、劳动任务

玉米已进入成熟期，需要人工收获。收获要求：将地里玉米收获干净，玉米秧统一处理，平整土地。

二、劳动工具及准备

手套、尼龙袋或筐、锄、镰刀、小推车等。

三、劳动步骤

（一）制订劳动计划

每组收获 0.25 亩。收获的玉米用小推车运送至地头，分组摘玉米，之后运送到统一地点晾晒，干燥后的玉米脱粒入仓。割下玉米秸秆。

（二）开展劳动实践

1. 教师示范玉米收获过程

第一步，先将玉米棒从秸秆上割下或掰下，放进尼龙袋或筐中，注意不要去除外面的包衣，每袋收满后用小推车运往晾晒场。第二步，将玉米植株的根部割下，整齐摆放成堆，根据现场情况处理玉米秸秆。第三步，示范用平耙整地。整个收获过程完成。

2. 开始劳动

各小组根据要求，开始工作。收获后用小推车将玉米棒运送至地头。

分组进行摘果，清理干净后剥除玉米穗子外衣，让籽粒裸露晾晒，以快速脱水干燥，提前成熟并增加容重。干燥后的玉米剥粒后装袋入仓。

3. 玉米秸秆处理

可以用秸秆粉碎机粉碎，秸秆还田。秸秆可以用作牛羊等动物饲料，还可以堆肥。

4. 平整土地

玉米收获完成后，要求各个小组用平耙平整土地，不能有坑，以方便对土地进行下一步处理。

5. 劳动成果检查与展示

小组成员对照劳动任务标准检查本组劳动成果，教师根据实际完成情况进行现场点评。

6. 工具保养、归还

劳动完成后，将工具清理干净；各组清点工具，及时归还。工具归还后要码放整齐。

四、劳动注意事项

（1）劳动前进行安全教育。劳动间隙工具拿到地头统一放置，避免学生来回走动时引起磕碰。

（2）秋季干燥，多喝水，戴好草帽，做好个人防护。

（3）收获时注意不要遗漏。收获后的土地要整平，保持干净整洁。

讨论与反思

1. 通过学习以上知识，选择其中一种传统农具，谈谈其发展历程对现代农业发展有怎样的影响。

2. 传统农具存在局限性，如效率低下、劳动强度大等。请结合所学知识，谈一谈如何结合现代科技，对传统农具进行改进或创新，以提升农业生产效率。

3. 通过所学知识，结合农业可持续发展和资源循环利用对生态文明建设的重要性，思考习近平总书记提出的“绿水青山就是金山银山”的深刻内涵，并探讨在生活中我们应如何践行这一理念。

项目二

现代农业生产技术

项目目标

1. 通过学习，掌握现代农业的基本理论、技术和方法，了解现代农业的发展趋势和创新技术，提升对现代农业生产的全面认识。

2. 通过田间劳动实践，亲身体验农业生产的各个环节，掌握实际操作技能，增强动手能力和解决实际问题的能力。

3. 通过劳动实践，将理论知识与劳动实践相结合，深化对现代农业技术的理解，培养创新思维和实践能力，为未来从事农业相关工作打下坚实基础。

项目导语

随着科技的飞速发展，现代农业正朝着智能化、精准化和可持续化的方向迈进。传统的农业生产方式已逐渐被现代科技所取代。为了适应这一趋势，培养具备理论知识和实践能力的现代农业人才显得尤为重要。本项目以“现代农业生产技术”为主题，旨在通过理论与实践相结合的方式，帮助学生了解现代农业的技术和发展动态，掌握农业生产的实际操作技能，培养创新思维和解决实际问题的能力。

任务一 农业微生物的应用

科普知识

农业微生物的应用：自然界的“隐形助手”

在现代农业中，微生物扮演着至关重要的角色。它们不仅能帮助分解有机废弃物、提升土壤肥力，还能替代化学农药防治害虫，是实现绿色农业和可持续发展的“隐形助手”。以下是农业微生物的三大典型应用场景，带你了解这些微小生命的巨大力量！

一、堆肥：变废为宝的“魔法师”

堆肥是微生物将有机废弃物（如秸秆、厨余垃圾、动物粪便等）分解为腐殖质的过程。其中，细菌、真菌和放线菌等微生物协同工作，将大分子有机物转化为植物可吸收的养分，同时释放热量杀灭病原体和杂草种子，堆肥不仅能减少垃圾填埋压力，还能改良土壤结构，减少化肥依赖。

二、根瘤菌菌剂：豆科植物的“氮肥工厂”

根瘤菌能够与豆科植物（如大豆、豌豆）共生，在植物根部形成根瘤，将空气中的氮气转化为植物可利用的铵态氮，这一过程被称为“生物固氮”。根瘤菌可减少 60% 以上的氮肥使用，降低环境污染，同时提升作物产量和品质。

三、苏云金芽孢杆菌：害虫的“天然克星”

苏云金芽孢杆菌（Bt 菌）能产生毒素蛋白，特异性杀死鳞翅目害虫（如菜青虫、棉铃虫）的幼虫，但对人畜和益虫无害，是理想的生物农药。Bt 菌替代化学农药，保护生态环境，助力绿色农业发展。

劳动技能

技能 1 堆肥

堆肥是一种将有机废弃物（如植物残体、动物粪便、食物残渣等）在微生物的作用下分解转化为腐殖质的过程。这种方法不仅能够减少垃圾填埋场的压力，还能够生产出富含养分的有机肥料，用于改良土壤结构、提高土壤肥力和促进植物健康生长。堆肥是现代农业中实现资源循环利用的重要手段之一，也是农业可持续发展的关键实践。

一、劳动任务

收集适合堆肥的原材料；建立合适的堆肥环境；监控并管理堆肥过程，包括温度、湿度和通气性；定期翻动堆肥材料以促进均匀分解；收获成熟的堆肥产品，并将其应用于农田或花园中。

二、劳动工具及准备

工具：塑料桶、舀水瓢、铲子、叉子、温度计、pH 测试仪、筛网、塑料膜。

材料：绿色物料（如草剪、蔬菜残余、秸秆）棕色物料（如枯叶、锯末）动物粪便、水、EM 堆肥菌。

三、劳动步骤

（一）制订劳动计划

确定目标：根据课程要求或农场需求设定具体的堆肥目标，例如堆肥量、完成时间等。

确定分组：根据劳动任务量进行分组。

设计堆肥系统：规划堆肥堆或堆肥箱的大小、形状和数量；考虑是否需要遮阳或防雨措施。

安排物料来源：确保有足够的绿色和棕色物料供应，同时计划好如何获取这些材料。

制定管理日程表：明确何时开始堆肥、翻动周期、检查和调整参数的时间表。

（二）开展劳动实践

（1）以小组为单位分工收集绿色物料、棕色物料、动物粪便、蛋壳等其他厨余残渣。

（2）挑选一个避风、排水良好、方便操作的地方作为堆肥场地，底层均匀铺设绿色物料（见图 1–14）；一包 EM 堆肥菌兑一桶水，使用舀水瓢均匀地泼洒在绿色物料上面；接着铺设棕色物料、动物粪便、蛋壳等其他物料；使用塑料膜盖好并压实。

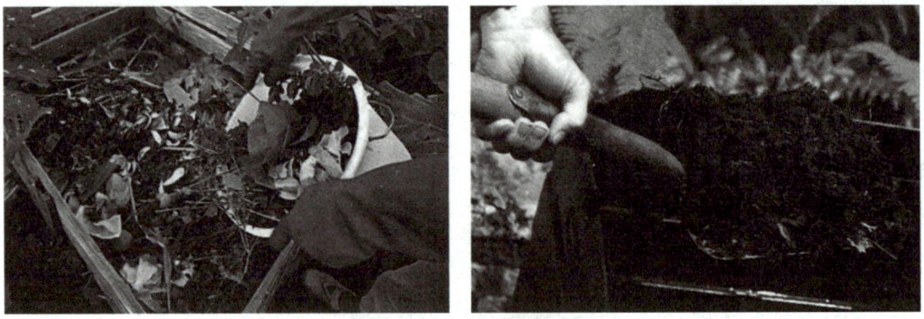

图 1–14　铺设物料

（3）定期维护：依据管理日程表进行日常维护工作，如监测温度（见图 1–15）、湿度、pH 值，以及适时翻动堆肥。

（4）记录进展：做好详细的堆肥日记，记录每次观察到的变化、采取的行动及其效果。

图 1-15　监测温度

（5）处理异常情况：如遇到问题（如异味、过热），及时调整管理策略以解决问题。

（6）收获与应用：当堆肥达到成熟状态时，使用筛网分离未完全分解的物质，然后将成品应用于田地或花园中。

四、劳动注意事项

（1）确保堆肥原料不含病原体、杂草种子或有害化学物质。

（2）避免过量添加水分，以免造成厌氧条件导致异味产生。

（3）处理过程中要佩戴适当的防护装备，如手套和口罩，防止直接接触可能存在的有害生物。

（4）如果堆肥堆散发恶臭，可能是由于过多的湿绿物料或者缺乏氧气；此时应增加棕色物料的比例并加强翻动。

（5）肥堆的温度应该维持在 55℃ ~ 65℃，这有助于杀死潜在的病原菌和杂草种子。

（6）注意不要让堆肥过于紧密，保证内部有足够的空间供空气流通。

对于大型堆肥设施，应当遵循当地环保法规，避免对周围环境造成污染。

技能 2　根瘤菌菌剂的使用

根瘤菌是一种能够与豆科植物共生形成根瘤的细菌，它们可以从空气中固定氮气并将其转化为植物可利用的形式。这种生物固氮作用可以显著减少化肥的使用量，同时增加土壤肥力和作物产量。根瘤菌菌剂的应用是现代农业中提高农业可持续性和环保性的重要措施之一。

一、劳动任务

选择适合目标作物的根瘤菌菌株；准备菌剂应用所需的设备和材料；制订详细的根瘤菌菌剂应用计划；按照计划实施菌剂应用，并监控其效果；记录和分析菌剂使用后的作物生长情况及土壤变化。

二、劳动工具及准备

工具：搅拌棒、80mL 量杯、手套、口罩。

材料：根瘤菌菌剂（液体或粉末形式）、水、5kg 大豆种子、土壤测试套件（用于检测土壤 pH 值和养分含量）。

三、劳动步骤

（一）制订劳动计划

研究和选择菌剂：根据目标作物种类及其生长环境，选择合适的根瘤菌菌株；查阅相关资料以了解不同菌株的特性和适用范围。

评估现场条件：测试土壤 pH 值和其他关键参数，确保土壤条件适合所选根瘤菌的存活和活动。

规划应用时间表：确定最佳的菌剂施用时机，通常是在播种前或者幼苗期，以便根瘤菌有足够的时间与植物建立共生关系。

制定用量方案：根据厂家推荐剂量和田间实际情况，决定每公顷土地所需菌剂数量。

准备应急措施：考虑到可能遇到的问题（如天气变化、菌剂失效等），准备相应的解决方案。

（二）开展劳动实践

准备菌剂：菌剂低温保存，避免高温和阳光直射，戴好手套，按 5kg 大豆使用 37.5mL 根瘤菌剂 +1.3mL 微量元素的使用量分别量取根瘤菌剂跟微量元素并且混合。

种子处理：将上面准备好的混合液倒入装有大豆种子的塑料袋中，使用搅拌棍搅拌均匀（见图 1–16），使菌剂液均匀分布在大豆种子表面，置于阴凉处晾一晾。

图 1–16　大豆根瘤菌拌种

选择合适的土壤：使用土壤测试套件测量土壤 pH 值和养分含量，选择合适的土壤播种。

播种：将拌匀的大豆种子按播种规范进行播种（见图 1–17）。

后续管理：定期检查植株生长状况，观察是否有健康的根瘤形成；注意保持适宜的土壤湿度和温度，促进根瘤菌的繁殖。

图 1-17 大豆播种

记录进展：详细记录每次操作的时间、方法以及观察到的现象，为后续评估提供数据支持。

四、劳动注意事项

（1）确保所有参与人员熟悉安全规程，并佩戴适当的个人防护装备（PPE），如手套和口罩。

（2）在储存和运输过程中要遵循根瘤菌使用的指导方法，保证菌剂活性不受影响。

（3）避免将根瘤菌菌剂暴露于极端温度或阳光直射下，以免降低其有效性。

（4）应用时应尽量避开大雨或强烈日照时段，以防菌剂被雨水冲走或因高温失活。

（5）如果发现根瘤数量不足或发育不良，应及时调查原因，并考虑补充菌剂或调整种植管理措施。

（6）对于首次尝试使用的地区或作物，建议先进行小规模试验，确认效果后再大面积推广。

技能 3 苏云金芽孢杆菌制剂的使用

苏云金芽孢杆菌是一种广泛应用于生物防治的细菌，它能够产生对特定昆虫有毒的蛋白质晶体。这些毒素可以有效控制多种害虫，特别是鳞翅目（如夜蛾、毛虫等）双翅目和鞘翅目的幼虫。苏云金芽孢杆菌制剂作为天然杀虫剂，在现代农业中因其选择性强、环境友好而备受青睐，是实现绿色农业和减少化学农药依赖的重要工具。

一、劳动任务

了解并选择适合目标害虫的苏云金芽孢杆菌菌株；准备应用苏云金芽孢杆菌制剂所需的设备和材料；制订详细的苏云金芽孢杆菌制剂应用计划；按照计划实施苏云金芽孢杆菌制剂的应用，并监控其效果；记录和分析苏云金芽孢杆菌制剂使用后的害虫控制情况及作物生长状况。

二、劳动工具及准备

工具：喷雾器（手动或电动）搅拌棒、量杯、防护服（包括手套、口罩、护目镜）喷洒记录本。

材料：苏云金芽孢杆菌制剂（液体或粉末形式）、水、土壤测试套件（用于检测土壤 pH 值），可能还需要增效剂或其他辅助材料。

三、劳动步骤

（一）制订劳动计划

研究和选择菌株：根据目标害虫种类及其生活习性，选择最有效的苏云金芽孢杆菌菌株；查阅相关文献资料以了解不同菌株的特性和适用范围。

评估田间条件：调查农田中的害虫发生情况，确定苏云金芽孢杆菌制剂的最佳施用时间和频率；检查作物健康状态和天气预报，避免在不利条件下施用。

规划应用策略：决定是采用预防性喷洒还是针对性处理；考虑到风向、温度等因素，规划具体的喷洒路径和覆盖面积。

制定用量方案：依据产品说明书和田间实际情况，确定每公顷土地所需苏云金芽孢杆菌制剂的数量；考虑是否需要添加增效剂来提高效果。

准备应急措施：针对可能出现的问题（如天气变化、制剂失效等），准备相应的解决方案。

（二）开展劳动实践

1. 准备制剂

按照产品说明准备好适量的苏云金芽孢杆菌制剂，如果是可溶性粉剂，则需精确测量水量进行稀释（见图 1-18），一般来说，每亩地使用 100 ~ 200g 的苏云金芽孢杆菌可湿性粉剂，兑水 50 ~ 70kg 进行稀释喷雾。

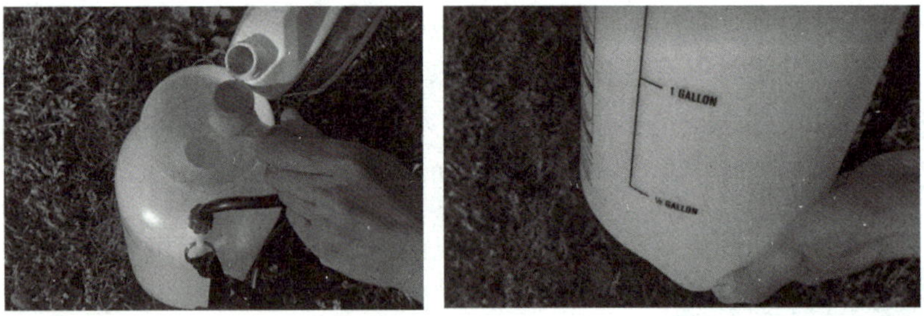

图 1-18　兑水摇匀

2. 预混与测试

先在一个小范围内进行预混合试喷，确保溶液均匀且无堵塞喷嘴的情况发生。

3. 正式喷洒

穿戴好个人防护装备后，使用喷雾器将苏云金芽孢杆菌制剂均匀地喷洒到作物上

（见图 1–19）；注意覆盖叶片正反两面，尤其是新叶和嫩枝部分。

图 1–19　喷雾

4. 后续管理

定期检查作物上的害虫数量变化，观察是否有害虫死亡或停止进食的现象；同时关注作物的整体生长情况。图 1–20 所示为使用一周前后的农作物对比。

图 1–20　使用一周前后对比

5. 记录进展

详细记录每次操作的时间、方法以及观察到的现象，为后续评估提供数据支持；必要时调整施用计划。

四、劳动注意事项

（1）确保所有参与人员熟悉安全规程，并佩戴适当的个人防护装备（PPE），如防护服、手套、口罩和护目镜。

（2）在储存和运输过程中要遵循相关指导要求，保证苏云金芽孢杆菌制剂的有效性不受影响。

（3）尽量避开大雨或强烈日照时段，以防制剂被雨水冲走或因高温失活。

（4）避免频繁连续使用同一种苏云金芽孢杆菌菌株，以防止害虫产生抗药性。

（5）注意保护非目标生物，例如蚕宝宝以及有益昆虫和其他野生动物；在敏感区域施用时应特别小心。

（6）对于首次尝试使用的地区或作物，建议先进行小规模试验，确认效果后再大面积推广。

（7）施用后清洗喷雾器和其他设备，防止残留物质影响下一次使用。

任务二 微生物的综合应用实践

科普知识

微生物虽然肉眼不可见，却在我们的日常生活中扮演着至关重要的角色。它们的影响遍布食品、健康、环境、农业等多个领域。

在食品领域，微生物是许多传统食品的制作核心。例如：酵母菌用于制作面包、啤酒和葡萄酒；乳酸菌用于制作酸奶、泡菜和酱油；某些微生物（如乳酸菌）可以抑制有害菌的生长，延长食品保质期。

在健康与医药方面，肠道中的有益微生物（如乳酸菌和双歧杆菌）帮助消化、增强免疫力，并预防肠道疾病；许多抗生素（如青霉素）来源于微生物，用于治疗细菌感染；微生物可用于开发疫苗，例如利用减毒或灭活的病原体制备疫苗；研究微生物有助于理解病原体的传播机制，从而制定防控措施。

在农业与生态方面，微生物分解有机物，释放养分，促进植物生长，根瘤菌等固氮微生物还能将大气中的氮转化为植物可利用的形式；利用微生物（如苏云金芽孢杆菌）控制病虫害，减少化学农药的使用；某些微生物与植物共生，帮助植物吸收养分并增强抗逆性。

微生物是地球上最古老、最丰富的生命形式之一，它们对人类生活的影响深远且复杂。通过科学研究和合理利用，我们可以更好地发挥微生物的积极作用，改善生活质量，保护生态环境。

劳动技能

在微生物应用中，需要综合运用微生物的识别鉴定、功能代谢等知识与技能，这部分以酸奶、米酒和毛豆腐的制作等为代表，训练学生综合应用微生物的能力。

技能 1　酸奶的制作

一、劳动任务

掌握酸奶的制作方法，能够制作出优质酸奶（见图 1–21）。

图 1–21　酸奶

二、劳动工具及准备

（一）材料与试剂

市售酸奶、鲜牛奶或全脂奶粉、蔗糖。

（二）仪器与用具

酸奶瓶、恒温培养箱、冰箱、水浴锅。

三、劳动步骤

（一）配料

在鲜牛奶中加入 5% 蔗糖调匀，或用脱脂奶粉按 1 ： 7（W/V）加水配制成复原牛奶。

（二）消毒

将牛奶于 80℃温度条件下消毒 15 分钟，或者于 90℃温度条件下消毒 5 分钟。

（三）冷却

将已消毒过的牛奶冷却至 45℃。

（四）接种

以市售酸奶为接种剂，接种到冷却后的牛奶中，接种量为 5% ~ 10%，并充分摇匀。

（五）装瓶

把酸奶瓶提前用热水消毒，一般 250 毫升玻璃瓶装入 200 毫升牛奶，随后将瓶盖拧紧密封。

（六）培养

把酸奶瓶置于培养箱中，在 40℃ ~ 42℃温度条件下培养 3 ~ 5 小时，至牛奶基本凝固。

（七）后熟

在 4℃ ~ 7℃的低温下保持 24 小时以上，以获得酸奶的特有风味和较好的口感。

（八）品尝

酸奶质量评定以品尝为标准，通常有凝块状态、表层光洁度、酸度及香味等数项指标。品尝时若有异味就可判定酸奶污染了杂菌。

四、劳动注意事项

（1）牛奶消毒的温度要控制在 80℃ ~ 90℃；

（2）后熟会改变酸奶的风味，注意控制后熟的时间；

（3）注意无菌操作。

技能 2　米酒的制作

一、劳动任务

掌握米酒酿造的工艺流程及操作要点，能够制出米酒（见图 1-22）。

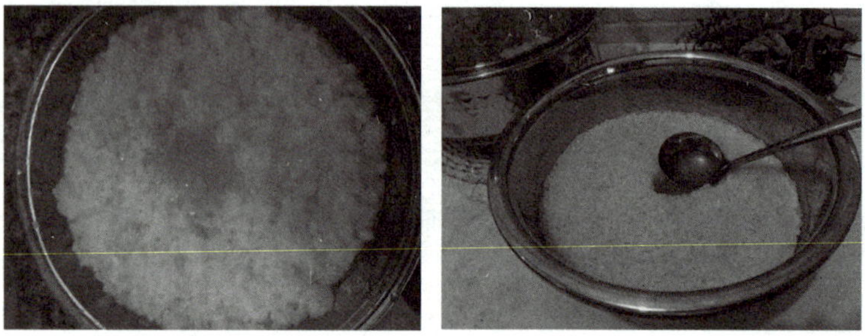

图 1-22　米酒

二、劳动工具及准备

（一）材料与试剂

甜酒曲、糯米。

（二）仪器与用具

蒸锅、电磁炉、盆、保鲜膜、冰箱。

三、劳动步骤

（一）清洗

把蒸米饭的容器、铲米饭的铲子、勺子和发酵米酒的容器都洗净擦干。

（二）浸泡

（1）选择品质好、米质新鲜的圆糯米为酿制原料。

（2）将糯米淘洗干净，用冷水泡 8h 左右，泡好后捞出沥干水分。

（三）蒸煮

在蒸锅里放上水，蒸屉上垫一层白布，烧水沸腾至有蒸汽，将沥干的糯米放在布上蒸熟。

（四）摊凉

蒸熟的米放在干净的盆里，加入少量凉开水搅拌，晾至不烫手（30℃左右利用中温发酵，米饭太热或太凉都会影响酒曲发酵）。

（五）拌酒曲

用勺将糯米弄散摊匀，将酒曲均匀地撒在糯米上，然后用勺将糯米与酒曲尽量拌匀。

（六）发酵

用勺轻轻将米饭压紧，中间挖个小洞，盖上盖子或保鲜膜，放在 30℃左右培养 24 ~ 48h。发酵的糯米中有汁液，气味芳香，味道甜美，酒味不冲鼻。

四、劳动注意事项

（1）要将糯米蒸熟蒸透，不能太硬或夹生；

（2）发酵时要在米饭的中心挖个小洞；

（3）注意无菌操作。

技能 3　毛豆腐的制作

一、劳动任务

掌握毛豆腐的工艺流程及操作要点，能够制出毛豆腐（见图 1–23）。

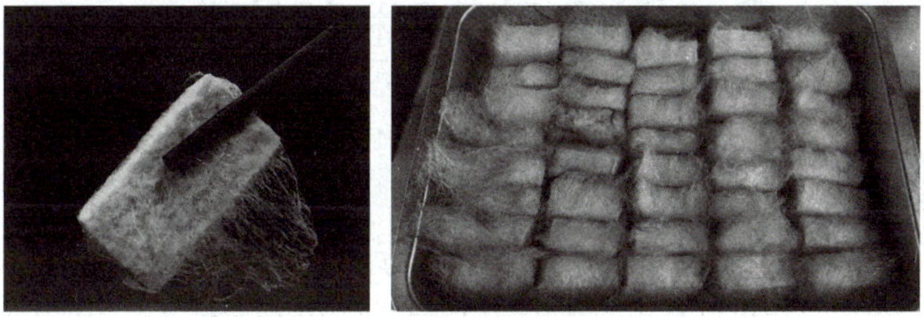

图 1–23　毛豆腐

二、劳动工具及准备

（一）材料与试剂

老豆腐、毛霉菌。

（二）仪器与用具

蒸锅、电磁炉、盆、毛刷、豆腐发酵盒、冰箱。

三、劳动步骤

（一）清洗

把制作毛豆腐用到的盆子、发酵盒、毛巾等都洗净擦干。

（二）准备豆腐坯

选择水分在 72% 左右的老豆腐，切成 1.5 厘米厚、2.5 厘米宽的方块。

（三）蒸豆腐坯

将豆腐块蒸 3 分钟，晾凉到室温，蒸发表面水分。

（四）接种

降温至 30℃接种毛霉，确保每面均匀涂上菌种。

（五）摆坯

在培养盒中侧面竖立豆腐坯，间隔 2 厘米排列。

（六）培菌

在 25℃ ~ 28℃、湿度 90% 以上环境中培养 40 ~ 50 小时。

四、劳动注意事项

（1）注意对豆腐坯水分、接种温度和培菌温度需严格控制；

（2）注意无菌操作。

任务三 芽苗菜种植技术

科普知识

芽苗菜（Sprouting Vegetables）是利用植物的种子或其他营养贮存器官，在黑暗或光照条件下直接生长出可供食用的嫩芽芽苗、芽球、幼梢或嫩茎，均称为芽苗类蔬菜。芽苗菜有 15 科 40 多种，包括豆芽（豌豆、黄豆、绿豆、黑豆等）、花生、萝卜、芥菜、香椿、苜蓿、芜菁、蕹菜、芦笋、菊苣、茼蒿、紫苏、芝麻、姜芽等。

我国是生产、食用芽菜最早的国家。秦汉时期《神农本草经》中曾记载：“大豆黄卷，味甘平，主湿痹，筋挛，膝痛”。北宋《图经本草》曾记载：“菜豆为食中美物，生白芽，为蔬中佳品”；南宋孟元老《东京梦华录》中有豆芽菜条目；明代王象晋在《群芳谱》中详细介绍了生绿豆芽的方法。除此之外，苜蓿芽在我国食用史达千年，香椿栽培历史在我国也至少有 2 300 年。

芽苗菜是种子的幼芽，充满了植物生长所需的养分。每粒种子都含有丰富的碳水化合物、蛋白质、脂肪、维生素及钙、磷、铁等营养物质。当种子发芽时，产生酵素，将种子中的养分转化成氨基酸等重要营养素。在芽苗菜自然的发芽生长过程（化学变化）中，其释放出大量的能量和生命力。

芽苗菜不但色泽美观，而且食用口感脆嫩，易消化吸收。活体芽苗菜比种子原料增加了营养成分，例如，黄豆发芽后，其胡萝卜素含量增加了 2 倍多，核黄素含量增加了 3 倍多，维生素 B_{12} 增加了 10 倍。黄豆种子中不含有维生素 C，而黄豆芽苗菜中却含有大量的维生素 C，每百克芽苗菜含有维生素 C 20 ~ 30 毫克。在活体芽苗菜的生长过程中，能增加其自身氨基酸和矿物质的含量，同时还能产生独特的微量元素，如香椿芽中含有与性激素相似的物质，枸杞芽中含芸香苷和肌苷等。这些都是人体正常生理活动所必需的。

一、选择和处理种子

在芽苗菜栽培中，种子选择和处理是两个关键步骤，它们对芽苗菜的生长和最终产量有着直接影响。

种子选择指的是在种植前对种子进行挑选的过程。选择标准通常包括种子的完整性、饱满度、新鲜度和品种适应性。完整的种子意味着没有受到损伤，饱满的种子有助于保证高发芽率和产量，新鲜的种子（通常是当年收获的）具有更好的活力，避免使用过夏的老种子；而品种的适应性指的是要选择适合当地气候和生长条件的芽苗菜品种，如此更能保证生长效果。

种子处理是指对选定的种子进行一系列预处理措施，以提高种子的发芽率和生长潜力。常见的处理方法包括清洗筛选、浸泡和去种翅。清洗筛选是为了去除种子表面的杂质和病原菌，浸泡是为了让种子吸足水分以便发芽，去种翅是为了避免种翅影响通透性并减少病原菌的繁殖机会。

种子处理的目的：

（1）消毒：通过浸种过程中的清洗和换水，可以去除种子表面的病原菌和虫卵，起到物理消毒作用。

（2）激活酶：通过短时间的高温烫种，可以激活种子内部的各种酶，有利于种子快速萌发。

（3）适应温度：通过种子处理过程中的温度变化，可以使芽苗在生长过程中更好地适应不同的温度条件。

综上所述，选择和处理芽苗菜种子是种植过程中至关重要的环节。通过仔细筛选、清洗和适当浸泡种子，可以确保芽苗菜的高质量和产量。同时，正确的种子处理方法也可以减少病虫害的发生，提高芽苗菜的整体品质。

二、生长期管理

在芽苗菜栽培的生长期管理中，需要综合考虑浇水、湿度、温度、光照、病虫害防治以及喷淋和通风等方面，以确保芽苗菜能够健康生长并达到高品质的收获标准。

（1）光照管理：芽苗菜在播种后的初期通常需要适当的光照来促进其健康成长。虽然芽苗菜在萌发阶段可以处在相对黑暗的环境中，但在移入栽培室后，应逐渐适应光照环境，以防止芽干现象。在栽培过程中，要避免强烈的直射光，尤其是夏天，需采取遮阳措施，确保芽苗菜接收到适宜的散射光。

（2）温度管理：芽苗菜对温度敏感，因此维持栽培环境内的恒定温度是至关重要的。不同生长阶段的芽苗菜对温度的需求可能有所不同。通常，芽苗菜生长的适宜温度在 18℃ ~ 25℃。夏季高温时，需要采取降温措施，例如增加通风频率、使用空调或喷雾系统；而冬季则需要进行保温处理，比如使用加热设备或增加覆盖物。

（3）湿度管理：湿度对于芽苗菜的生长同样重要。过低的湿度可能导致芽苗枯萎，而过高的湿度又容易引起病害的发生。因此，需要适时适量地进行喷水保湿，以保持栽培基质湿润但不过分积水。喷水量和喷水次数可根据天气情况和芽苗生长状况适当调整。

（4）通风管理：良好的通风是预防病害的重要手段之一。定期通风可以降低栽培室内的湿度，减少霉变的可能性，并提供充足的二氧化碳以利于光合作用。在保证温度和湿度的前提下，每天应至少进行 1 ~ 2 次的通风换气。

（5）水分管理：芽苗菜在生长过程中需要充足的水分供应。通常采取小水勤浇的方法，以避免因水分过多而导致的根系腐烂。浇水时要注意均匀浇灌，避免局部积水。

（6）病虫害防治：尽管芽苗菜的无土栽培方式可以显著降低病虫害的发生概率，但仍需密切关注芽苗的生长状况。一旦发现异常，应及时诊断并采取相应的治理措施。

三、采收

芽苗菜的采收是指在适宜的时间，采用合适的方法将成熟的芽苗菜从种植介质中分离出来，并进行必要的后期处理的过程。

芽苗菜的生长周期通常较短，在 7 ~ 10 天，具体时间取决于种植环境和所选用的种子类型。芽苗菜的生长过程包括种子发芽、幼苗生长、叶片展开等阶段。在种植过程中，应关注芽苗菜的生长情况，以便及时进行收割。确定芽苗菜的收割时机主要依据其生长高度和叶片发育程度。一般来说，当芽苗菜的高度达到 5 ~ 10 厘米时，可以进行收割。此时，芽苗菜的叶片尚未完全展开，呈现出较为嫩绿的颜色，口感鲜美且营养价值较高。另外，在收割前应注意观察芽苗菜的生长状况，确保其无病虫害和不良生长现象。

劳动技能

技能 1　黄豆芽苗菜培育

一、劳动任务

学校实验室中有塑料种植盘，需要学生在实验室中进行黄豆芽苗菜培育。

二、劳动工具及准备

黄豆种子、塑料种植盘、水、喷壶、洁净纱布、量尺。

三、劳动步骤

（一）制订劳动计划

以小组为单位，按照操作步骤进行劳动实践。

（二）开展劳动实践

（1）过筛种子：将发霉的、有破损的以及瘪了的种子剔除。

（2）浸种：将种子在45℃的温水中浸泡10 ~ 12小时，在浸泡期间需要换2 ~ 3次水。

（3）催芽：先用清水将育盘的底部喷湿，然后用25℃的清水淘洗3遍种子后捞出沥干水分，均匀地播撒在育盘上，种子的厚度不要超过2厘米，接着用干净的纱布覆盖住种子，用喷壶喷洒清水，使之保持湿润，然后把育盘放到空气流通的半阴环境中催芽，温度控制在20℃ ~ 24℃。

（4）萌芽：2 ~ 3天后，黄豆即可发芽。精挑细选，将没有发芽的豆子挑出。每天进行浇水，待水从豆芽的缝隙流到盆子底部，将水倒出去。每次浇完水，需把纱布原样盖回去，并让纱布保持湿润状态。

（5）采收芽苗：催芽完成后，待芽苗菜长到8 ~ 12厘米高时，需把它放到有阳光的地方进行培养，注意避免阳光直射，最好使用散射光线，每天照常喷2次水，温度控制在25℃左右。大约一周之后进行采收。

四、劳动注意事项

（1）在芽苗菜的催芽期要注意保持芽苗的湿润，但育盘底部不能有积水。在催芽之后的培养阶段，不能突然增强光照，应该逐渐加大阳光照射。每天注意给室内换气2次。

（2）光照：芽苗菜对光照条件要求较低，但光与芽苗菜的质地和颜色有密切关系。当光照充足时，叶绿素形成得多，绿色浓。

（3）温度：芽苗菜生长最适宜温度为20℃ ~ 28℃，室内种植时夜温不低于16℃，白天温度不高于27℃，中后期对温度范围要求则可以放宽一些。

（4）通风：管理通风有利于保持栽培室空气清新，降低空气相对湿度，减少种芽霉烂，因此在保证正常温度的情况下，每天可以通风换气1 ~ 2次。

技能2　豌豆芽苗菜培育

一、劳动任务

学校实验室中有塑料种植盘，需要学生在实验室中进行豌豆芽苗菜培育。

二、劳动工具及准备

豌豆种子、栽培容器、水、喷壶、报纸、量尺。

三、劳动步骤

（一）制订劳动计划

以小组为单位，按照操作步骤进行劳动实践。

（二）开展劳动实践

（1）过筛种子：剔除虫蛀、残破、畸形、霉变的种子。

（2）浸种：用20℃～25℃的清水浸种24小时，捞出，搓洗1～2遍，洗去种皮上的黏液，待播。

（3）催芽：在栽培容器中铺上报纸。先把报纸浸湿，再把浸过种的豌豆种均匀播上。播后种子上覆一层湿报纸，用喷水壶喷洒均匀。保持温度18℃～22℃，在黑暗的条件下催芽。2～3天后，移至弱光处，保证有散射光照射。每天早晚喷淋1次25℃的温水，水量以湿透报纸为限，盘内勿存积水。

（4）收获：当豌豆苗有4～5片真叶，10～15厘米高，整齐一致，顶部复叶开始展开或已充分展开，无烂根、烂茎基，无异味，茎端7～8厘米，柔嫩未纤维化，芽苗浅黄绿色或绿色时即可采收，收割时，需从芽苗梢部7～8厘米处剪割。

四、劳动注意事项

（1）通风换气：及时通风换气，避免室内空气相对湿度过高。

（2）烂种烂芽处理：发现烂种烂芽，要及时拣出，避免殃及其他农作物。注意挑出烂种、烂芽时，动作需轻，不能影响其他芽苗的生长。

（3）在第一次采收时，注意不要将豌豆种子割伤，也不可把芽基割除，以免染病和失去生长点。割取芽苗的距离可距表层豆粒0.5厘米左右。同时，也应注意收割距离豆粒不可过长，过长会引起两个或两个以上的分枝，从而影响生长期和品质。

技能3　花生芽苗菜培育

一、劳动任务

学校实验室中有塑料种植盘及花生育苗盘，需要学生在实验室中进行花生芽苗菜培育。

二、劳动工具及准备

花生种子、花生育苗盘、塑料种植盘、清水、喷壶、纱布、量尺。

三、劳动步骤

（一）制订劳动计划

以小组为单位，按照操作步骤进行劳动实践。

（二）开展劳动实践

（1）过筛种子：选择当年收获且颗粒饱满的花生种子，并剔除破损、霉变、发芽、虫蛀的种子。

（2）浸种：首先使用50℃温水浸泡2分钟进行消毒和打破休眠，然后使用清水清洗一遍，最后再用清水进行浸泡，水量是种子的3 ~ 5倍，时长为6 ~ 8小时，

（3）催芽：将浸泡好的花生均匀铺撒在种植盘中，用纱布盖上，每天喷洒1 ~ 3次水，保持湿润，并在避光条件下进行催芽，直到种子发芽。

（4）生长管理：将发芽的花生转移到育苗盘中，芽尖朝下扎在孔里。保持底盘水量充足，但水位不超过白色网格盘。继续避光生长，并定期喷水保持湿润。注意观察花生的状态，及时去除发黑或腐烂的种子。

（5）收获：7天左右进行检查，当花生芽长到12 ~ 15厘米时，即可进行采收。

四、劳动注意事项

（1）花生芽苗菜在育苗盘里喜潮湿、黑暗、温暖，因此，发花生芽需要全程避光。

（2）用清水清洗时尽量不要碰伤种皮。温度较低的冬季应选择温水浸种。

（3）花生芽适宜温度为25℃ ~ 30℃，低于18℃生长缓慢。

讨论与反思

1. 通过本项目的学习，你对现代农业生产技术的价值和实际应用是否有新的理解？

2. 在现代农业生产技术的学习和实践过程中，你是否感受到个人创新思维和解决实际问题能力的提升？请结合具体任务（如堆肥、根瘤菌菌剂使用、芽苗菜种植等），分享你在实践中如何运用创新思维解决实际问题的经验。

3. 通过本项目的学习，你是否能够将所学的现代农业生产技术知识和实践经验应用到实际的农业生产中？如果可以，请具体说明你将如何应用这些技术（如堆肥、微生物菌剂、芽苗菜种植等）；如果存在障碍，请分析可能的原因并提出改进建议。

项目三

园艺生产技术

项目目标

1. 通过学习，掌握园艺作物的生长习性、生长发育规律等基础知识，学习并掌握园艺作物的播种、无土育苗、基质培育苗、嫁接育苗、移栽、管理、病虫害防治、采收等关键技术。了解现代园艺生产中的新技术、新方法，如智能化管理、无土栽培技术、绿色防控技术等。

2. 通过田间劳动实践，掌握园艺作物的种植和管理技能，包括播种、施肥、浇水、病虫害防治等，能够独立完成园艺作物的种植和管理任务，提高动手能力和实践能力。了解现代园艺设备的使用和维护方法，如智能温室控制系统、自动灌溉系统等。

3. 通过劳动实践，将理论知识与劳动实践相结合，培养劳动习惯，认识到劳动的重要性和价值。积极参与劳动，体验劳动的艰辛和乐趣，培养勤劳、勤奋的品质以及创新精神和实践能力。了解园艺生产对社会的贡献和价值，培养社会责任感和奉献精神，积极参与社会服务活动。

项目导语

在新时代的农业发展中，国家对现代农业技术的创新与应用寄予厚望，旨在通过科技的力量推动农业产业转型升级，实现农业的绿色、高效、可持续发展。在此背景下，无土栽培技术、育苗技术作为园艺技术产业的重要领域，正以其独特的优势成为推动园艺技术科技创新、提升农业生产效率的关键力量。

本项目紧跟国家现代农业技术发展的最新要求，深入探索与实践现代农业技术的精髓与应用。通过本项目的学习，将全面掌握无土栽培技术、园艺植物育苗技术的基本原理、关键技术及其在园艺产业等方面的应用。同时，还可以探索这些技术在推动农业现代化、促进农业可持续发展中的广阔前景。

任务一 无土栽培技术

科普知识

在传统农业中，大部分作物生长在土壤中。土壤提供作物生长发育所必需的营养物质和水分，并起到固定支持根系的作用。同时，土壤还提供作物根系生长所需的氧气和温度，满足作物生长发育所必需的环境条件。因此，自古以来，农业生产离不开土壤。但是天然土壤对于作物生长发育所必需的水、肥、气、热等外界环境条件，特别是水、肥、气三大要素常常相互影响、相互制约，使作物的产量与品质受到影响。

无土栽培不用天然土壤进行作物栽培，摆脱了对土壤的依赖，极大地扩展了农业生产的空间。最早的有关无土栽培的文字记载可以追溯到 2 000 多年前，我国在汉末时，南方水乡就有利用葑田（又名架田，是蔬菜的根系和茎多年聚结起来的“板块”，常浮于水面）种稻、种菜的图文记载。1840 年李比希（Liebig）提出的“植物矿质营养学说”为无土栽培奠定了理论基础。19 世纪 60 年代英格兰医生伍德沃德（Woodward）第一次用“水培”培育植物。1938 年，美国的霍格兰（Hoagland）和阿农（Arnon）对营养液中营养元素的比例和浓度、微量营养元素等进行了大量研究，做了无土栽培试验，提出了研究所用的营养液配方。现代无土栽培配方都是在霍格兰配方基础上发展而来。美国格里克（Gericke）教授第一个把实验室研究用的无土栽培技术应用于商业化生产。

我国在 20 世纪 30 年代开始出现现代无土栽培。从 80 年代末，我国开始研制无土栽培的设施及配套栽培技术，研制出了鲁 –SC 型无土栽培系统、深液层水培系统、营养液膜水培系统等，促进了无土栽培快速和大面积发展。

一、无土栽培技术基础知识

无土栽培是指不用土壤而用营养液或固体基质加营养液栽培作物的方法。无土栽培可以较好地协调作物根系生长环境中的水、肥、气之间的关系，使作物生长在一个比土壤更为有利的环境中，作物生长发育更为良好，产量和品质更高。

（一）基本原理

1. 植物营养需求

植物的生长需要水分、无机盐等营养物质，这些营养物质在传统的土壤栽培中由土壤提供。无土栽培则是通过人工配制的营养液来满足植物的营需求。

2. 基质作用

在无土栽培中，基质主要起固定植物根系和提供少量营养物质的作用。常用的基质包括砂、珍珠岩、岩棉、锯末等。

（二）主要方法

1. 无基质栽培

（1）水培：营养液膜水培、深液流水培等；

（2）气雾培。

2. 基质栽培

（1）有机基质培：泥炭、椰糠、菇渣等；

（2）无机基质培：沙、陶粒、岩棉、蛭石、珍珠岩等；

（3）有机生态型无土栽培。

（三）主要优势

1. 提高产量与品质

无土栽培技术能精准调控植物生长所需的营养、水分、光照及温度等要素，为植物打造最适宜的生长环境。这种精细化管理使得植物生长速度更快，产量显著提升。同时，由于摆脱了土壤中病虫害和污染的威胁，无土栽培产出的植物通常品质更优。

2. 节水与节肥

无土栽培采用营养液循环利用的机制，大幅减少了水肥资源的浪费。相较于传统的栽培方式，无土栽培能节省高达 90% 的用水量和 60% 的肥料使用量。

3. 土地利用效率高

无土栽培不受传统栽培土地的限制，能在沙漠、盐碱地、戈壁滩等不适宜传统栽培的土地上进行，这大大扩展了农业生产的空间。

4. 避免连作障碍

通过更换营养液或基质的方式，可以轻松实现连续多茬种植，从而完全避免连作障碍的问题。

5. 减轻劳动负担

无土栽培借助自动化和智能化技术，降低了对人力投入的需求。其设施结构简明，维护管理便捷。

6. 环保且可持续

营养液得以循环利用，减少了化肥和农药的施用量，进而减轻了对环境的负面影响。同时，该技术还促进了废弃物的资源化利用。

（四）应用领域

无土栽培技术广泛应用于农业、园艺、花卉生产等领域。在农业领域，无土栽培可用于种植蔬菜、水果等经济作物；在园艺领域，无土栽培可用于盆栽植物、观赏植物等的生产；在花卉生产领域，无土栽培则可用于生产各种鲜切花、盆花等。

二、叶菜无土栽培的田间管理

叶菜基质培的田间管理知识是做好叶菜栽培、提高产量和品质的重要基础，以下重点介绍叶菜水培及叶菜基质培。

（一）叶菜水培

叶菜水培的田间管理知识涉及多个方面，需要综合考虑品种选择、设备准备、营养液配置、播种定植、光照温度管理、通风湿度管理、定期检查调整以及病虫害防治等因素，通过科学管理和实践经验积累，可以不断提高水培叶菜的产量和品质。

1. 选择适宜的叶菜品种

并非所有叶菜都适合水培，一般选择生长周期短、对水肥需求明确的叶菜品种，如生菜、菠菜、油菜、香菜等。这些叶菜不仅生长迅速，而且在水培条件下能够保持较高的品质和口感。

2. 准备水培设备

水培设备包括定植杯、水培容器、水泵与定时器、营养液槽、光照设备等。定植杯用于固定蔬菜根系，防止其直接浸泡在水中导致的腐烂；水培容器需确保材质无毒、易清洗；水泵与定时器用于循环水体，增加水中溶氧量；光照设备在自然光照不足时，提供植物生长所需的光照。

3. 配置营养液

（1）营养液成分。根据蔬菜生长需求配置营养液，包含氮、磷、钾等必需元素及微量元素。氮元素促进叶子生长，磷元素有助于根系发育，钾元素则对植物整体健康和抗病能力至关重要。此外，钙和镁等次要大量养分以及铁、锰、锌和铜等微量元素也是不可或缺的。

（2）pH 值与养分浓度。配置好的营养液需保持适当的 pH 值水平（通常在 5.5 ～ 6.5 之间）和养分浓度（EC/TDS 范围为 1.2 ～ 2.0），以确保植物能够充分吸收养分。

4. 播种与定植

（1）种子处理。将选定的叶菜种子用温水浸泡数小时至发芽前，可促进种子萌发。对于较难发芽的种子，可采用纸巾催芽法。

（2）定植。待种子露白或长出小苗后，将其移至定植杯中，然后轻轻放入水培容器中，确保根系能够接触到营养液但不被完全淹没。

5. 光照与温度管理

（1）光照。光照是植物进行光合作用的重要条件。大多数叶菜类蔬菜需要每天至少 6 ～ 8 小时的直接或间接光照。在自然光照不足时，需开启光照设备补充光照。

（2）温度。保持室内温度在适宜的范围内（一般为 15℃ ～ 25℃），气温过高或过低都会影响叶菜的生长速度和品质。同时，适宜的营养液水温为 15℃ ～ 18℃，可通过预热营养液或采取降温措施来调节。

6. 通风与湿度管理

水培叶菜需要充足的空气循环，以供应氧气和二氧化碳。可以通过使用风扇或氧气泵等设备来改善环境。同时，湿度过高易导致病害，需适时通风以降低湿度。

7. 定期检查与调整

（1）营养液管理。定期检查营养液浓度和 pH 值，及时补充和调整。一般每周更换一次营养液，或使用过滤器循环净化，以防止养分不平衡和盐分堆积。

（2）植株观察。观察植物是否出现养分缺乏或过多的迹象，如叶子发黄、生长缓慢或出现异常变色等，及时采取相应的管理措施。

8. 病虫害防治

虽然水培蔬菜病虫害相对较少，但仍需注意防治。一方面，要保持水培设备的清洁和消毒；另一方面，在发现病虫害时及时采取物理、生物或化学方法进行防治。

9. 适时采摘

水培叶菜生长迅速，一般几周到几个月即可收获。根据蔬菜种类和生长情况，适时采摘嫩叶或整个植株。采摘时需注意卫生和包装，以保持蔬菜的品质和商品性。

（二）叶菜基质培

叶菜基质培的田间管理知识涉及基质选择与准备、播种与定植、水肥管理、环境管理、病虫害防治以及采收管理等多个方面，通过科学管理和实践经验积累，可以不断提高叶菜基质培的产量和品质。

1. 基质选择与准备

（1）基质材料选择。选择透气性好、成本低、保水性强、固根牢的材料作为基质，如泥炭土、珍珠岩、蛭石、锯末、炉渣、砂砾、岩棉等。这些材料可以单独使用，也可以按一定比例混合使用，以满足叶菜生长的不同需求。

（2）基质消毒。对新购买的基质进行预处理，如浸泡、晒干等，以提高其性能。同时，对基质进行消毒处理，杀灭可能存在的病原菌和虫卵，确保叶菜生长环境的卫生。消毒方法可以采用高温堆肥、化学消毒剂处理或阳光暴晒等。

2. 播种与定植

（1）种子处理。选用优质种子，并进行消毒处理，以提高种子的发芽率和抗病性。消毒后，根据种子特性进行催芽处理。

（2）播种方法。在消毒后的基质中挖穴或摆放栽培盆，将叶菜种子均匀撒在基质上，然后覆盖一层薄薄的基质，厚度 0.2 ~ 1 厘米。浇足水后，保持基质湿润，等待种子发芽。

（3）定植管理。当幼苗长到一定高度时（如 4 ~ 5 片叶），选择晴朗天气进行定植。根据叶菜种类和生长习性，合理密植，确保植株间有足够的生长空间。

3. 水肥管理

（1）水分管理。叶菜根系浅，喜水，因此要及时浇水。温度高时，在早晨浇一次水，以满足叶菜生长对水分的需求，并降低棚内温度。阴天和雨天减少浇水，以免湿度过大引发灰霉病和霜霉病。

（2）施肥管理。根据叶菜生长阶段和营养需求进行施肥。可以使用水溶肥料或缓释肥料，通过滴灌或喷灌系统均匀供给。一般每周施用一次复合肥，浓度控制在适当范围内。在采收前 7 天停止施肥，以确保叶菜品质。

4. 环境管理

（1）温度管理。保持室内温度在适宜范围内，一般叶菜生长适宜温度为白天 20℃ ~ 25℃，夜晚 12℃ ~ 15℃。温度高时要及时开棚通风降温，以免植株受热害。

（2）光照管理。确保叶菜接受充足的光照，每日光照时间不少于 8 小时。光照不足时，可以通过补光灯进行补光，以促进叶菜生长。

（3）湿度管理。保持室内湿度在适宜范围内，一般叶菜生长适宜湿度为 60% 左右。

干燥时要及时浇水，湿度过大时要及时通风排湿，以免引发病害。

5. 病虫害防治

（1）预防措施。加强田间管理，保持基质清洁，及时清除杂草和病株。同时，使用防虫网等物理方法防止昆虫进入。

（2）治疗方法。定期检查叶菜生长状况，发现病虫害及时防治。可以使用中药材喷雾、黄板诱杀等生物防治和化学防治相结合的方法进行治疗。在采收前 7 天停止喷药，以确保叶菜品质。

6. 采收管理

（1）采收时间。根据叶菜的生长周期和市场需求，确定适宜的采收时间。一般叶菜在定植后 25 ~ 30 天即可采收。

（2）采收方法。使用剪刀或刀具小心采摘叶菜，避免损伤植株。对采摘的叶菜进行清洗、分级、包装，确保产品质量。

三、营养液的配制与管理

无土栽培技术的核心是营养液的配制与管理。营养液是将含有植物生长发育所必需的 16 种营养元素的化合物和少量使某些营养元素的有效性更为长久的辅助材料，按一定的数量和比例溶解于水中所配制而成的溶液。无论是基质栽培还是无基质栽培的无土栽培形式，都主要靠营养液来为作物生长发育提供所需的养分和水分。因此，无土栽培生产的成功与否，在很大程度上取决于营养液配方和浓度是否合适、营养液管理是否能满足植物各个不同生长阶段的需求。因此，掌握营养液组成、配置、管理是作物进行无土栽培成功的关键。

（一）营养液配制

营养液分为原液、浓缩液（母液）、稀释液、栽培液（工作液）等类型。营养液由水、营养物质及辅助材料组成。营养物质含有氮肥、钾肥、磷肥、镁肥、钙肥和微量元素肥（硼肥、铜肥、锰肥、锌肥、钼肥、铁肥等）。在作物生产上，配制营养液时各种营养元素的数量和比例、总盐度、酸碱度应符合作物正常生长要求，必须含有植物生长所需的全部营养元素，且各种化合物必须是作物可以吸收的形态存在，并能较长时间地保持其有效性。

（二）营养液管理

无土栽培营养液管理主要是指对循环式水培的营养液的浓度、酸碱度（pH 值）、溶解氧和营养液温等四个方面的管理。在无土栽培中，作物在生长过程中，根系不断从营养液中吸收生长发育所需的营养元素、水分和氧气，同时还分泌各种生理代谢物质，使营养液营养元素数量和比例、总盐度、酸碱度、含氧量等发生变化，从而作物根系环境发生了不均衡变化。因此，在日常生产中，对营养进行监测和管理，有利于提高营养液高效利用和提高作物产量、品质。

1. 营养液的浓度调整

绝大多数作物适宜的浓度为 0.5 ~ 3.0ms/cm，最高不超过 4.0 ms/cm。刚定植作物的营养液浓度宜低，以控制作物的长势，使株型小一些；生长旺盛期的供液浓度要高，防止营养不足，引起早衰。

作物根系生长在营养液中，吸收大量的水分和营养元素，以及水分大量蒸发，需要经常给营养液补充水分和营养元素，维持液面的稳定和营养元素均衡。

2. 酸碱度（pH 值）调整

作物一般适宜的 pH 值范围为 5.5 ～ 7.0。作物根系吸收营养液中的阴离子或阳离子，使营养液 pH 值发生变化，上升或下降到作物最适的 pH 范围之外，用稀酸或稀碱溶液来中和调节。

3. 温度调整

在不同季节，作物根系有不同的适宜温度。大多数蔬菜、花卉的最适液温为 18℃～20℃，最高液温不应超过 30℃，最低液温不应低于 15℃。冬季温度偏低时，采用隔热性能好的材料来加强保温，或在贮液池中安装加热装置，直接对营养液加温。夏季营养液温度容易偏高，可利用地下贮液池，将营养液的热量传导到地下，另外，应增加营养液循环次数和循环时间散热。

4. 含氧量的调整

无土栽培中作物根系所需氧是通过吸收溶解于营养液中的溶解氧来获得。如果营养液中的溶解氧不能达到作物正常生长所需的合适的水平，植物根系就会表现出缺氧，从而影响根系对养分的吸收以及根系和地上部的生长。尤其是不耐淹的旱生植物。

在营养液的温度为 15℃～20℃的范围内，适宜的含氧量为 4.0 ～ 5.0mg/L。在作物生产中，通过人工增氧的方式，增加营养液的氧气含量。

5. 营养液更换

使用一段时间后，营养液中累积较多有碍作物正常生长的物质，如营养液中非营养成分钠、氯等；中和生理酸碱所产生的盐；硬水水源所带的盐分；植物根系分泌物、脱落物以及引起的微生物分解产物等物质。需配制新的营养液将其全部更换。一般地，用软水配制的营养液，若所选用的配方又比较平衡，3 个月左右更换一次即可。用硬水配制营养液，在生长旺盛时期每个月更换一次。如果水质的硬度偏高，更换的时间要缩短。

劳动技能

技能 1　叶菜无土育苗

无土育苗是无土栽培不可缺少的首要环节，是指利用草炭、蛭石、珍珠岩、岩棉等轻质基质材料配合营养液，或是直接利用营养液进行育苗的方法。根据育苗过程是否使用基质及其作用，无土育苗可分为基质育苗和水培育苗两大类。

一、劳动任务

在进行无土栽培前需先进行无土育苗，本次任务利用草炭、蛭石和珍珠岩为育苗基质。

二、劳动工具及准备

奶油生菜种子、福尔马林溶液、72 孔穴盘、草炭、蛭石、珍珠岩、种植器、海绵块、营养液等。

三、劳动步骤

（一）制订劳动计划

1. 劳动分组

每班分成 6 组，每组播 2 盘苗，将来一盘用于基质培，一盘用于水培，在苗期管理阶段，每组每天安排 1 名同学进行。

2. 种子处理

种子需进行消毒处理，用福尔马林溶液浸泡后清洗；消毒后的种子需进行浸种催芽，将种子放入 32℃温水中浸泡 6 小时。

（二）开展劳动实践

1. 基质培育苗

（1）领取工具：领取浸泡好的种子、2 盘 72 孔穴盘、铲子、草炭、蛭石、珍珠岩若干。

（2）清洗穴盘：用水把即将使用的穴盘清洗干净。

（3）搅拌基质：用铲子将草炭、蛭石和珍珠岩按照 2∶1∶1 的比例搅拌混合均匀，在搅拌过程中加水进行调节，使基质达到湿润状态。

（4）播种：将搅拌好的基质装入穴盘中，保证整体均匀，用手在每个穴孔中央压一个浅穴，把种子播种到浅穴中，每孔放 2 ~ 3 粒种子，覆盖一层基质，浇透水分，将播好种子的穴盘放入催芽室中进行催芽。

（5）苗期管理：

1）水分管理：根据天气和基质情况及时浇水，特别是在高温天气下早晨需浇水。

2）温度管理：苗期温度控制在白天 15℃ ~ 25℃，夜间 8℃ ~ 15℃。阳光直射时需适当遮挡，以防幼苗被灼伤。

3）疏苗：当幼苗长出 2 ~ 3 片真叶时进行疏苗，每穴仅留一株。

4）防病虫害：苗期注意防病虫害，可使用多菌灵等药物进行预防。

2. 水培育苗

（1）领取工具：领取浸泡好的种子、种植器、海绵块。

（2）准备工作：用水把即将使用的种植器清洗干净，浸湿海绵块，种植器盛水，深度约为 2/3。

（3）播种：将种子放入海绵块中，位置约为海绵块顶部往下 1/3 处，再将海绵块放入种植器中，注意海绵块保持湿润状态。

（4）苗期管理：

1）水分管理：根据天气和基质情况及时浇水，特别是在高温天气下早晨需浇水。

2）温度管理：苗期温度控制在白天 15℃ ~ 25℃，夜间 8℃ ~ 15℃。阳光直射需适当遮挡，以防幼苗被灼伤。

四、劳动注意事项

（1）劳动前进行安全教育，学会工具正确用法，避免工具使用过程中的安全隐患。

（2）劳动过程中严禁手拿工具追逐打闹。

（3）劳动过程中严格按照规范操作。

（4）育苗期需要每天浇水，海绵块需要长时间保持湿润状态，根据需要添加营养液。

技能 2　叶菜水培

本技能帮助了解叶菜水培的基本原理、设备要求和培养进行叶菜水培的实际操作能力，包括苗期处理、营养液配制、设备搭建和日常管理。激发对农业科学的兴趣，培养耐心、细心和责任感，以及团队合作和环保意识。

一、劳动任务

在叶菜水培育苗基础上，长出 2 ~ 3 片真叶后进行移栽管理。

二、劳动工具及准备

叶菜苗、海绵块、定植杯、营养液、设施水培架、标签纸等。

三、劳动步骤

（一）制订劳动计划

1. 分组与分工

将学生分成若干小组，每组负责不同的叶菜品种定植环节。

2. 场地布置

确保有足够的空间和适宜的光照条件进行水培种植。

（二）开展劳动实践

1. 营养液配制与管理

（1）了解营养液成分：学习不同营养元素对植物生长的作用。

（2）配制营养液：按照一定比例配制适合叶菜生长的营养液。可选用简易叶菜营养液，比例如下：

1）大量元素：尿素（150mg/L），磷酸二氢钾（200mg/L），硫酸镁（500mg/L）。

2）微量元素：硼砂（2mg/L），硫酸锌（0.5mg/L），硫酸亚铁（2mg/L）。

（3）管理营养液：定期检查营养液的 pH 值、EC 值等指标，及时调整和补充。

1）pH 值指标：大多数水培叶菜适宜在 pH 值为 5.5 ~ 6.5 的弱酸性环境中生长。比如生菜、空心菜等常见叶菜，在此 pH 值范围内，能保证根系对养分的良好吸收，使植株生长健壮。不过也有特殊情况，如水培芹菜的 pH 值一般为 6 ~ 8。

2）EC 值指标：在叶菜苗期，一般 EC 值控制在 0.8 ~ 1.2mS/cm 比较合适，例如叶菜种子发芽后到幼苗期，这个阶段植株对养分需求相对较低，较低的 EC 值能满足其生长需求，又不会因养分浓度过高对根系造成伤害；在叶菜生长期，EC 值在 1.4 ~ 1.8mS/cm 较为理想，此时叶菜生长旺盛，需要更多的养分供应，适当提高 EC 值可以满足其快速生长的需求；在叶菜后期及采收期，可将 EC 值控制在 2.0 ~ 2.5mS/cm，如白菜在生长后期，为了提高品质和抗逆性，可将 EC 值维持在 2.0 左右。

（4）设定时间：设定循环流动水的时间，可设置每隔 30 分钟循环流动水一次，使植株充分吸收水分及养分。

2. 移栽

（1）将叶菜苗放入定植杯中，移栽到设施水培架上。

（2）搭建水培系统：组装设置水培架、水泵、管道等设备，形成完整的水培系统。

（3）设施水培架日常维护：定期检查设备运行状态，清洗管道、更换营养液等。

3. 定植管理

（1）光照管理：确保植物获得足够的光照，必要时使用补光灯，大多数叶菜生长需要中等强度的光照，一般在 10 000 ~ 25 000 勒克斯，一般叶菜需要每天 12 ~ 16 小时的光照时长。

（2）温度与湿度管理：控制种植环境的温度和湿度，创造适宜的生长条件，适宜的生长温度在 15℃ ~ 20℃，空气湿度一般在 60% ~ 80%。

（3）病虫害防治：学习识别叶菜的病虫害症状，采取物理、生物或化学方法进行防治。

4. 采收与后续处理

（1）采收：当叶菜长到适宜大小时，进行采收，注意保护根系和基质结构。

（2）后续处理：对采摘的叶菜进行清洗、分级、包装。

5. 评估与反馈

（1）过程评估：通过观察在任务执行过程中的表现，评估其操作技能和团队协作能力。根据叶菜的生长情况和产量，评估种植效果。

（2）创新实践：尝试不同的水培方法、营养液配方或种植品种，培养创新思维和实践能力。

四、劳动注意事项

（1）保持水质清洁。使用纯净水或自来水，并定期更换新鲜的水培液，以防止养分不平衡和盐分堆积。同时，避免使用含有过多化学物质的水源。

（2）在进行劳动课之前，进行安全教育，强调操作过程中的注意事项和潜在风险。

技能 3　叶菜基质培

本技能帮助了解叶菜基质栽培的基本原理、基质选择与处理、播种与育苗、水肥管理、病虫害防治等关键环节。掌握叶菜基质栽培的实际操作技能，包括基质准备、播种、育苗、日常管理、采收等。激发对农业科学的兴趣，培养耐心、细心和责任感，以及团队合作和环保意识。

一、劳动任务

在叶菜基质培育苗基础上，长出 4 ~ 5 片叶后进行移栽管理。

二、劳动工具及准备

基质材料（如珍珠岩、蛭石、椰糠、腐熟有机肥等）种植容器、叶菜苗、喷水壶、铲子、剪刀、营养液或肥料、标签纸等。

三、劳动步骤

（一）制订劳动计划

1. 场地布置

确保有足够的空间和适宜的光照条件进行基质栽培。

2. 分组与分工

将学生分成若干小组，每组负责各自组别的叶菜苗移栽环节，明确各自的任务和责任。

（二）开展劳动实践

1. 基质准备与处理

（1）基质混合：根据叶菜生长需求，将基质材料按一定比例混合均匀，草炭、蛭石、珍珠岩混合比例为 3∶1∶1。

（2）基质消毒：采用高温蒸气消毒、化学消毒剂浸泡或阳光暴晒等方法对基质进行消毒处理。

2. 移栽

（1）播种：在消毒后的基质中挖穴或铺设栽培床，将培育良好的叶菜苗移栽到基质中，覆盖薄基质，浇足水分。

（2）育苗管理：保持适宜的温度、湿度和光照条件，促进种子萌发和幼苗生长，在生长旺盛期光照强度最好达到 15 000 ~ 25 000 勒克斯，多数基质培叶菜每天需要 12 ~ 16 小时的光照时长来保证正常的生长发育。生长的适宜温度一般在 15℃ ~ 20℃，空气湿度通常在 60% ~ 80%，基质的湿度一般保持在 65% ~ 75% 为宜。

3. 日常管理

（1）水肥管理：根据叶菜生长需求和基质湿度，定期浇水和添加营养液、如有必要添加肥料，保持基质湿润和养分充足。

（2）病虫害防治：定期检查植株状态，及时发现和处理病虫害问题，采用物理、生物或化学方法进行防治。

（3）环境管理：控制温度、湿度和光照条件，保持适宜的生长环境。

4. 采收与后续处理

（1）采收：当叶菜长到适宜大小时，进行采收，注意保护根系和基质结构。

（2）后续处理：对采摘的叶菜进行清洗、分级、包装。

5. 评估与反馈

（1）过程评估：通过观察在任务执行过程中的表现，评估其操作技能和团队协作能力。

（2）成果评估：根据叶菜的生长情况和产量，评估种植效果。

四、劳动注意事项

（1）基质材料：选择透气性好、保水性强、固根牢的材料，如珍珠岩、蛭石、椰糠、泥炭土等。避免使用含有重金属或有害物质的基质。

（2）基质消毒：对基质进行彻底的消毒处理，以杀灭可能存在的病原菌和虫卵。可以采用高温蒸汽消毒、化学消毒剂浸泡或阳光暴晒等方法。

（3）播种方法：在消毒后的基质中挖穴或铺设栽培床，移栽叶菜苗，并覆盖一层薄基质。注意保持适宜的播种密度，避免过密或过疏。

（4）病虫害防治：定期检查叶菜生长状况，发现病虫害及时防治。可以采用物理防治、生物防治和化学防治相结合的方法，减少化学农药的使用。

（5）环境管理：保持适宜的温度、湿度和光照条件。温度过高或过低都会影响叶菜生长，应使用温湿度控制器保持适宜范围。同时，要确保光照充足，每日光照时间不少于 8 小时。

任务二 播种育苗

科普知识

农业是最重要的生产部门，社会的更新，文明的发展，都离不开农业基础的稳固。说起中国的农业历史，便不得不提到播种育苗的历史。从汉代起，我国水稻栽秧便已形成文字记录，那时人们就发现，从直播改为育苗移栽，可减轻草害，促进发芽生长。北魏的《齐民要术》、宋代的《陈旉农书》、明清时期的《农政全书》《天工开物》等，均有反映中国历史上播种育苗的技术与经验。时至今日，播种育苗仍然在农业生产及生态环境等多方面都具有重要意义，以下将对播种育苗的基本种植与管理方法作简要介绍。

一、播种育苗的定义

播种育苗技术是植物栽培中常用的育苗方法，是指利用植物种子，通过一定的技术和方法，使其在适宜的环境条件下萌发、生长，最终培育成可供移栽或大田种植的幼苗的过程。

二、播种育苗的类型

（一）撒播

撒播多适用于细小、数量较多的植物种子，如白菜、菠菜、香菜、生菜等蔬菜种子，以及矮牵牛、鸡冠花、虞美人等草本花卉种子或牧草、草坪草等密植需求植物。是指将种子均匀地撒在苗床或种植区域表面的播种方法，不进行开沟或定点播种，让种子在较大面积上自然分布，以实现繁殖幼苗的目的。

1. 准备工作

在撒播前，需要先将苗床或种植区域的土壤进行细致整理，确保土壤疏松、平整、细碎，无大的土块、石块等杂物，同时要施足基肥并进行土壤消毒等处理，为种子发芽和幼苗生长创造良好的土壤条件。

2. 播种操作

将种子均匀地撒在准备好的苗床上。为了保证撒种均匀，可以将种子分成若干小份，然后逐份进行撒播，也可以将种子与一定量的细沙或细土混合后再进行撒播，这样能使种子更好地分散。

3. 覆盖与保湿

撒种完成后，需要在种子表面覆盖一层薄土，覆盖厚度一般根据种子大小而定，通常为种子直径的 1 ~ 2 倍，以刚好盖住种子为宜。然后适当喷水，保持土壤湿润，为种子发芽提供适宜的湿度条件。

4. 特点

操作简单、土地利用率高、出苗均匀；但由于幼苗分布较为密集，在幼苗管理过程中操作难度较大，且幼苗生长到一定阶段后，植株间隔较小，通风透光性差，易于导致病虫害的发生。

（二）条播

条播适用于大多数中粒种子，如小麦、玉米、萝卜、菠菜等，是指在播种时，按照一定的行距，将种子成行地播入土壤中的播种方法。种子沿着直线或一定曲线排列，形成一条条的播种行，各条播种行之间保持一定的距离。在苗床上按一定行距开浅沟，将种子均匀播于沟内。

1. 整地开沟

首先对种植土地进行深耕、细耙等整地作业，使土壤疏松、细碎、平整，然后根据种植作物的种类和生长需求，确定行距，使用开沟器或犁等工具在苗床上开出深度、宽度适宜的播种沟。一般播种沟的深度为 2 ~ 5 厘米，具体深度因种子大小和作物种类而异，如豆类种子可适当深一些，而蔬菜类种子相对浅一些。

2. 播种覆土

将种子均匀地撒在播种沟内，可人工撒播，也可使用播种机进行播种，以保证种子在沟内分布均匀，避免种子过于密集或稀疏。播完种后，用细土将播种沟覆盖，覆土厚度一般为种子直径的 2 ~ 3 倍，然后适当镇压，使种子与土壤紧密接触，有利于种子吸水发芽。

3. 浇水保湿

覆土完成后，及时进行浇水，使土壤保持湿润状态，但要注意避免积水，为种子发芽提供适宜的水分条件。

4. 特点

条播使作物植株在田间呈行状分布，行与行之间有一定的间隔，通风透光条件良好，有利于作物进行光合作用，促进植株的生长发育，提高作物的抗倒伏能力和病虫害抵抗力。同时，条播管理方便，能降低劳动强度。与撒播相比，条播能更准确地控制种子的播量，可降低种植成本。

（三）点播

点播又叫穴播，适用于大粒种子，如玉米、豆类等，是指在播种时，按照一定的行距、株距和深度，将种子播在播种穴内的播种方法。种子沿着直线或一定曲线排列，形成一条条的播种行，各条播种行之间保持一定的距离，按一定的株行距挖穴播种。

1. 确定株行距

根据不同作物品种的生长特性和种植要求，确定合适的行距和株距。

2. 挖穴

使用工具如小铲子、锄头或专门的打穴机等，按照确定好的株行距在整理好的土地上挖播种穴。穴的深度和直径根据种子大小和作物种类而定，一般深度为 3 ~ 8 厘米，直径为 5 ~ 10 厘米。例如，玉米种子点播时，穴深一般 5 ~ 6 厘米；豆类种子点播，穴深 3 ~ 4 厘米即可。

3. 播种

每个穴内播入适量的种子，通常为 2 ~ 3 粒，以保证出苗率。对于一些大粒种子如核桃、板栗等，每穴可播 1 粒；小粒种子如油菜等，每穴可适当多播几粒。播完后，用细土将穴覆盖，覆土厚度一般为种子直径的 2 ~ 3 倍。

4. 浇水

点播完成后，要及时适量浇水，使土壤保持湿润状态，为种子发芽提供充足的水分，但要避免积水导致种子腐烂。

5. 特点

点播是按穴播种，每个穴内播入的种子数量相对较少，能够精准控制用种量，点播可以降低种植成本且能使植株分布均匀，便于田间管理，降低劳动强度，但也会因此播种效率较低、对播种技术要求较高。

劳动技能

技能 1　种子采集与处理

一、劳动任务

要想提高播种育苗的质量，提高种子的发芽率和发芽整齐度，种子的采集与处理工作非常必要。要求学生能按照要求，对种子进行采集与处理，为后续育苗工作做好准备。

二、劳动工具及准备

成熟的番茄种子、种子袋、清水、塑料盆、烧杯、纱布、培养皿、标签、一次性手套、水果刀、镊子、高锰酸钾溶液、磷酸三钠溶液等。

三、劳动步骤

（一）制订劳动计划

全班分为 6 组左右，分组进行番茄种子采集工作，采集后用清水冲洗种子，去除果肉与黏液，并将洗净的种子平铺于纱布上进行风干或晾干。

（二）开展劳动实践

各小组领取工具与材料，按实际情况分配任务要求，具体如下：

1. 精选种子

选择饱满、无病虫害、具有本品种典型特征的种子，去除杂质、破损和干瘪的种子，以保证种子的发芽率和幼苗的健壮。

以番茄的播种育苗为例，选择饱满、无病虫害、具有本品种特征的番茄种子，用水果刀将果实纵向切开，用镊子等工具将种子连同胶状物质一起转移至干净的纱布上，把种子表面的绒毛搓掉、扬净，去除杂质和瘪粒，以保证种子的发芽率和幼苗的健壮。

2. 晒种

播种前将种子在阳光下晾晒 1 ~ 2 天，每天晒 2 ~ 3 小时，可促进种子后熟，提高发芽势和发芽率，同时还能杀死种子表面的部分病菌。

3. 浸种

根据不同种子的特性，将种子浸泡在适宜温度的水中，使种子吸足水分，加速发芽。下面介绍两种浸种方法：

（1）温汤浸种：将种子放入 50℃ ~ 55℃的温水中，不断搅拌，保持水温 15 ~ 20 分钟，然后让水温自然冷却，继续浸泡 4 ~ 6 小时，可有效杀灭种子表面的病菌。

（2）药剂浸种：用 0.1% 的高锰酸钾溶液或 10% 的磷酸三钠溶液浸泡种子 20 ~ 30 分钟，捞出后用清水冲洗干净，再进行常规浸种，可预防番茄病毒病等病害。

4. 催芽

将浸种后的种子捞出，用湿纱布或毛巾包裹，放在 25℃ ~ 30℃的环境下催芽，保持种子湿润，当大部分种子露白时即可播种。

5. 劳动成果检查

各小组检查种子采集处理情况，教师进行现场分组点评。劳动完成后，将工具清洗后归还至原位。

四、劳动注意事项

（1）劳动前进行安全教育，学会工具的正确使用方法，避免工具使用过程中的安全隐患，严禁劳动过程中手持工具追逐跑闹。

（2）在药剂拌种、温汤浸种等涉及高温、化学药品的劳动过程中，学生需佩戴手套、口罩，注意个人安全问题。

技能 2　苗床准备及播种

一、劳动任务

苗床准备是否得当，直接影响种子能否顺利出苗，进而影响最终作物的产量和品质。播种前的苗床准备工作至关重要。

二、劳动工具及准备

土壤、育苗盘、育苗基质或土壤改良剂（如草炭土、蛭石、珍珠岩等）复合肥、多菌灵或甲基托布津、一次性手套、刮板、烧杯、玻璃棒、喷瓶、电子秤、量杯等。

三、劳动步骤

（一）制订劳动计划

按照番茄的生活习性，一般选择具有较好保温设施的温室开展番茄的播种育苗，在开展播种工作前，需对温室进行室内消毒并放风。

全班分为 6 组左右，每个小组按种子数量认领适量的育苗盘，开展基质配置等苗床准备工作。

（二）开展劳动实践

各小组领取工具与材料，按实际情况分配任务要求，具体如下：

1. 苗床、育苗盘选择

可在温室内架设育苗床，也可直接将温室内铺设的砖地、混凝土地作为育苗床；常见的育苗盘有 50 孔、72 孔、128 孔等不同规格，同等尺寸的穴盘，孔数越多，则每个孔穴容积越小，穴盘苗对基质中的湿度、养分、氧气、pH 值的变化越敏感。生产中，番茄多使用 128 孔穴盘用于番茄育苗生产。

2. 基质配制

可以选择购买商品育苗基质，也可自行配制。自行配制时，可按草炭土：蛭石：珍珠岩 = 3：1：1 的体积比混合，每立方米基质中再加入 1 ~ 2 千克的复合肥和适量的多菌灵或甲基托布津进行消毒。

3. 基质装盘

把购买或配置好的基质装入育苗盘中，用刮板从育苗盘的一侧刮向另一侧，使基质填满育苗盘的孔穴，不要压实，保持基质疏松。

4. 点种

进行人工穴盘点种，每孔点种 1 ~ 2 粒，播种深度 1 厘米左右，以种子点在穴孔中央，用营养土覆盖，用喷壶或喷头浇透水，确保水分从育苗盘底孔流出，使基质充分湿润，用塑料膜覆盖后放置在温室内催芽，保持较高的温湿度条件，穴盘应保持水平、紧凑摆放。

5. 苗期管理

（1）温度控制：不同植物的幼苗对温度要求不同。番茄属于喜温蔬菜，幼苗期白天适宜温度为 20℃ ~ 25℃，夜间为 12℃ ~ 15℃。

（2）湿度管理：整个苗期，需保持苗床湿润，但不能积水，播种后至出苗前，要保持较高的土壤湿度，以利于种子发芽；出苗后，要适当控制水分，防止幼苗徒长。

（3）光照调节：大多数幼苗需要充足的光照，但在夏季高温强光时，需适当遮阴，防止幼苗被灼伤。

四、劳动注意事项

（1）劳动前进行安全教育，学会工具的正确使用方法，避免工具使用过程中的安全隐患，严禁劳动过程中手持工具追逐跑闹。

（2）土壤改良剂的使用量要准确，避免过度使用造成浪费或环境污染。

（3）播种时注意不要漏播，播后做好棚内温湿度的控制。

技能 3　移栽

一、劳动任务

随着植株生长，原生环境无法满足其生长要求，需进行植株移栽。大田移栽前十天，要增加其抗逆性。

二、劳动工具及准备

水槽、水管、铲子、锄子、修枝剪、绳子或绑带、浇水壶、季铵盐等。

三、劳动步骤

（一）制订劳动计划

根据劳动任务进行分组，各小组成员讨论确定劳动目标，并做好团队分工。

（二）开展劳动实践

1. 炼苗

定植前十天，对穴盘内的番茄进行低温炼苗，可通过炼苗过程中逐渐降低温度、按要求控制好温度、水分等，使苗床温度逐渐与大田温度靠近，从而使穴盘中的秧苗开始适应外界的气候，同时减少灌水量和施肥量。

2. 移栽

健壮穴盘苗的标准是：秧苗 5 ~ 6 片真叶，叶片肥厚、叶色绿，株高 15 ~ 18 厘米，茎粗 0.2 ~ 0.3 厘米，茎基部呈淡紫色，上部为绿色，节间较短，现蕾，无病虫害，根系发育良好。

移栽前，将穴盘放置于水槽内充分浸泡，以湿润穴盘基质，防止移栽后土壤干透。起苗时要尽量保持根系完整，可适度修剪过长的根系和病残根；对于带土坨移栽的幼苗，要注意保护土坨不松散。移栽时，按照预定的株行距挖好定植穴，将幼苗放入穴中，扶正填土，然后浇足定根水，注意检查根系是否与土壤紧密结合，可适度深栽，略埋过子叶节，使基质尽可能处于土壤湿润层。

3. 穴盘的消毒

育苗穴盘可重复使用，每次使用后必须进行消毒处理，防止病害传播。消毒处理时，首先将穴盘内残存的基质冲洗干净，然后使用消毒剂，如季铵盐等浸泡 15 ~ 20 分钟。将处理后的穴盘以清水清洗干净，晾晒，维护良好的穴盘可使用 2 ~ 3 年。

四、劳动注意事项

（1）劳动前进行安全教育，学会工具的正确使用方法，避免工具使用过程中的安全隐患，严禁劳动过程中手持工具追逐跑闹。

（2）移栽时注意保持根系尽量完整，根据植株大小与根系分布情况，尽量确定合适的挖掘范围与深度，搬运过程中注意轻拿轻放，防止植株掉落碰撞与挤压而导致根系受损。

任务三 扦插繁殖技术

科普知识

扦插繁殖是将植物的营养器官（茎、叶、根）从母体上切取下来，利用它们的再生能力或分生能力，在适宜条件下，使其长出不定芽和不定根，进而发育成独立的完整新植株。切取下来用于扦插的营养器官称为插穗（插条）。扦插繁殖具有简单、高效、便捷、经济、繁殖系数大等优点，能够保持母株优良遗传性状，广泛应用于蔬菜、果树和花卉生产。

一、扦插繁殖的类型

依插穗的器官来源不同，扦插繁殖可分为茎插、叶插和根插。

（一）茎插

茎插是扦插繁殖中应用最普遍的一种方法，以植物的茎作为插穗，依枝条的木质化程度和生长状况分为硬枝扦插、半硬枝扦插和软枝扦插。

1. 硬枝扦插

通常在果树和花卉的休眠期进行，选取木质化程度高、组织充实、生长成熟的一年生枝条作为插穗。像葡萄、杨树以及许多落叶木本花卉，如木芙蓉、紫薇、木槿、石榴、紫藤、银芽柳等，常用这种方式繁殖，一些落叶果树如苹果、梨等也常用硬枝扦插繁殖砧木苗。

2. 半硬枝扦插

适用于部分果树和花卉，选取生长季发育充实、已开始木质化但尚未完全木质化的枝条作为插穗。半硬枝扦插常用于栀子、杜鹃、月季、茉莉、山茶和桂花等。

3. 软枝扦插

也叫嫩枝扦插，常用于蔬菜和一些草本花卉，选取生长期幼嫩枝梢作为插穗。适用此法的蔬菜有空心菜、甘薯、木耳菜等，木本花卉有木兰属、蔷薇属、绣线菊属、火棘属、连翘属和夹竹桃属等，草本花卉如天竺葵属、菊花、大丽花、丝石竹、矮牵牛、香石竹、一串红和秋海棠等。

（二）叶插

叶插是利用叶片的再生能力，将整片叶或部分叶插入到基质中，促使其生根发芽，发育成新植株的繁殖方法。根据叶片的使用方式，分为全叶插和片叶插。

1. 全叶插

以完整叶片为插穗，分为平置法和直插法。在蔬菜中，部分叶菜类蔬菜的叶片可尝试全叶插繁殖，但应用相对较少；果树中，香蕉在组培苗扩繁阶段，可利用吸芽的叶片进行类似全叶插的操作。可采用全叶插繁殖的花卉种类较多，像多肉植物中的熊童子、乙女心、桃蛋等景天科植物以及非洲紫罗兰、大岩桐、蟆叶秋海棠、虎尾兰、球兰等。

2. 片叶插

将叶片切割成数块，分别进行扦插，使每块叶片形成不定芽和不定根。果树里，基本无果树用片叶插繁殖；花卉方面，大岩桐、蟆叶秋海棠、豆瓣绿、虎尾兰、八仙花等均可用此法繁殖。

（三）根插

在休眠期选取粗壮、无病虫害的根作为插穗进行繁殖。对于果树，如枣、山楂等，在休眠期可进行根插。在花卉中，芍药、荷包牡丹等可用根插繁殖。

二、影响插条生根的因素

（一）内在因素

1. 植物种类

不同植物的生根能力差异很大。柳树、杨树等植物插条极易生根，而松柏类植物生根则较为困难。在蔬菜中，空心菜、甘薯等扦插容易生根，而辣椒、番茄等扦插生根相对较难。花卉里，绿萝、吊兰扦插成活率高，而兰花扦插生根的技术要求较高。

2. 母体状况与采条部位

母株年龄小、生长健壮、营养良好，其插条生根能力强。从母株的不同部位采条，生根效果也不同。以果树为例，从树冠外围生长健壮的枝条上采条，扦插后生根快、成活率高；而从树冠内膛的弱枝上采条，生根能力差。

（二）扦插环境条件

1. 温度

蔬菜、果树和花卉扦插生根对温度要求不同，一般适宜温度为 15℃ ~ 25℃。在夏季扦插时，要注意遮阴降温；冬季扦插则需采取保温措施。

2. 光照

扦插初期，插条对光照需求较低，强光会使插条水分蒸发过快，影响生根，因此需要适当遮阴。当插条开始生根后，可逐渐增加光照强度，促进新梢生长。

3. 水分和湿度

插穗生根需要适宜的水分和湿度。扦插后要保持基质湿润，但不能积水，否则易导致插条腐烂，并且随着插条生根，可逐渐减少浇水量。空气湿度一般保持在 80% ~ 90% 为宜，短时间的萎蔫会延迟生根，干燥会使叶片凋落。

4. 扦插基质

扦插基质要疏松透气、排水良好且无菌。常用的基质有蛭石、珍珠岩、泥炭土、河沙等。蛭石和珍珠岩混合基质透气性好，适合大多数花卉扦插；河沙价格低廉，排水性强，可用于一些易烂根植物的扦插；泥炭土保肥保水性好，可促进插条生根。可根据植物特性，将以上基质按一定比例混合使用。使用前，要对基质进行消毒，杀死病菌和虫卵。

三、插穗处理方法

（一）植物生长调节剂

为提高插穗生根率，可使用植物生长调节剂进行生根处理。常用生根剂有萘乙酸、吲哚丁酸等，浓度随植物种类、使用方法而异。

（二）杀菌剂

为防止插条在扦插过程中感染病菌，可使用杀菌剂对插条进行处理。常见的杀菌剂有多菌灵、百菌清等。将插条在杀菌剂溶液中浸泡或蘸取，能有效预防病害发生。

劳动技能

技能 1　植物扦插繁殖——半硬枝扦插

一、劳动任务

运用扦插繁殖技术培育月季新植株，熟练掌握从插穗选取、处理到扦插及后期养护的全过程操作，提高扦插成活率，培育出根系发达、生长健壮的月季幼苗，满足月季种植和观赏需求。

二、劳动工具及准备

（一）工具

锋利的修枝剪、花铲、喷水壶、塑料薄膜、遮阳网、标签、记号笔。

（二）材料

生长健壮且无病虫害的月季植株、扦插基质（如蛭石、珍珠岩、泥炭土、河沙等）、生根剂（萘乙酸）、多菌灵、花盆或育苗盘。

三、劳动步骤

（一）制订劳动计划

根据劳动任务进行分组，各小组成员讨论确定劳动目标，并协商团队分工。

（二）开展劳动实践

1. 插穗选取

（1）插穗选取：半硬枝扦插时，需要在月季生长季选取半木质化、长度 10 ~ 15 厘米的枝条。枝条应具有饱满的芽点和健康的叶片，避免选择过嫩或过老的枝条。

（2）修剪：用修枝剪在枝条顶部保留 2 ~ 3 片叶子，将下部叶片去掉。插穗基部剪成斜口，斜口角度约 45°，以增加与基质的接触面积，利于生根。

2. 插穗处理

（1）促生根：将插穗基部在稀释好的生根粉溶液中浸泡 1 ~ 2 小时，促进生根。浸泡后取出，放在阴凉通风处晾干。

（2）防感染：把晾干后的插穗在稀释 800 ~ 1 000 倍的多菌灵溶液中浸泡 5 ~ 10 分钟，进行消毒处理，预防病菌感染，再次取出晾干。

3. 扦插基质准备

（1）基质配制：扦插基质可选用蛭石、珍珠岩、泥炭土按 1∶1∶1 的比例混合，也可选用河沙与泥炭土以 2∶1 的比例混合。

（2）基质消毒：配制成 500 ~ 800 倍多菌灵液，将基质放入溶液中浸泡 30 ~ 60 分钟，然后捞出沥干。

（3）装盆：先在花盆或育苗盘底部铺上一层小石子或碎瓦片，增强排水性能，再将扦插基质装入容器中，装填至容器的八九分满。

（4）浇透水：装填后，用喷水壶将基质浇透水，使基质处于湿润状态。

4. 扦插操作

（1）插孔：用小铲子在基质上插孔，孔的深度为插穗长度的 1/2 ~ 2/3。

（2）扦插：将处理好的插穗插入孔中，插穗间距保持在 3 ~ 5 厘米，避免插穗之间相互挤压。插好后，轻轻压实插穗周围的基质，使插穗与基质紧密接触。

（3）写标签：扦插完成后，在容器上贴上标签，注明扦插时间、月季品种等信息。

5. 扦插后管理

（1）湿度：扦插后，用塑料薄膜覆盖扦插容器，保持内部空气湿度在 80% ~ 90%，每天揭开薄膜通风 1 ~ 2 小时，防止湿度过高导致插穗腐烂。

（2）光照：将扦插容器放置在明亮但无直射光的地方。

（3）温度：温度保持在 15℃ ~ 25℃。温度过高时，通过揭开薄膜或移动容器位置进行降温；温度过低时，增加覆盖物或利用加热设备适当升温。

（4）水分：保持基质湿润，避免积水，一般每隔 2 ~ 3 天用喷水壶喷一次水。

（5）当插穗长出新叶，且新叶不再萎蔫，说明插穗开始生根。此时，逐渐减少塑料薄膜覆盖时间，增加通风，同时逐渐增加光照强度。

（6）移栽：当扦插苗长出 3 ~ 5 条长度在 2 ~ 5 厘米的新根时，选择春季或秋季，在阴天或傍晚进行移栽。移栽扦插苗时，动作要轻柔，避免损伤根系。移栽后，要及时浇定根水，但也要注意浇水量，避免积水导致根部缺氧腐烂，并对扦插苗进行适当遮阴。

四、劳动注意事项

（1）劳动开始前进行安全教育培训，使学生能掌握劳动工具的正确使用方法，避免安全隐患。

（2）剪取插穗时，刀具要锋利且提前消毒，防止病菌感染插穗。

（3）处理月季插穗时，佩戴手套，小心刺。

（4）使用生根粉和杀菌剂时，严格按照说明书的浓度进行配制，应穿着实训服，佩戴口罩和手套。

（5）处理插穗后的剩余药剂，妥善处理，避免污染环境。

（6）劳动结束后，工具、材料统一收齐整理好。

技能 2　植物扦插繁殖——软枝扦插

一、劳动任务

利用甘薯的茎蔓进行扦插繁殖，培育出根系发达、生长健壮的甘薯植株，从而收获产量高、品质好的甘薯。通过实践操作，熟练掌握甘薯扦插繁殖过程中的各项关键技术，包括插穗选择、扦插时间确定、扦插及后续田间管理等，提高扦插成活率和甘薯的最终产量。

二、劳动工具及准备

（一）工具

锋利的修枝剪、锄头、喷雾器、施肥勺、地膜、遮阳网、标签、记号笔。

（二）材料

生长健壮且无病虫害的甘薯植株茎蔓、生根剂（萘乙酸）、腐熟的农家肥或复合肥、多菌灵。

三、劳动步骤

（一）制订劳动计划

根据劳动任务进行分组，各小组成员讨论确定劳动目标，并协商团队分工。

（二）开展劳动实践

1. 插穗选取

（1）插穗选取：从健康的甘薯植株上选取长度在 20 ~ 30 厘米的茎蔓，茎蔓要粗壮、节间短且带有 3 ~ 5 个节。

（2）修剪：上剪口在节上方 1 ~ 1.5 厘米处平剪，下剪口在节下方 0.5 ~ 1 厘米处斜剪，斜口角度约 45°，去除插穗下部 1 ~ 2 节的叶片，保留顶部 2 ~ 3 片叶子，以减少水分蒸发。

2. 插穗处理

（1）促生根：将插穗基部在稀释好的生根剂溶液中浸泡 15 ~ 30 分钟后取出，放在阴凉通风处晾干。

（2）防感染：把晾干后的插穗在稀释 800 ~ 1 000 倍的多菌灵溶液中浸泡 5 ~ 10 分钟，进行消毒处理，预防病菌感染，再次取出晾干。

3. 扦插地准备

（1）扦插地的选择：选择地势平坦、排水良好、土壤肥沃的地块。

（2）深耕：在扦插前，对土地进行深耕，深度 25 ~ 30 厘米，增加土壤通气性和保水性。

（3）施基肥：结合深耕，施入足量的基肥，一般每亩施入腐熟农家肥 2 000 ~ 3 000 千克，或者复合肥 30 ~ 50 千克。

（4）整地：施肥后将土壤耙平，做成宽 1 ~ 1.2 米的畦，畦高 20 ~ 30 厘米，畦沟宽 30 ~ 40 厘米。

4. 扦插操作

（1）插孔：用小锄头或花铲在畦面上挖斜穴，深度 8 ~ 10 厘米。

（2）扦插：将插穗斜插入穴中，入土 2 ~ 3 个节，露出地面 1 ~ 2 个节，插穗与地面夹角约 45°。扦插株距控制在 20 ~ 30 厘米，行距 30 ~ 40 厘米。扦插后，用手轻轻压实插穗周围的土壤，使插穗与土壤紧密接触。

（3）浇水：扦插完成后，立即浇透水。

5. 扦插后管理

（1）水分：扦插后 1 ~ 2 天内，每天早晚用喷雾器喷水，保持土壤湿润，但避免积水。待插穗生根（一般 3 ~ 7 天）后，减少喷水次数，根据土壤墒情适时浇水，保持土壤见干见湿。

（2）温度：如果气温较低，可覆盖地膜保温保湿，地膜要紧贴地面，四周用土压实；如果气温适宜，则不需要铺地膜。

（3）施肥：插穗生根后，追施一次提苗肥，每亩施入尿素 5 ~ 10 千克，可结合浇水进行。

四、劳动注意事项

（1）劳动开始前进行安全教育培训，使学生能掌握劳动工具的正确使用方法，避免安全隐患。

（2）剪取插穗时，刀具要锋利且提前消毒，防止病菌感染插穗。

（3）整平地块后，禁止在扦插地逗留、踩踏。

（4）甘薯扦插要注意株距、行距，扦插后轻轻压实。

技能3　植物扦插繁殖——叶插

一、劳动任务

利用植物叶片的再生能力，通过叶插繁殖技术，将植物叶片培育成独立的新植株，熟练掌握叶插繁殖的各个环节操作，提高叶插成活率，实现植物种苗的扩繁与培育。

二、劳动工具及准备

（一）工具

锋利的剪刀或刀片、花铲、喷水壶、塑料薄膜、遮阳网、标签、记号笔。

（二）材料

生长健壮且无病虫害的大岩桐植株、扦插基质（如蛭石、珍珠岩、泥炭土、河沙等）、生根粉、多菌灵、花盆或育苗盘。

三、劳动步骤

（一）制订劳动计划

根据劳动任务进行分组，各小组成员讨论确定劳动目标，并协商团队分工。

（二）开展劳动实践

1. 叶片选取

（1）叶片选取：挑选生长健壮、成熟度适中的叶片，避免选择发黄、有病虫害或过于幼嫩的叶片。

（2）全叶插：对于全叶插，要小心从母株上连叶柄完整切下叶片。

（3）片叶插：对于片叶插，把叶片按主脉分布切成7～10厘米长的小段，确保每段都带有一段主脉或侧脉，每一段有上下端之分，不可颠倒。

2. 叶片处理

（1）生根粉：对于全叶插，将叶柄基部在稀释好的生根粉溶液中蘸一下；对于片叶插，则是将叶片下端在生根粉溶液中蘸一下，促进生根。

（2）晾干：把切取或处理好的叶片放在阴凉通风处晾1～2小时，使伤口愈合，降低病菌感染风险。

3. 扦插基质准备

（1）基质配制：可单独选用蛭石、珍珠岩、河沙、泥炭土等，也可按一定比例混合，如蛭石和珍珠岩按1∶1混合，或者河沙与泥炭土以3∶1的比例混合。

（2）装盆：将消毒过的扦插基质装入花盆或育苗盘中，装填至容器的八九分满。装填前，先在容器底部铺上一层小石子或碎瓦片，增强排水性能。

（3）浇水、消毒：装填后，用喷水壶将基质浇透水，然后用 500 ～ 800 倍多菌灵稀释溶液浇灌基质进行消毒。

4. 扦插操作

（1）全叶插时，把叶片的叶柄插入基质中，深度为叶柄长度的 1/3 ～ 1/2。

（2）片叶插时，将叶片小块平放在基质上，用细沙轻轻覆盖，让叶片与基质充分接触。

（3）扦插完成后，在容器上贴上标签，注明扦插时间、植物品种等信息。

5. 扦插后管理

（1）湿度：扦插后，用透明塑料薄膜覆盖容器，保持内部空气湿度在 80% ～ 90%，每天揭开薄膜通风 1 ～ 2 小时，防止湿度过高导致叶片腐烂。

（2）光照：将扦插容器放置在明亮但无直射光的地方。

（3）温度：温度保持在 15℃ ~ 25℃。温度过高时，通过揭开薄膜或移动容器位置进行降温；温度过低时，增加覆盖物或利用加热设备适当升温。

（4）水分：保持基质湿润，避免积水，一般每隔 2 ～ 3 天用喷水壶喷一次水。

（5）当叶片基部或切块处长出不定根和不定芽，形成小植株后，逐渐减少浇水次数和覆盖薄膜的时间，让小植株适应外界环境。

（6）移栽：待小植株长出 3 ～ 5 片真叶，根系较为发达时，选择阴天或傍晚进行移栽，移栽时用小铲子小心将幼苗挖出，尽量保持根系完整，移栽到合适的花盆或种植地块中，移栽后及时浇定根水。

四、劳动注意事项

（1）劳动开始前进行安全教育培训，使学生能掌握劳动工具的正确使用方法，避免安全隐患。

（2）剪取插穗时，刀具要锋利且提前消毒，防止病菌感染插穗。

（3）使用生根粉和杀菌剂时，严格按照说明书的浓度进行配制，应穿着实训服，佩戴口罩和手套。

（4）处理插穗后的剩余药剂，妥善处理，避免污染环境。

任务四 嫁接繁殖技术

科普知识

一、嫁接育苗概述

嫁接是改良植物品种的重要园艺技术之一，主要有枝接和芽接两种方式。枝接通常在春季进行，时间为 3 ~ 4 月，主要使用嫩枝；芽接则多在夏秋季节进行，夏季嫁接一般在 6 ~ 7 月，需待接穗芽熟化后开展，而秋季嫁接则在夏末秋初进行，主要采用芽接法。在嫁接过程中，砧木和接穗的选择至关重要。砧木需健康、无病虫害，且根系发达，嫁接前要施肥补充营养，以确保其生长活力；接穗以枝条粗壮的发育枝为佳，这样的接穗更容易存活。

二、嫁接育苗定义

嫁接繁殖是把需要繁殖的植物体（母株）营养器官的一部分（接穗），移接到另一植物体（砧木）上，砧木和接穗愈合形成新个体的繁殖方法。

砧木：通常为根系发达、生长势强、抗逆性好的品种。一般用于承接接穗。

接穗：通常选择优良品种、无病、生长健壮的枝条。一般取下来的地上组织为接穗。

三、嫁接育苗重要性

嫁接是防治土传病害、克服连作障碍、提高抗逆性和丰产性的有效技术措施，在园艺生产中广泛应用。

（一）保持品种的优良性状

嫁接是一种无性繁殖的手段。由于嫁接的接穗多取自遗传性稳定的栽培品种，嫁接后其遗传组成没有改变，仍表现原来的性状。

（二）减少病虫危害，增强植株抗病虫能力

利用砧木的抗性可减少土壤病原菌、害虫对植株的侵染和危害减轻和避免土传病害，克服连作障碍是嫁接育苗的主要目的。如瓜类枯萎病病原菌在土壤中存活的时间很长，重茬种植危害重，而药物防治成本高，难度大，容易对环境造成污染，嫁接则可以很好地达到防病目的。

（三）提高接穗抗逆性，增强环境适应能力

多数砧木来自野生或半野生植物，抗逆性强，用其嫁接可以提高接穗的抗逆性和环境适应能力，表现耐寒、耐热、耐旱、耐湿、耐瘠薄等特点，并能扩大品种的栽培区域。

（四）促进生长发育，提高早熟，提高产量

利用砧木发达的根系增强植株吸收水分和养分的能力，增加根部物质的合成，提高地上部分代谢活性和抗性，使生育旺盛，为早熟丰产奠定基础。

四、嫁接原理

嫁接成活的生理基础是植物的再生与分化能力。嫁接后，砧木与接穗结合部位的形成层薄壁细胞大量分裂形成愈伤组织。愈伤组织不断增生，填充砧木与接穗的空隙，并使二者融合为一体。之后愈伤组织分化，中间部分形成形成层，内侧分化为木质部，外侧分化为韧皮部，构成完整的输导系统，并与砧木和接穗的形成层相连，形成整体。这一过程既保证了接穗成活，又与砧木构成独立的植物体，确保水分和养分的顺畅输送与交换。

嫁接成活是植物嫁接过程中的关键阶段，它决定了嫁接是否成功。整个过程可以分为四个连续的时期：接合期、愈合期、融合期和成活期。

接合期：砧木和接穗的切面组织进行机械结合，形成接触层，这通常需要 24 小时。

愈合期：此时切面内侧的薄壁细胞开始分裂，产生愈伤组织，并开始渗透水分和养分，这个过程需要 2 ~ 3 天。

融合期：砧木和接穗的愈伤组织继续分裂增殖，接触层逐渐消失，需要 3 ~ 4 天。

成活期：此时砧木和接穗的愈伤组织形成新的维管束并彼此连接贯通，实现共生生活，嫁接后 8 ~ 10 天可达到成活期。

五、影响嫁接成活的因素

（一）砧木和接穗间的亲和力

亲和力是指砧木和接穗嫁接后正常愈合和生长发育的能力，是嫁接成活与否的决定性因素。亲和力高，嫁接成活率高；反之，则成活率低或不成活。亲和力高低反映了砧木接穗在细胞组织结构、生理和遗传上的差异，主要决定于两者的亲缘关系远近。亲缘关系远者则亲和力较弱，甚至不亲和。但是，亲和力大小并不完全受植物分类的限制，有些亲缘关系虽远，但亲和力较高。

（二）操作技术

嫁接成活过程中受嫁接时期、方法和操作熟练程度的影响，嫁接时期影响形成层的活动适时嫁接促进形成层活动和愈伤组织形成。不同嫁接方法由于接口方式、切口位置和切面大小不同，影响嫁接成活。在操作过程中要求刀口锋利，动作快速准确，切面平直、干净砧穗接合面宽大且两者形成层密接，有利于愈伤组织形成和嫁接成活。

（三）环境因素

温度、湿度、空气和光照均是影响嫁接成活的重要因素，嫁接及其以后的管理过程中温度太低、湿度太小、遮光太重，均影响愈伤组织形成和嫁接愈合，降低成活率。嫁接通常在晴天无风时进行，避免阳光直射，温度 20℃ ~ 25℃，相对湿度 80% ~ 90%。

劳动技能

技能 1　蔬菜嫁接技术

中国作为全球果蔬类蔬菜种植面积与总产量的领先国家，随着大棚设施的广泛应用，连作障碍问题愈发显著。其中，枯萎病、青枯病、根腐病等土传恶性病害成为果菜类（茄科、葫芦科）蔬菜遭受损失的首要因素。目前，采用抗病砧木进行嫁接栽培是应对这些病害最为有效的策略。在集约化生产中，选择高效且科学的嫁接方法对于培育嫁接苗至关重要。

本技能将使学生掌握蔬菜嫁接的劈接法、靠接法、插接法、贴接法和套管法，同时增加对蔬菜嫁接技术操作要点及实际应用的理解。

一、劳动任务

在温室大棚进行蔬菜嫁接，使用专业的嫁接工具，在适宜的环境条件下进行操作，掌握不同的蔬菜嫁接技术及适用蔬菜和优势。

二、劳动工具及准备

需嫁接蔬菜、枝剪、嫁接刀、打孔签、嫁接夹、套管、嫁接膜、保湿海绵、酒精、喷雾器、标签和记录本等。

三、劳动步骤

（一）制订劳动计划

根据劳动任务进行分组，各小组成员讨论确定劳动目标，分组使用不同的嫁接方法，并协商团队分工。

（二）开展劳动实践

以小组为单位，按照操作步骤进行劳动实践。

1. 劈接法

适用范围及要求：适用于茄果类蔬菜、瓜类蔬菜等嫁接。要求选择茎秆较粗、木质化程度较高，见图 1–24。

1.接穗；2.砧木；3.嫁接苗

图 1–24　劈接法

（1）切砧木：嫁接时，先将砧木于主茎离地面 7 ~ 8 厘米处保留 1 ~ 2 片真叶后，用嫁接刀横切，将上面部分切除掉，并在砧木保留部分垂直向下切 1 厘米左右的“V”形切口。

（2）削接穗：将接穗拔出，从半木质化处切掉下部，并将保留部分削成 30°、斜面长 1 厘米左右的“V”字形。

（3）结合：将接穗与砧木的切口对齐，插入接穗，确保砧木与接穗的形成层紧密吻合。

（4）固定：用专用的嫁接夹固定，确保接口牢固，防止松动或移位。

2. 靠接法

适用范围及要求：适用于黄瓜、番茄和西葫芦等蔬菜嫁接。要求茎秆较细、生长速度较快的蔬菜品种。见图 1–25。

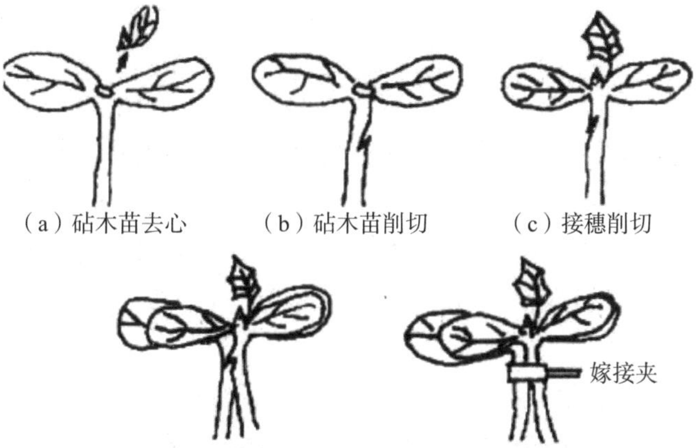

图 1–25　靠接法

（1）切砧木：嫁接时，需先拔出砧木与接穗，抖掉根系附着的基质，然后将砧木去掉生长点，并在子叶下 1 ~ 2 厘米处用刀片自上向下沿 30° ~ 40° 斜切 0.8 厘米，注意切口不要超过茎粗的 1/2。

（2）削接穗：接穗在子叶下 2.5 厘米处自下向上沿 30° ~ 40° 斜切 0.8 厘米，注意切口不要超过茎粗的 1/2。

（3）固定：将砧木和接穗的切口对到一起，互相衔接贴紧插入，确保切口紧密贴合。

（4）绑扎：用嫁接夹或薄铝片固定，将砧木和接穗一同栽入土壤中，并使砧木和接穗的根保持一定的距离，交叉呈“十字形”，以利于光合作用。

3. 插接法

适用范围及要求：适用于黄瓜、西葫芦、番茄和茄子的幼苗期嫁接。要求茎秆较细、半木质化。见图 1–26。

（1）切砧木：当砧木长到 3 ~ 4 片真叶时，用嫁接刀在子叶上方约 1 厘米处横向切断，去除生长点。根据插接的位置不同，将打孔签插入砧木，打孔签插入深度约为 1 厘米，确保孔洞与接穗的楔形相匹配。

（2）削接穗：将接穗从下部切断，保留 1 ~ 2 片真叶。在第 1 片真叶下方，将接穗底端削成楔形，长度约 1 厘米，削面需平整光滑。

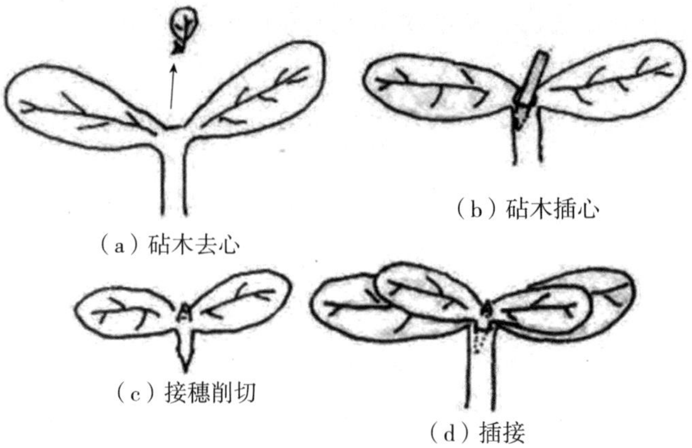

图 1–26　插接法

（3）插接：拔出打孔签后，迅速将削好的接穗插入砧木孔中，确保接穗与砧木的形成层紧密结合。插入后，调整砧木子叶与接穗子叶呈“十字形”交叉，利于光合作用和通风。

（4）固定：用嫁接夹或透明塑料薄膜固定接口，确保接穗不会松动。嫁接完成后，将植株移至遮阴、保湿的环境中，避免阳光直射和风干，促进愈合。

4. 贴接法

适用范围及要求：适用于茄果类蔬菜、瓜类蔬菜等嫁接。要求砧木长到 6 ～ 8 片真叶，直径在 0.3 厘米左右，接穗长到 5 ～ 7 片子叶，直径在 0.3 厘米左右时为宜。见图 1–27。

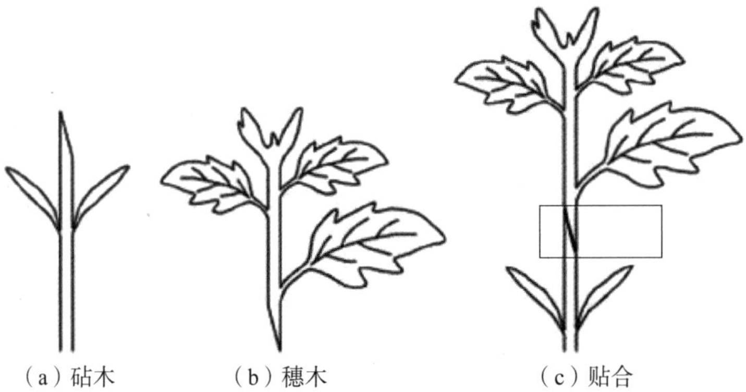

图 1–27　贴接法

（1）切砧木：嫁接时，在砧木幼苗的苗茎地上 5 ～ 7 厘米处，沿苗茎表皮以 45° ～ 60° 的角度快速斜切一刀，形成椭圆形切口，长度为 0.5 ～ 0.8 厘米。切面需平整光滑，以确保后续结合紧密。

（2）削接穗：在接穗的苗茎 2 片子叶上方，以相同的角度（45° ～ 60°）向上斜切一刀，形成与砧木切面大小和形状一致的斜面切口，长度为 0.5 ～ 0.8 厘米。切面需平整且光滑。

（3）结合：将砧木和接穗的斜面紧密贴合在一起，使两者的胚轴尽量接近，确保形成层对齐。

（4）固定：用嫁接夹或透明塑料薄膜固定接口，确保接合紧密且接穗不会松动。固定后，将嫁接好的植株移至遮阴、保湿的环境中，避免阳光直射和风干，促进愈合。

5. 套管法

适用范围及要求：适用于茄果类嫁接。要求砧木、接穗的茎粗基本一致。见图 1–28。

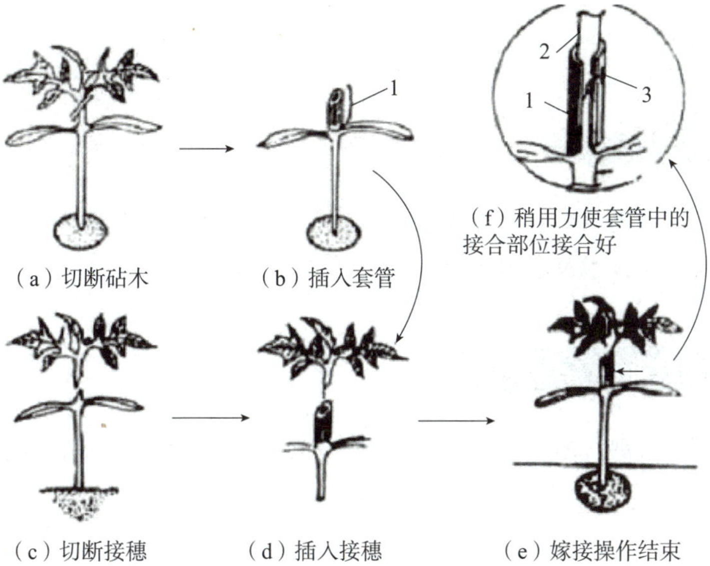

1.套管；2.接穗；3.接合部

图 1–28　套管法

（1）切砧木：砧木苗茎离地面 5 ～ 7 厘米处，由下向上切成 30° ～ 45° 的斜面，切面长度约为 1 厘米。切面平整光滑。

（2）削接穗：在接穗苗茎第一片真叶下 0.5 ～ 1.0 厘米处，由上向下切成相同角度（30° ～ 45°）的斜面，切面长度与砧木切面一致，约为 1 厘米。

（3）结合：套管一半套在砧木的斜面上，另一半保持伸出状态。将削好的接穗插入套管的另一半，使接穗的斜面与砧木的斜面紧密贴合，确保两者的形成层对齐。

（4）固定：轻轻按压套管，确保砧木和接穗的切面紧密结合。套管起到固定作用，无须额外绑扎。嫁接完成后，将植株移至遮阴、保湿的环境中，促进愈合。

四、劳动注意事项

（1）劳动过程中，要注意工具的操作，避免受伤，操作时务必保证自身安全。

（2）确保所需的工具齐全，并进行清洁和消毒。

（3）注意砧木与接穗的切口要求平滑，接触面大，形成层要对齐，绑缚严实。

（4）嫁接后定期检查接口的愈合情况，及时去除砧木上的萌蘖枝，促进接穗的生长。做好病虫害防治工作，确保嫁接植株健康生长。

技能 2　花卉嫁接技术

花卉产业作为绿色经济的关键部分，不仅美化了人们的生活环境，而且推动了农业结构的优化与升级。嫁接繁殖技术在这一过程中发挥了重要作用，通过将优良品种的接穗与具有强健根系的砧木结合，形成具有优良特性的新植株，显著提升了花卉的品质、适应性及观赏性，从而为花卉产业的可持续发展提供了有力支持。

本技能使学生掌握花卉嫁接的劈接法、切接法、“T”字形芽接和髓心接，同时增加对花卉嫁接技术操作要点及实际应用的理解。

一、劳动任务

在温室大棚进行花卉嫁接，使用专业的嫁接工具，在适宜的环境条件下进行操作，掌握不同的花卉嫁接技术及适用花卉。

二、劳动工具及准备

需嫁接花卉、枝剪、嫁接刀、劈接刀、嫁接膜、保湿海绵、酒精、喷雾器、标签和记录本等。

三、劳动步骤

（一）制订劳动计划

根据劳动任务进行分组，各小组成员讨论确定劳动目标，分组使用不同的嫁接方法，并协商团队分工。

（二）开展劳动实践

以小组为单位，按照操作步骤进行劳动实践。

1. 劈接法

适用范围及要求：广泛用于木本花卉嫁接；砧木较粗而接穗细小时可采用此方法。此方法多在春季进行。见图 1–29。

（1）切砧木：离地面 10 ~ 15 厘米处将砧木上部水平截去，于横切面中央处垂直向下切深 3 ~ 4 厘米。

（2）削接穗：接穗枝条 5 ~ 8 厘米，下端削成长 3 ~ 4 厘米的楔形状，相对两侧长短应该一致，上部保留 2 ~ 3 个饱满的充实的芽。

（3）结合：将接穗插入砧木切口中的一侧，使接穗外侧与砧木外侧的形成层对齐。还可在一个砧木的切口两侧，各插入 1 个接穗，以保障至少有 1 个成活。

（4）固定：嫁接后用塑料条绑扎。砧木的切口涂上液体石蜡或粘上泥，避免干燥。同时，用塑料袋将接穗和砧木的上部套上，防止雨水进入砧木的切口引起发霉而影响成活率。

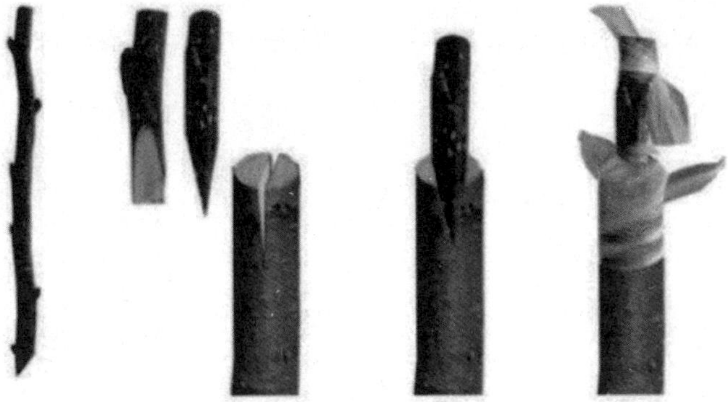

1.一年生枝接穗；2.削芽侧面、正面，砧木于中间劈开；3.接芽插入接口；4.塑膜绑严

图 1-29 劈接法

2. 切接法

适用范围及要求：适用于木本花卉嫁接；砧木较小也可适用。要求一般在早春进行。见图 1-30。

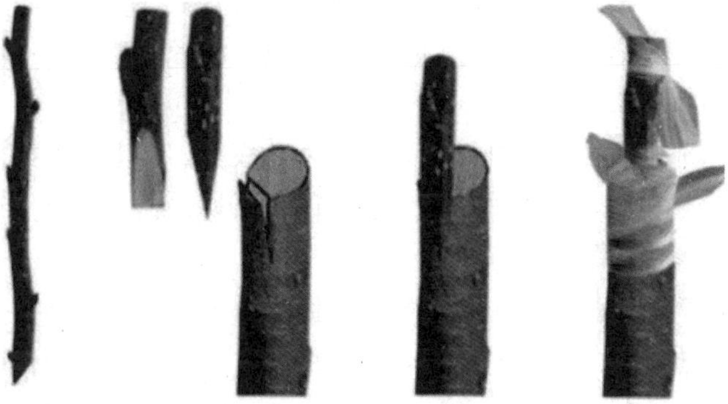

1.一年生枝接穗；2.侧面、正面，砧木一侧切开；3. 接芽插入接口；4. 塑膜绑严

图 1-30 切接法

（1）切砧木：在距地面 5 ～ 10 厘米处将砧木水平截断，选择树皮较平滑的一侧，稍带木质部垂直下切，切口深度为 2 ～ 3 厘米。

（2）削接穗：接穗下端一侧削成 2 ～ 3 厘米长的斜削面，并在其反面再斜削成约 1 厘米的短削面，同时保留 1 ～ 2 对芽。接穗上端横截枝条，使其成为断离的完整接穗。

（3）结合：将削好的接穗较长的斜面紧贴砧木的切伤面，插入砧木的切口之中。插入时操作要轻，确保砧木和接穗两个切削面的形成层密切结合。插入后，砧木切开的部分应包覆在接穗外面。

（4）固定：用塑料薄膜带绑扎固定，同时封闭砧木切口和接穗顶端，防止水分蒸发。绑扎时要小心，勿使接合处有丝毫移动，防止形成层离位，影响嫁接成活。

3.“T”字形芽接

适用范围及要求：适用于木本花卉嫁接。嫁接一般在夏季进行，皮层易剥离。见图 1–31。

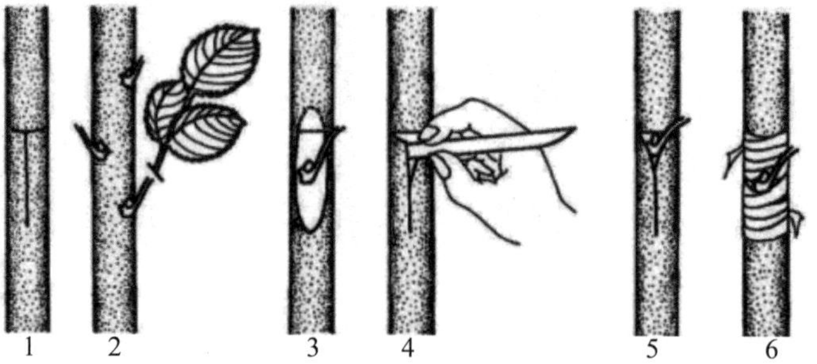

1 砧木切口；2 选接芽去叶片；3 取芽形状；4 砧木剥皮；5 置人芽片；6 绑缚

图 1–31 “T”字形芽接

（1）切砧木：在砧木离地面 3 ~ 5 厘米处，用芽接刀先竖切一刀，再横切一刀，形成“T”字形切口。切口深度以切断皮层为准，但不伤及木质部。

（2）取芽：从当年生枝条上选取充实饱满的腋芽。在接芽下方 0.5 ~ 1 厘米处，从下往上进行上宽下窄的盾形切削，削取长 1.5 ~ 2.5 厘米、宽 0.6 厘米的盾形芽片作为接穗。芽片一般不带木质部。

（3）结合：用芽接刀轻轻挑开砧木切口的两片表皮，从上向下插入芽片，使芽片紧贴在砧木上，并让芽片的上端水平切口与砧木的水平切口相对齐。然后用挑开的砧木两片表皮盖好盾片，露出芽眼。

（4）固定：用塑料薄膜条从上往下绑扎牢固，松紧要适度，确保芽片与砧木紧密结合，但又不过紧影响生长。绑扎时要注意将叶柄露在外面，以便观察成活情况。一般从上往下绑扎，防止芽片从水平接口处被挤出。有叶片的接穗应保留叶柄，可用于判断将来嫁接成活与否。

4. 髓心接

适用范围及要求：适用于无形成层、中间有髓的植物，如仙人掌类花卉等。在生长旺盛期进行，夏季和秋季较为适宜。

（1）削砧木：砧木仙人球上面削平，外缘削去一层皮肉，露出仙人球的髓心，切面平整光滑。

（2）接穗处理：接穗仙人球基部也削成一个平面，切面平整光滑。

（3）接合：砧木和接穗的平面切口对接，确保中间髓心对齐。髓心对齐是髓心接成功的关键，因为髓心是这些植物的主要愈合部位。

（4）固定：用塑料薄膜带或嫁接夹绑扎固定，确保接口紧密，防止松动。

（5）后期管理：嫁接完成后，1 周内不浇水，避免接口处积水导致腐烂。将嫁接后的植株放置在通风良好、光照适中的环境中，避免阳光直射和高温高湿环境，促进愈合。

四、劳动注意事项

（1）劳动过程中，要注意工具的操作，避免受伤，操作时务必保证自身安全。

（2）确保所需的工具齐全，并进行清洁和消毒。

（3）注意砧木与接穗的切口要求平滑，接触面大，形成层要对齐，绑缚严实。

（4）嫁接后定期检查接口的愈合情况，及时去除砧木上的萌蘖枝，促进接穗的生长。做好病虫害防治工作，确保嫁接植株健康生长。

技能 3　果树嫁接技术

果树产业的发展为果农和消费者带来了显著的益处，通过嫁接技术可以提高产量和品质，增强抗病性和适应性，缩短生产周期，优化品种结构以及推动产业升级，嫁接不仅提升了果农的经济效益，还为消费者提供了更健康、更优质的水果产品。

本技能使学生掌握果树嫁接的切接法、腹接法和皮下接法，同时增加对果树嫁接技术操作要点及实际应用的理解。

一、劳动任务

在果园进行果树嫁接，使用专业的嫁接工具，在适宜的环境条件下进行操作，掌握不同的果树嫁接技术及适用果树。

二、劳动工具及准备

需嫁接果树、枝剪、嫁接刀、劈接刀、嫁接膜、保湿海绵、酒精、喷雾器、标签和记录本等。

三、劳动步骤

（一）制订劳动计划

根据劳动任务进行分组，各小组成员讨论确定劳动目标，分组使用不同的嫁接方法，并协商团队分工。

（二）开展劳动实践

以小组为单位，按照操作步骤进行劳动实践。

1. 切接法

适用范围及要求：适用于砧木和接穗粗细相近的植物，苹果、梨、桃等果树可适用。见图 1–32。

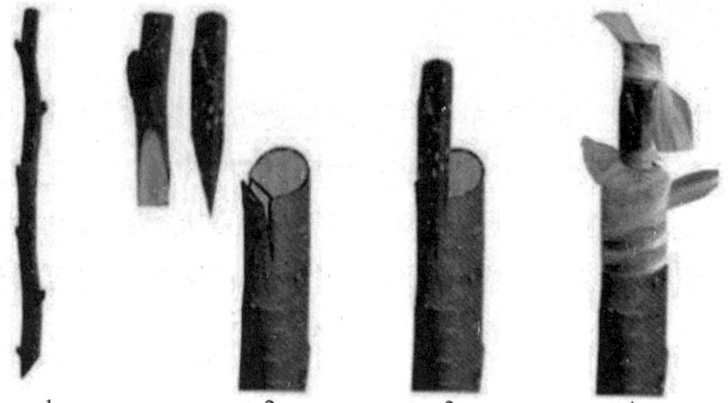

1.一年生枝接穗；2.削芽侧面、正面，砧木一侧切开；3.接芽插入接口；4.塑膜绑严

图 1-32　单芽切接法

（1）切砧木：在距地面 5 ~ 10 厘米处将砧木水平截断，选择树皮较平滑的一侧，稍带木质部垂直下切，切口深度为 2 ~ 3 厘米。

（2）削接穗：接穗下端一侧削成 2 ~ 3 厘米长的斜削面，并在其反面再斜削成约 1 厘米的短削面，同时保留 1 ~ 2 对芽。接穗上端横截枝条，使其成为断离的完整接穗。

（3）结合：将削好的接穗较长的斜面紧贴砧木的切伤面，插入砧木的切口之中，确保砧木和接穗两个切削面的形成层密切结合。插入后，砧木切开的部分应包覆在接穗外面。

（4）固定：用塑料薄膜带绑扎固定，同时封闭砧木切口和接穗顶端，防止水分蒸发。绑扎时要小心，勿使接合处有丝毫移动，防止形成层离位，影响嫁接成活。

2. 腹接法

适用范围：适用于砧木较粗、接穗较细的情况进行嫁接。操作示意图见图 1–33。

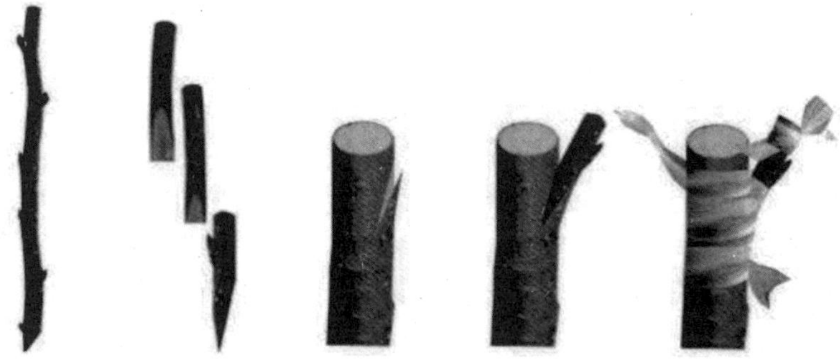

1. 一年生枝接穗；2. 削芽背面、正面、侧面；3. 砧木斜切接口；4. 插入接芽；5. 塑膜绑严

图 1-33　单芽腹接法

（1）切砧木：砧木主干或腹部选择光滑无节疤处，从上向下斜切一刀，切口深度约为砧木直径的 1/3 ~ 1/2，长度为 2 ~ 3 厘米。

（2）削接穗：接穗长度 3 ~ 4 厘米，带有 1 ~ 2 个芽。在接穗下端削一个长 2 ~ 3 厘米的斜面，削面要平直。在削面的对面再削一个长 0.5 ~ 1.0 厘米的小斜面，使下端稍尖。顶端芽留在大削面的背面，芽上方留 0.5 厘米剪断。

（3）结合：将接穗的大削面朝向砧木内侧插入切口，确保一侧形成层对齐。接穗上端应适当露白，约 0.2 厘米，以利于愈合。

（4）固定：用塑料膜带将接口绑扎牢固，确保接口紧密，防止空气进入和水分蒸发。

3. 皮下接法

适用范围：适用于砧木较粗、树皮易剥离。

（1）切砧木：砧木树皮光滑无节疤处，切一个“T”字形口，在“T”字形口的上方，削一个半圆形的斜坡伤口，以便接穗顺坡插入树皮内。

（2）削接穗：接穗长度 3 ~ 4 厘米，带有 1 ~ 2 个芽。在接穗基部削一个长约 3 厘米的舌状斜面，在另一侧削一个长约 0.5 厘米的短斜面，削面应平滑。顶端芽留在大削面的背面，芽上方留 0.5 厘米剪断。

（3）结合：将削好的接穗插入砧木的“T”字形切口，使接穗的削面与砧木的形成层紧密接触。接穗插入时，上端应适当露白约 0.5 厘米。

（4）固定：用塑料条将接口包严，特别要注意将砧木的切口和接穗露白处包严。

四、劳动注意事项

（1）劳动过程中，要注意工具的操作，避免受伤，操作时务必保证自身安全。

（2）确保所需的工具齐全，并进行清洁和消毒。

（3）注意砧木与接穗的切口要求平滑，接触面大，形成层要对齐，绑缚严实。

（4）嫁接后定期检查接口的愈合情况，及时去除砧木上的萌蘖枝，促进接穗的生长。做好病虫害防治工作，确保嫁接植株健康生长。

讨论与反思

1. 通过本项目的学习，谈谈播种育苗的类型。

2. 在资源有限（如光照不足、土壤贫瘠）的条件下，如何通过改良播种技术（如种子预处理、基质配方优化或环境调控）提高幼苗的健壮性和抗逆性？

3. 通过本项目的学习，谈谈扦插繁殖的类型及插穗的选择条件。

4. 通过本项目的学习，尝试不同的扦插基质配方和处理方法，探索最适合不同植物叶插的基质组合。

5. 通过本项目的学习，谈谈嫁接技术在植物繁殖中有哪些优势和局限性。

6. 如何通过嫁接技术提高植物的抗病性和适应性？

项目四

植物保护技术

项目目标

1. 掌握昆虫病害标本的采集、制作及保存技术，为虫害研究提供基础资料。

2. 了解农药种类与作用，掌握安全配制与使用技巧，确保生产安全与环境保护。

3. 识别常见杂草，掌握绿色生态防除方法，维护农田生态系统平衡。

4. 培养绿色生态与公共安全意识，倡导在植物保护中遵循自然规律，减少对化学物质依赖。

项目导语

随着现代农业的快速发展，植物保护技术对于保障粮食安全、促进农业可持续发展具有至关重要的作用。然而，在追求高效防治的同时，我们也不能忽视对生态环境的保护与公共安全的维护。因此，本项目以“绿色生态、公共安全”为核心理念，设计了昆虫标本采集制作、农药使用配制、杂草识别防除等内容。

本项目从学会识别田间地头的害虫，到深入了解它们的生命周期与危害方式，为精准防治打下坚实基础。同时，还将介绍如何安全、有效地使用农药，既保护作物免受侵害，又减少对环境的负面影响。此外，杂草作为农业生产中的一大挑战，其识别与防除也是本项目的重要内容，通过绿色生态防除方法，探索绿色生态的防除策略，减少化学除草剂的依赖，保护农田生态系统的健康与稳定。

任务一 昆虫的采集、标本制作与保存

科普知识

采集、制作及保存昆虫标本是从事昆虫学研究的基本技术。由于自然界的各种昆虫生活方式和环境各异，其活动能力和行为千差万别，有的昆虫形态也常模拟环境，因而必须有丰富的生物学和有关的采集知识，才能采得所需的完好标本。采集和制作大量标本后，还必须有科学的保管方法，使标本经久不坏。

生活中我们遇到蜘蛛、马陆、螨虫等都会称之为虫子，但它们都不是科学意义上的昆虫。什么是科学意义上的昆虫呢？其成虫应该满足以下特征：

（1）躯体由若干环节组成，这些环节集合成头、胸、腹 3 个体段。

（2）头部为感觉与取食的中心，具有 3 对口器附肢和 1 对触角，通常还有复眼和单眼。

（3）胸部是运动和支持的中心，具有 3 对足，一般还有 2 对翅。

（4）腹部是生殖和代谢的中心，其中包括生殖系统和大部分内脏，无行动用的附肢，但多数转化为外生殖器的附肢。

昆虫种类繁多、形态各异，在科学分类上，其被列入节肢动物门、昆虫纲，它们具有节肢动物的共同特征。昆虫纲不但是节肢动物门中最大的一纲，也是动物界中最大的纲。昆虫不但种类多，而且同种的个体数量也十分惊人。昆虫的分布面之广，从高山到陆地，从赤道至两极，到处都有昆虫的足迹。

劳动技能

技能 1　昆虫标本的采集

昆虫标本的采集是标本制作的第一步，这一过程不仅对于后续的标本制作至关重要，而且也是科学研究、教育展示和生物多样性记录的基础。进行昆虫标本采集需要精心策划和准备，确保采集活动的高效性和标本的质量。

一、劳动任务

为了制作出具有观赏价值的昆虫标本，尽量选择体型较大、颜色鲜艳、具有明显特征的昆虫。根据目标昆虫的生活习性和栖息环境，选择合适的时间、地点和采集方法。在野外作业时，必须遵守相关法律法规，尊重生物多样性，避免对生态环境造成破坏。采集过程中，要使用专业的捕虫网、吸虫器等工具，轻柔地捕捉昆虫，以防损伤它们的身体结构。

二、劳动工具

（一）捕虫网

这是采集昆虫最常用的工具，按结构和用途不同，可分为以下四种类型。

1. 空网

用来采集蝴蝶、蜂类、蜻蜓等善飞的昆虫。网圈用粗铁丝弯成，直径约 33cm，两端长出的末端弯成小钩，固定在网柄上。为了携带方便也可做成对折形。网柄长约 1m，用木棍、竹竿制成。网袋用透气、坚韧、淡色的尼龙纱、珠罗纱、纱布等制成。网的长度应超过网圈直径的一倍。袋底略圆，以利于将捕获的昆虫装进毒瓶。袋口用布镶边，内穿网圈。见图 1–34。

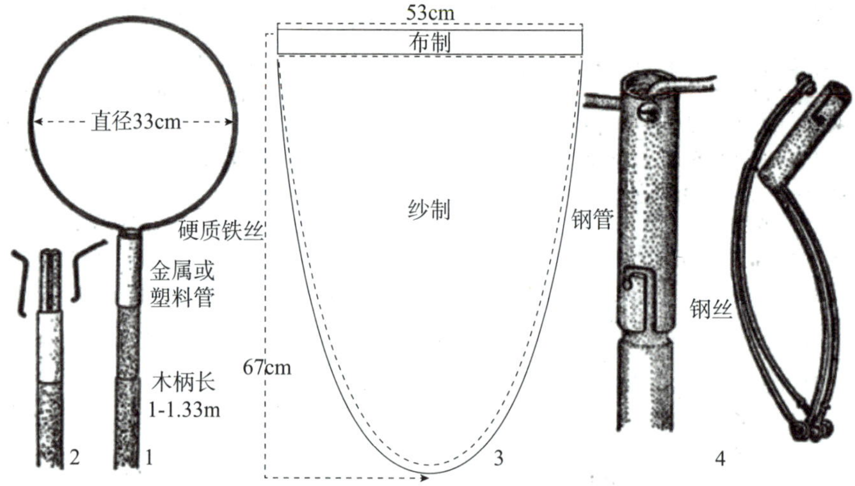

1.空网的装置；2. 网圈连接网柄的方法；3. 网袋的裁制；4. 可拆卸、折叠的网圈

图 1–34　空网

2. 扫网

制作方法与空网相同。但因用来扫捕树丛、杂草丛中隐蔽的昆虫，因而要用较结实的白布或亚麻布制作网袋，网框、网柄都要选择坚固的材料，以承受网扫时较大阻力。扫网的网底也可做成开口式，用时将网底扎住，网扫后打开网底，可将昆虫直接倒入容器或毒瓶。见图 1–35。

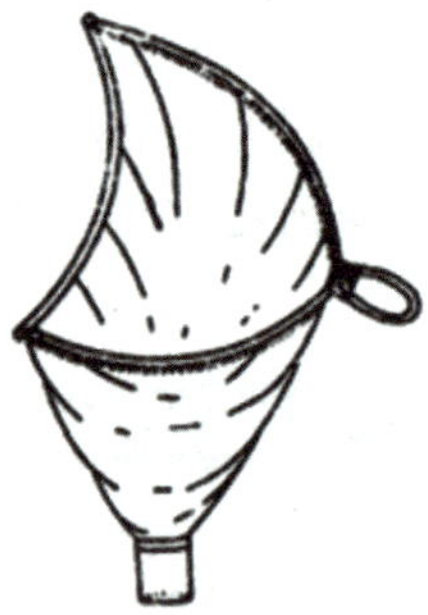

图 1–35　扫网

3. 刮网

在树皮上采集昆虫时，可用粗铝丝作架，前面连接上一段有弹性的钢条，缝上白布的网袋，底端可捆扎个小瓶，以便接虫。

4. 水网

用来采集水生昆虫。根据水域深浅，河、溪的宽狭，水草的稀密及所采的昆虫种类来选择网的规格和种类。制作水网的材料要坚固耐用，用铜纱、铝纱、马尾毛、尼龙丝或亚麻织成的布制作。浅水捕捞的水网和空网相似，深水捕捞的网口和网柄要垂直。见图 1-36。

（二）**吸虫管**

这是专门用来采集蚜虫、小蜂、蓟马、粉虱等身体柔弱、不易拿取的微小昆虫的工具。吸虫管是利用吸气形成的气流将昆虫吸入容器内。准备两根略微弯曲的玻璃管通过带胶盖的吸虫管，其中一根玻璃管的外端，按上胶皮管并接上吸气球，内端捆上纱布或铜纱罩。使用时将另一根弯管口对准要采的昆虫，按动吸气球，便可将要采的昆虫吸入瓶中。见图 1-37。

（三）**毒瓶**

专门用来迅速毒杀昆虫。一般应用封盖严密、磨口广口瓶和直径较粗的厚玻璃管或塑料管等做成，以保证毒气不易泄漏。毒杀药品常采用氰化钾或氰化钠，将其铺在底层，压实后，铺一层锯末屑，压平后再在上面加一层石膏粉，此层不宜厚，压平实，滴上清水，用干净毛笔均匀涂抹，使成硬块。简便的方法是将氰化钾等粉末撒在脱脂棉上，用纱布包好，放在瓶底，压实上盖一层硬纸板，再盖一层约 0.5 厘米厚的泡沫塑料即可。当买不到氰化钾时，可用乙醚或醋酸乙烷代替也可。使用时应注意蝶、蛾类不能与其他昆虫共用一个毒瓶，以免碰坏鳞片，更不能用来毒杀软体的幼虫。在毒瓶中可放些细长的纸条，用来隔开虫体，以免互相冲撞受损。废旧毒瓶不能乱丢，一定要深埋水解处理。见图 1-38。

图 1-36　水网

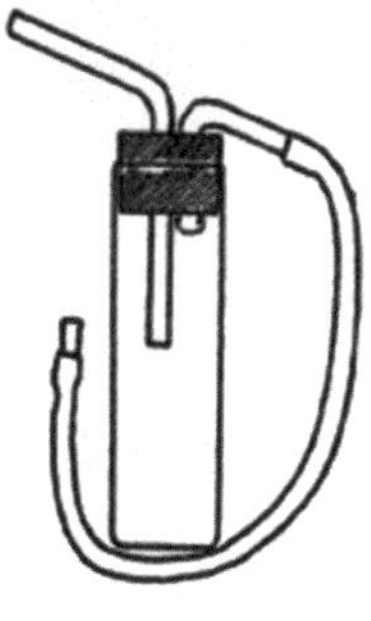

图 1-37　吸虫管

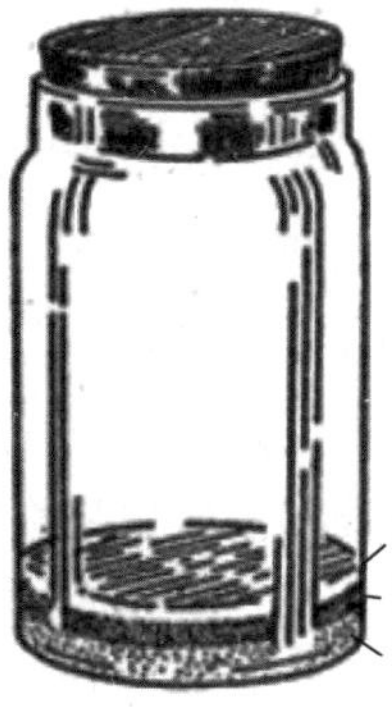

图 1-38　毒瓶

（四）**诱虫灯**

是具有趋光性而设计制作的诱捕工具，如黑光灯、电灯、煤油灯等。

（五）**采集箱**

可分为幼虫活体采集箱（还有幼虫采集盒）和保存标本的采集箱。幼虫活体采集箱，是用木材做成一个长 31.1 厘米、宽 20.1 厘米，高 21.5 厘米的长方形木箱，木箱中间用铁纱隔成 12 个大小不同的方格，每个小方格向外的一面有一个外开小门，和箱框间有排钩。上面 6 个方格的上方各留一小洞，采集时可把善于跳跃的昆虫从此洞口放入，并塞好木塞。这种采集箱是用来携带准备采回继续进行饲养观察的活虫体，不但箱内空气流通，并能放入路途中昆虫所需要的大量饲料，虫体不致损伤，容易成活。幼虫采集盒是一种小型采集盒，可用铁皮或铝做成，盒盖上装一块透气的铜纱和一个带活盖的孔，为便于携带，可设计成大小几个做成一套，依次套叠起来。为较长期外出采集可设计一种用来装成虫、幼虫标本，以及小型采集工具和毒瓶的木制采集箱。箱内可分 3 层，上面一层是个木盘，可盛采集时用的刀、剪、镊子以及作采集记录用的铅笔，记录本等用具。中层分为 4 ～ 5 个长条格用来装浸泡幼虫标本的指形管，其中 2 ～ 3 格可较短，留下空隙装毒瓶。下面一层分为长条格，用来存放包装成虫标本的三角形纸袋。各类采集箱（盒）见图 1–39 ~ 图 1–41。

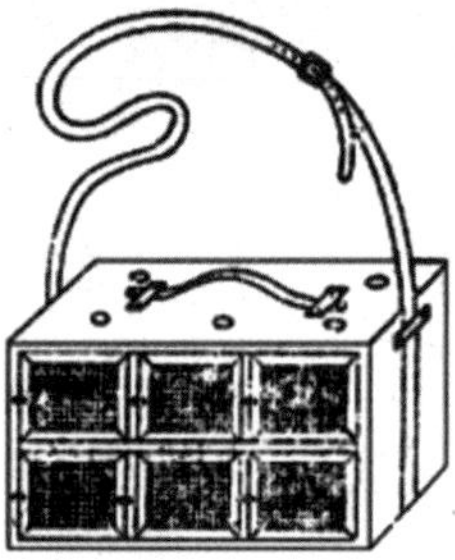
图 1–39　采集箱

图 1–40　幼虫采集盒

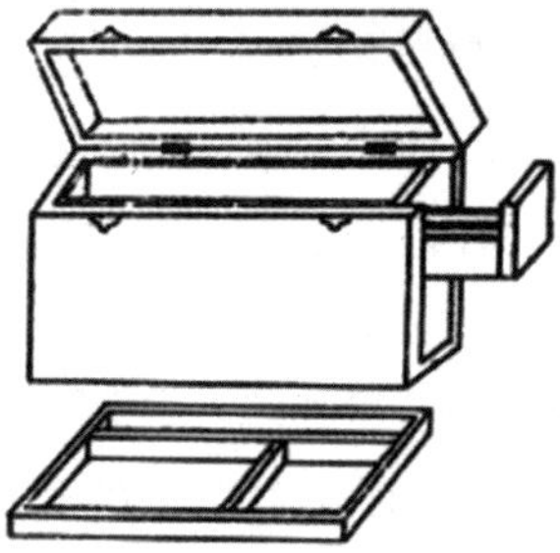
图 1–41　木制采集箱

（六）采集袋

外出采集需要携带必备的采集工具，如毒瓶、指形管、镊子、剪子、采集刀、记录本、钢卷尺、采集盒等，为了使用和携带方便，可设计成背包式的袋子，里面层次多些，外面有插放毒瓶和指形管的筒袋，这样各种用具分格存放，使用方便，并且不会互相冲击损坏，筒状袋外应加布盖，以免瓶塞丢失。

（七）挖土采集工具

不少采集者常常只注意采集地面植物及空中飞翔的昆虫，而往往忽略掉土中、石块下或树皮下和枝干中的一些隐蔽性害虫的幼虫期或蛹期的生活、越冬、化蛹场所。挖土采集或刮皮剪枝的工具有铁钯、铁铲、采集刀、枝剪、小锯等。

（八）三角纸

用坚韧的白色光面纸或硫酸纸，裁成长与宽之比为 3 ∶ 2 的长方形纸片，并有大小不同数种，以包装临时性的保存标本之用。折叠方法见图 1–42。

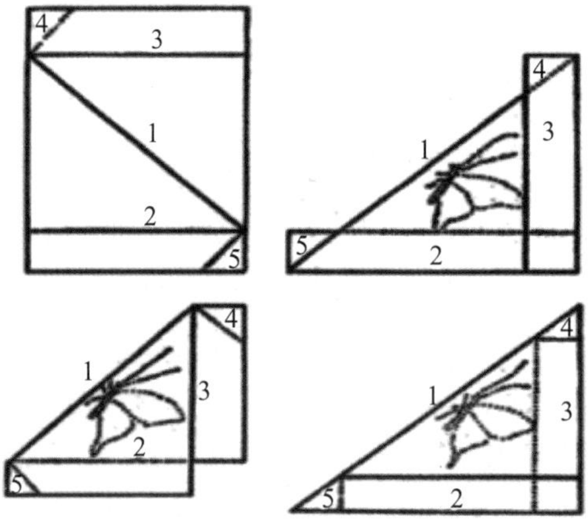
图 1–42　三角纸的折叠方法（数字代表折叠顺序）

（九）其他必备的采集用具

平底指形管、放大镜、毒虫铗、小毛笔、野外账簿、铅笔、针、线、胶布、牛皮筋等。

三、劳动步骤

（一）制订劳动计划

1. 调查研究

提前了解目标昆虫的分布情况及生活习性，确定采集时间、地点及方法。

2. 准备工具

检查并准备好采集所需的工具和材料。

（二）开展劳动实践

1. 确定采集时间、地点

昆虫种类繁多，生活习性各异，一般来说，一年四季均可采集，但由于昆虫的发生期和植物生长季节大致是相符的，每年春末夏初至秋初是昆虫活动的适宜季节，也是一年中采集昆虫的最好时期。对于一年发生一代的昆虫，应在发生期采集。采集的季节，主要根据自己的目的和需要来决定。一天之间采集的时间也要根据不同的昆虫种类而定。日出性的昆虫，多自上午 10 时至下午 3 时活动最盛。夜出性昆虫在日落前后及夜间才能采到。温暖晴朗的天气采集收获较大，而阴冷有风的天气，昆虫大多蛰伏不动，不易采到。

地点应根据采集目的而定，按照昆虫的生态环境去采集。一般来说，森林、果园、苗圃、菜园、经济作物林、灌木丛都能采到大量有价值的标本，但是高山、沙漠、急流等处往往可以采到特殊种类。了解各种昆虫的生态环境，可以帮助我们有目的地进行采集。

2. 确定昆虫的采集方法

昆虫的采集方法分为活动性采集和定点式采集，采集者应根据不同目的选择合适的采集方法。

（1）活动性采集。

此种采集方法通常由采集者携带各种采集工具，就所到之处随手采集，基本装备包括网具、吸虫管或吸虫瓶、毒瓶、采集箱等。采集方法依工具又可分为下列几种方法：

1）网捕：是最常用的一种采集方法。在捕捉空中善飞的昆虫时，应动作敏捷、轻快，迎头一兜，并立即将网口转折过来，将网底下部连虫一并甩到网圈上来，这样入网的昆虫就不易跑掉，此时握住网底上方，揭开毒瓶盖，将毒瓶送入网底，使所采到的昆虫进入毒瓶中。如捕到的是大型蝶蛾类，可在网外用手捏压其胸部，使其不能活动，然后放入毒瓶。特大的种类可用注射器在胸部注入少许酒精，使其迅速死亡。如捕到的是中、小型昆虫，数量很多，只要将网袋抖动，使昆虫集中到底部，送入毒瓶即可。

2）扫捕：采集杂草或灌木丛间的昆虫，用扫网在上面左右摆动，一面扫一面前进，将有许多小型昆虫集中到网底，扫几网后，将集中在网底的昆虫连同部分碎枝叶一起倒入毒瓶，待昆虫毒死后，再倒在白纸上挑选。也可打开网底，将昆虫装入容器中或毒瓶中。

3）振落：栖息在灌木丛中的许多昆虫，受到震动惊吓，会掉落地面装死，所以可以一手持木棍或徒手敲动树枝，让昆虫掉下，另一手可将雨伞撑开倒持在底下承接。伞面颜色以浅色为佳，因为较易发现昆虫。在树下也可用白布或白色塑料布铺在地面承接昆虫，掉落的昆虫可徒手捡拾或用吸虫管吸取。

4）观察和搜索法：要采到需要的标本，必须了解昆虫的生活习性及活动场所。有许多昆虫营隐蔽生活，在树皮下和树干内可采到天牛、吉丁虫、小蠹虫、木蠹蛾、透翅蛾、象甲和扁甲、郭公虫的幼虫或其他虫期；果树或阔叶树的干部或枝条上可采到舞毒蛾，天幕毛虫的卵块；农田或苗圃地的土中可采到金龟子、地老虎幼虫、蝼蛄、金针虫和其他昆虫的幼虫或蛹；巢蛾类及天幕毛虫在树冠中做丝巢，可采到其幼虫或蛹；卷叶象甲藏在紧密的卷叶筒中。蚜虫、木虱或某些蚧虫的分泌物常可为人发觉，也可根据爱食其分泌物的蚂蚁、蝇或天敌瓢虫的存在来采集蚜虫及蚧虫，同时也常可采到其天敌草蛉、蝎蛉、瘿蚊等；沫蝉幼虫的分泌物常在枝上形成泡沫，其自身躲在里面。由植物的被害状发现昆虫，如咀嚼式口器昆虫为害后的植物叶片，常留下啃食过的痕迹和留下的粪便；刺吸式口器常造成叶片变黄失色或斑点，由此常可采到蚜虫、叶螨、叶蝉；有些昆虫使植物的叶柄、幼茎或枝干上形成各种虫瘿，有些昆虫生活在松树梢果内，造成梢果畸形，并有虫粪排出，据此被害状可找到松梢果螟类和象甲类昆虫。

（2）定点式采集。

此类采集方法常被应用于长期而有计划地在特定地区定时定量采集标本，主要是利用昆虫的特殊习性及趋性设置各种陷阱、引诱装置等。定点式的采集除了采集昆虫外，也可用来作为生态调查，种群消长的研究。定点式采集有下列数种方式：

1）灯光诱捕法：灯光诱捕是常用的诱捕法，如蛾类、金龟子、蝼蛄等昆虫均有较强的趋光性，在昆虫盛发的季节，选择无风、闷热、无月光的夜晚，并在适宜的地点用黑光灯诱捕，效果最好。这时，只要多备几个毒瓶就可以大量收集昆虫。

2）食物诱捕法：可利用昆虫对某些发酵及有酒味物质的趋性设计诱捕方法，如将马粪、杂草，糖渣、酒糟在田间（苗圃）堆成小堆，可诱集到多种地老虎幼虫、蝼蛄、金针虫。用红糖 3 份、醋 4 份、酒 1 份，水 2 份的配方；或用红薯发酵、粉浆沉淀物发酵后，做成诱剂，可诱到大量蛾类和双翅目等多种昆虫。

3）黄色水盘：黄色水盘除了采集大量蚜虫，也可采集大量膜翅目及许多在地上爬的昆虫。其方法是将水盘埋在地下，水盘顶部和地表齐平，水中放些盐及没有任何香味的清洁剂。

4）土中置瓶法：对于一些在地面上活动的昆虫，可用此法诱集。在庭院、旷野、丛林中选择适当的位置，先除去附近杂草，再掘一坑洞，内置一大型广口瓶，瓶口和地面齐，上再覆盖板子、土、草，但板子和瓶口要留一些距离，如此，昆虫经过瓶口便会掉入，可定期检查收集。如果目标是土中的跳虫类，则置于土中的器具宜用宽浅的容器，如脸盆、汤锅等，容器内置约 2 厘米的固定液，如 70% 酒精等。跳虫跃起碰遮盖会掉入容器中。也可置放腐鱼、腐肉、水果、粪便于瓶中，如此可诱集多数甲虫，并可因饵的不同，获得不同的种类。

5）化学药品诱集：针对特定的昆虫对某些化学物的趋性，可以用来收集特定的昆虫，例如使用人工合成的雌性信息素（如蚕蛾、毒蛾、螟蛾、卷蛾等），置于厚纸或塑料膜制成的诱器内，可诱集到同种的异性，此法缺点是采到种类较少，因性信息素专性很强。

3. 昆虫采集

采集者根据所需昆虫的种类选择合适的时间、地点及方法进行昆虫的采集，采集昆虫后置入毒瓶，昆虫死亡后取出临时保存于信封或三角纸。

4. 记录采集信息

外出采集应随身携带记录本，凡是能观察到的事项，都要按照要求记录下来。例如采集地点、时间、日期，采集人的姓名，被害植物的名称，被害部位，被害状态和变型，受害程度，生态环境，发生数量，等等。

四、劳动注意事项

采集昆虫时应佩戴适当的防护装备，如手套、口罩等，以防过敏或被昆虫咬伤。另外昆虫身体上的附肢以及腿、翅和触角等极易损坏，应格外加以保护，若损坏了这些鉴别种类时所必需的特征，便失去了所采标本的价值。凡是不同日期、不同环境、不同海拔、不同寄主上采来的昆虫，都要求分开存放，分别编号记录。

技能 2　昆虫标本的处理及制作

一、劳动任务

将采集到的昆虫进行处理，制成可供长期保存、观察和研究的一种科学标本。这一过程包括多个精细的步骤，确保最大程度地保留昆虫的形态、颜色和结构。

二、劳动工具

（一）昆虫针

用不锈钢制成。用来插制昆虫，因昆虫的大小不同，昆虫针的型号也不同。按昆虫针粗细及长短分为 00、0、1、2、3、4、5 七种。1 ~ 5 号针的长度为 4cm，其中，1 号针最细，每增加 1 号，粗度也增加，昆虫针的基部有一铜帽，以便操作。0 与 00 号针仅为 1cm 长，无针帽，又称二重针。见图 1–43。

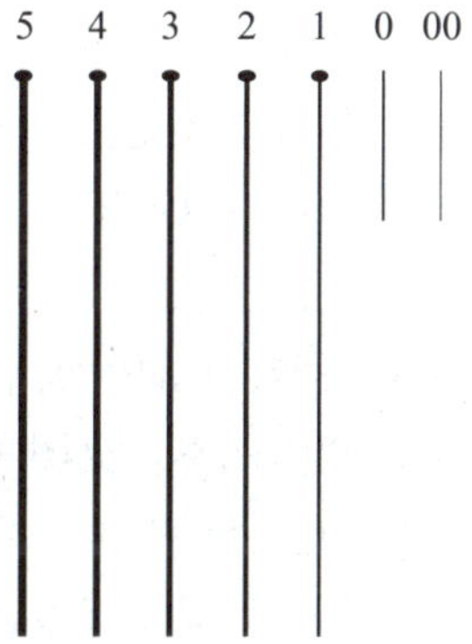

图 1–43　昆虫针

（二）三级台

又称平均台，是用三块长短不同，但厚度相等的优质木板黏合在一起做成，每级 0.8cm，三级共高 2.4cm，宽 3cm，底长 7.5cm，每级中央钻有小孔。制作标本时将昆虫针插入孔内，使昆虫、采集地点及时间和寄主及采集人的标签在针上分别于三级、二级和一级的高度上。见图 1–44。

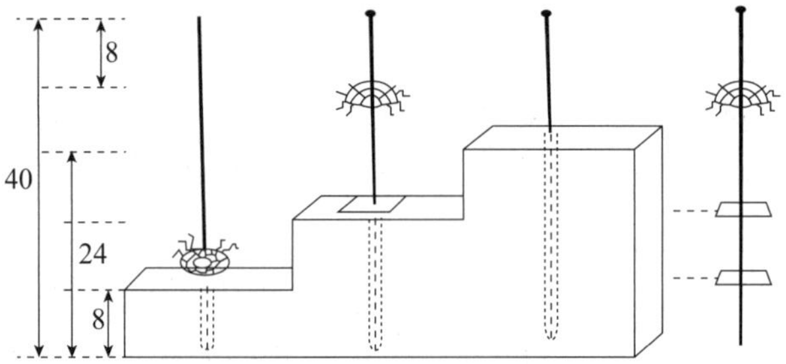

图 1–44　三级台

（三）**展翅板**

这是专用来展开蝶蛾、蜂、蜻蜓等昆虫翅膀而用的工具，用较软而轻的木料制成，便于插针。展翅板的底部是一块整木板，上面装两块可以活动的木板，以便调节板间缝隙的宽度，两板中间装有软木条或泡沫塑料条板，展翅板长约为 35cm、宽不等。也可用硬泡沫塑料板制成简易的展翅板：取厚约 4cm 的塑料板，裁成和木制展翅板一样大小，用锋利的小刀在塑料板的中央刻一条槽沟，其宽度与虫体大小相适应，这种展翅板一般用于中、小型昆虫标本。见图 1–45。

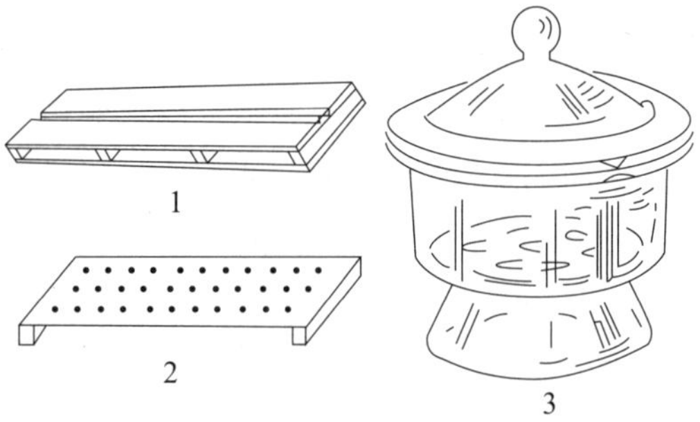

1.展翅板；2.整姿台；3.还原器

图 1–45　展翅板、整姿台、还原器

（四）**整姿台**

这是用松软木材或硬泡沫塑料板制成，长约 30cm，宽约 15cm，两侧各钉一块高 35mm 的板条。整姿台如为木质，应在板上钻上有规律的小孔，孔的大小与 5 号针大小相同，是为针插鞘翅目、直翅目等昆虫摆好附肢的姿势之用。见图 1–45。

（五）**三角台纸、玻璃纸、大头针及粘虫胶等**

用厚的道林纸、废照相底片剪成宽 3mm、长 12mm 的小三角台纸和宽 4mm、长 12mm 的长方纸片，用来粘放小型昆虫。展翅固定时，对小蛾最好用玻璃纸压在翅上。一般用 95% 的酒精溶解虫胶（或称漆片）制成粘虫胶使用，或用万能胶或其他快干的胶，粘着小型昆虫标本。

（六）**还原器**

又称还软器，是软化已经干燥昆虫标本的一种玻璃器皿。底部铺一层湿沙，加入少量石炭酸，以防生霉，将连三角纸包的标本放在瓷隔板上，加盖密封，几天之后，便可取出制作标本。见图 1–45。

（七）**标签**

每一只昆虫标本都应附有标签，否则将失去科学价值。标签上应注明采集地点、采集日期、寄主植物和采集人姓名。一般都有已印制好的小标签卡，只要用绘图墨水填写即可。标签一般由大小为 15mm × 8mm 的长方形白色硬纸制成。

三、劳动步骤

（一）制订劳动计划

1. 调查研究

提前了解并选择目标昆虫的标本固定方法。

2. 准备工具

认真准备并检查制作昆虫标本所需的各项工具与材料，确保一切就绪。

（二）开展劳动实践

1. 标本还软

采集工作完成后，如回来立即制作，标本尚软，不需还软器。但保存数日已经干燥的标本，既不能整姿，也不能展翅，须使虫体还软。

标本还软最简便的办法是，用还软器或搪瓷盘或其他代用盘，内放铺平的湿沙土，沙面上盖一张吸水薄纸，把需还软的标本摆在纸上，加盖盖好，即可还软。但此法不能时间太长，以免标本发霉。

2. 标本固定

固定是制作昆虫标本的第一步，目的是保持昆虫的自然形态。固定方法通常有两种：针插法和展翅法。除幼虫、卵、蛹和极小的成虫外，都可以用针插法。将针垂直插入昆虫胸部，并尽量保持自然姿势。对于翅膀较大且需要展翅的昆虫，则需要使用展翅法。用昆虫针固定在展翅板上，并将翅膀平展，并保持自然姿势。根据不同种类的昆虫或者使用目的，选择合适的固定方法。具体方法如下。

（1）针插法。

取已还软的标本，根据虫体大小选择适当的虫针，昆虫针插入应与虫体纵轴垂直，虫针尾部在胸部背面处留出 8mm。不同目的昆虫插针的部位不同。一般是将昆虫针直刺虫体胸部背面的中央。为保证分类上的重要特征不受损伤，不同目的昆虫针插都有一定的部位，鳞翅目、膜翅目可从中胸背面正中央插入；鞘翅目可从右鞘翅基部插进，使针正好穿过右侧中足和后足之间；同翅目和双翅目大型种类、长翅目、脉翅目从中胸背中央偏右插入；半翅目可由中胸小盾片中央插入；直翅目插在前胸背板后端偏右，这样不致破坏前胸背板及腹板上的分类特征，见图 1-46。鞘翅目、直翅目、半翅目的昆虫针插后，一般不必展翅，但需整姿。方法是将经插针后的标本，插在塑料板制成的整姿台上，将触角和足的姿势加以整理，通常是前足向前，中足向两侧，后足向后；触角短的伸向

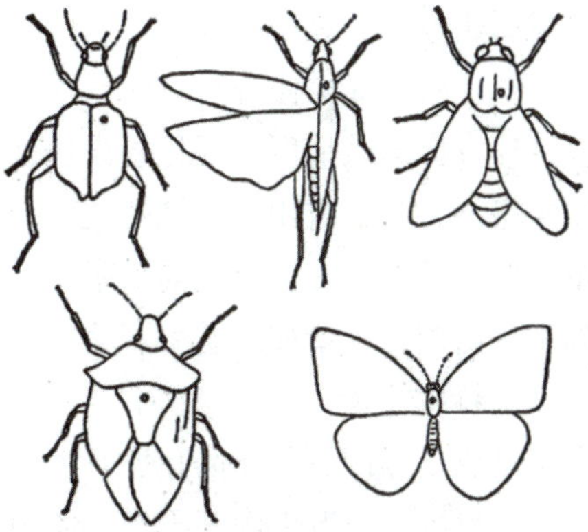
图 1-46　各种昆虫的针插位置

前方，长的伸向身体两侧，使其保持自然姿态，整好之后用大头针加以固定。

制作小蠹虫，跳甲等小型昆虫，可将 00 号针的尖端插入虫体腹面，再将针的另一端用镊子刺入昆虫针上的三角台纸，或者直接在昆虫针上的三角台纸的尖端粘上透明胶，将虫体的右侧面粘在上面，三角台纸尖端应朝左方。见图 1–47。

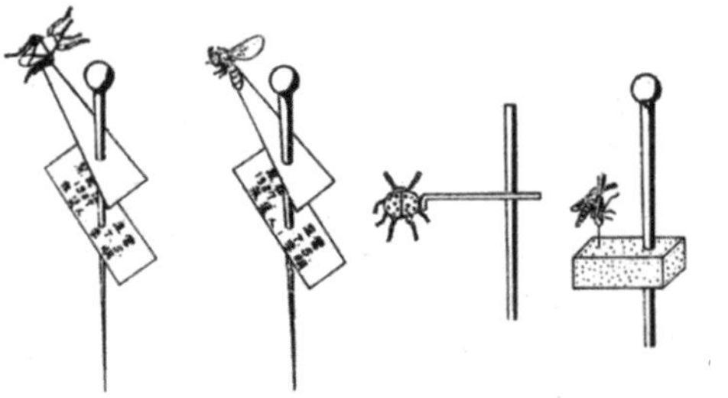

图 1–47　小型昆虫针插法

为防止大型标本腹部腐烂，可在整姿前，剖开腹部取出内脏，塞入适量的脱脂棉即可。

（2）展翅法。

最好是在虫体刚毒死后进行，这时胸部肌肉松软，不但展翅容易，而且经展翅后的标本也不易走样。如虫体已干燥僵硬，必须充分还软后，才能展翅。用昆虫针刺穿的虫体，插进展翅板的槽沟里，使腹部在两板之间，翅正好铺在两块板上，然后调节活动木板，使中间空隙与虫体大小相适应，将活动木板固定。两手同时用小号昆虫针在翅的基部挑住较粗的翅脉调整翅的张开度。蝶蛾类将两前翅的后缘拉成直线为标准；蝇类和蜂类以两前翅的顶角与头左右成一直线为准；而脉翅类和蜻蜓要以后翅两前缘成一直线为准。移到标准位置，再用细针固定前翅后，再固定后翅，以玻璃纸或光滑纸条覆在翅上，并用大头针固定。小蛾类展翅时，用小毛笔轻轻拨动翅的腹面，待完全展开，不用玻璃纸压，只需将针尖朝向后翅后缘处，并向后斜插，斜插度以压住两翅为好，将标签附插在旁边，以免弄错。整翅时特别是蛾蝶类，一定要小心，不要把翅上鳞片损伤，以免影响鉴定。见图 1–48。

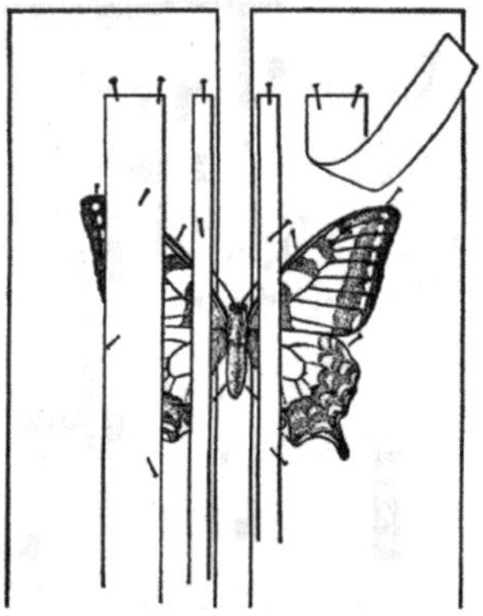

图 1–48　展翅法

（3）破损成虫修补。

珍贵标本破损后，要尽量设法修补。成虫标本最易损坏折断，部位是触角和足，先用小镊子夹起，或用小毛笔托住，将虫胶涂在断裂的一端，按原来部位和形状对接，体躯较大的昆虫，未干涸之前易垂下，可用虫针插上小纸片托扶在下面，虫胶或阿拉伯胶加少许白糖，可增加黏着力。

3. 标本干燥

昆虫干燥的目的是防止腐烂变质，延长标本保存时间。常用的干燥方法是烘干箱干燥、自然风干或者干燥剂干燥。使用 50℃烘干箱干燥一星期即可。自然风干方法较为简单，将固定好的昆虫放置在通风干燥处，自然风干即可。干燥剂干燥方法效果较好，可以选择硅胶、木炭等干燥剂，将固定好的昆虫放入装有干燥剂的容器中，即可快速干燥。

4. 标签制作

昆虫标本上的标签，是一个标本上的最原始记录，相当于一个标本的单页户口本。一般需要填写以下两张标签。

（1）采集标签。

采集标签来源于正确的采集记载，记载项目至少应包括采集日期（年、月、日），采集地点（国家或地区、省、县、乡/镇、村），采集人姓名和寄主信息。年份最好统一以完整的公元年代来表示，月份最好用罗马字来写。如2010年6月26日，可写作2010–Ⅵ–26。采集地点要先写大地名，后写小地名。填写采集人姓名表示采集人对所采标本负责。寄主是指所采标本所寄生（或取食或栖息）的植物、真菌、昆虫或其他动物等。

（2）定名标签。

又名鉴定标签。已有拉丁学名的或经系统研究确定中文种名的昆虫标本，要制作种名标签，所载信息包括科名、种名（含中文名、拉丁文学名）、鉴定人姓名及鉴定日期。

标签上的字要用绘图墨水书写清楚，防止日久褪色或不易识别。

四、劳动注意事项

（1）制作昆虫标本时针插位置要恰当，避免损坏昆虫的重要特征；

（2）整姿时要确保昆虫的姿态自然，不要过度拉伸或压缩；

（3）展翅操作时要轻柔，避免损坏翅膀或其他脆弱部位；

（4）使用烘干箱时，温度不宜过高，以免标本变形或颜色褪去，自然风干时，要选择通风良好、干燥的地方，避免阳光直射，使用干燥剂时，要确保容器密封，防止干燥剂受潮失效。

技能3　昆虫标本的保存

一、劳动任务

将制作好的昆虫标本分类存放，并附上详细的标签，记录其学名、采集信息等，不仅为生物学、生态学、环境科学等领域的科学研究提供了宝贵的实物材料，帮助学生和公众直观地了解昆虫的形态与生活习性，增强对生物多样性的认识，还记录了历史生物多样性的变化，为物种鉴定、生物防治、环境保护提供了重要依据。

二、劳动工具

（一）标本盒

存放昆虫成虫的标本盒用玻璃木盒，周围裱漆布，盒底衬软木或泡沫塑料，盒内一角放一樟脑丸，周围斜插虫针使其固定。

（二）保存所用药品

樟脑丸、酒精、石炭酸、二甲苯等。

三、劳动步骤

（一）制订劳动计划

1. 调查研究

细致探究目标昆虫标本的保存技术，预先掌握有效的保存方法，以确保标本的长期保存和完整性。

2. 准备工具

认真准备并检查昆虫标本保存所需的各项工具与材料。

（二）开展劳动实践

使用三级台将昆虫标本与标签定高，将插好标本的昆虫针，插在三级台第 1 级孔内，确定昆虫标本的高度。但由于虫体大小各异，厚薄不等，所以通常在第 1 级插好后，倒转针头，在 3 级孔内再插一下。这样就使虫背面离针头的距离保持一致，也便于取放。然后针插在标签的正中央，第 2 级插上采集标签，第 3 级插上定名标签。随后放入标本盒即可。针插标本和展翅标本在放入标本盒时的顺序和排布方式，主要取决于标本的种类、研究目的和展示需求。

通常，针插标本应按照分类学顺序排列，比如按照目、科、属、种的顺序。这样可以方便查找和比较。在标本盒内，针插标本可以从前到后排列，按照采集时间或者标本的大小顺序排列；也可从左到右排列，通常先放置雄性标本，再放置雌性标本，或者按照种类的特征顺序排列；抑或是制造层次感，使用三级台或类似的分层装置，将标本按照不同的高度层次插放，以便于观察和取用。

展翅标本通常按照其自然展示效果来排列，如蝴蝶和蛾类的展翅标本。可以从前到后排列，按照标本的大小或者颜色的深浅进行排列；或者从左到右排列，按照种类的顺序或者展翅的对称性进行排列；抑或是以美观为准，确保标本的展翅方向一致，保持整体的和谐美观。

具体操作时，注意合理利用标本盒的空间，避免拥挤，确保每个标本都能清晰展示。

四、劳动注意事项

昆虫标本是教学和科研的重要资料，必须妥善保管。

（一）防潮防霉

在标本盒内放吸湿剂，若标本已经发霉，可用无水酒精与石炭酸混合液（7 : 3）以软毛笔刷洗，也可直接用无水酒精刷洗。应注意在潮湿季节尽量不开标本室窗子，少打开标本盒，尽可能将标本放在通风干燥的地方保存，并向标本橱内放入吸湿剂和防霉菌剂。

（二）防鼠防虫

防鼠比较容易，防虫可使用樟脑丸或樟脑，将樟脑丸放置在标本盒的角落或者沿着标本盒的边缘，避免直接接触标本。樟脑丸的数量应根据标本盒的大小和标本的数量来决定。一般来说，每个标本盒放置 2 ～ 4 颗樟脑丸即可，但不要过多，以免樟脑味过浓，影响标本和观察者。樟脑丸的有效期通常为一年左右，之后需要更换新的樟脑丸以保持防虫效果。

（三）防尘防阳光

盒子少开，密闭，灰尘落入自然少；门窗少开，窗上加帘子，防止阳光直接照在标本上，可延长因日照褪色的时间。

（四）检查与保管

为了保护标本免受损坏，最好随时检查并每年 1 ～ 2 次用药剂熏蒸。

任务二 农药的喷施技术

科普知识

一、常见农药剂型及使用方法

农药的剂型多种多样，常见的有粉剂、可湿性粉剂、乳油、悬浮剂、水乳剂、颗粒剂等。不同的剂型适用于不同的作物和病虫害，因此在使用时需根据具体情况选择。

（一）粉剂

概念：粉剂是由农药原药、填料和少量助剂混合、粉碎后再混合成一定细度的粉状制剂。粉粒直径通常在 100 微米以下。

特点：不易为水所湿润，也不溶于水中，不能作喷雾用。

使用方法：粉剂一般用喷粉机喷粉即可，但要注意粉剂的浓度。粉剂有浓粉剂和田间粉剂两种，前者需用填料稀释，后者可直接喷粉。粉剂应在早晚无风或风力微弱时使用，避免漂移。

（二）可湿性粉剂

概念：可湿性粉剂是含有农药原药、载体、填料、表面活性剂和辅助剂等，并且经粉碎成一定粒径的粉状制剂，在对水稀释使用时，能形成一种稳定的可供喷雾的悬浮液。

特点：吸湿性强，加水后能分散或悬浮在水中。

使用方法：加水稀释至一定的浓度即可用于喷雾。在喷雾时，要确保喷雾器械工作正常，将可湿性粉剂均匀喷洒在目标作物上。

（三）乳油

概念：乳油是由农药原药按规定的比例溶解在有机溶剂中，再加入一定量的农药专用乳化剂而制成的均相透明油状液体。

特点：加水能形成相对稳定的乳状液，使用方便、含有效成分高、稳定、对防治对象效果好。

使用方法：按一定比例加水稀释成乳液用于喷雾、拌种、涂茎、浸种等。乳油稀释后的乳状液应稳定，喷雾时应均匀。

（四）悬浮剂

概念：悬浮剂是农药有效成分和分散剂、湿润剂、稳定剂、消泡剂、防冻剂等分散在水中而形成的高分散、稳定的悬浮体。

特点：加工时不需要任何有机溶剂，安全，比可湿性粉剂安全，分散度高，有较高的生物活性。

使用方法：悬浮剂在使用前需充分摇动，使其均匀分散。加水稀释后，用喷雾器械进行喷雾。由于悬浮剂在长时间存放后可能会出现沉淀现象，因此使用时必须充分摇动。

（五）水乳剂

概念：水乳剂是由不溶于水的农药原药加乳化剂、分散剂、稳定剂、增稠剂、助溶剂及水，经过匀化工艺制成的水包油型乳剂。

特点：外观不透明，无着火危险，对人、畜和植物低毒，对环境安全。

使用方法：水乳剂加水稀释后，用喷雾器械进行喷雾。水乳剂对人和环境较安全，但在使用时仍需注意个人防护。

（六）颗粒剂

概念：颗粒剂是由农药原药和填充剂制成颗粒的农药剂型。

特点：不易产生药害，主要用于灌心叶、撒施、点施、拌种、沟施等。

使用方法：微乳剂加水稀释后，用喷雾器械进行喷雾。由于微乳剂成本较高，因此在使用时应根据防治对象和经济效益进行合理选择。

二、农药稀释的计算方法和配制方法

（一）稀释倍数法

指药剂中所兑的水或其他稀释剂为商品农药的倍数，并不考虑原商品农药的有效成分的含量。如农药标签上不指出单位面积用药液量，应按常量 750 ~ 1 125 千克 / 公顷（或 50 ~ 75 千克 / 亩）喷雾施药。生产上往往忽略农药和水的比重差异，即把农药的比重看作 1，通常有内比法和外比法两种配法。

（1）内比法是稀释 100 倍以下（含 100 倍）时，稀释量要扣除原药所占的份，如稀释为 80 倍时，即用商品药剂 1 份，加稀释液 79 份；

（2）外比法是稀释 100 倍以上时，稀释量不扣除原药剂所占的份，如要求将商品药剂配成 1 000 倍液，即用商品药剂 1 份，加稀释液 1 000 份。

（3）注意事项：不是稀释倍数法时，不能用内比法和外比法。配制时，应先取少量水将农药稀释成母液，再加入剩余水量中搅拌均匀。

（二）**有效成分计算法**

根据农药的有效成分含量和防治对象的需要量，计算出所需农药的用量。例如，某农药的有效成分为 50%，防治对象需要每公顷有效成分为 25 克，则每公顷需用 50 克该农药，然后根据农药说明书推荐的稀释倍数稀释该药剂进行施用。

（三）**农药配制注意事项**

（1）仔细阅读说明书：在配制农药前，务必仔细阅读农药商品使用说明书和标签内容，了解有效成分含量、制剂类型和使用方法。

（2）准确计量：在配制过程中，要使用精确的计量工具（如量筒、秤等）来确保取用药剂和配料的准确性。

（3）安全防护：在配制和使用农药时，要佩戴适当的防护用品（如口罩、手套等），避免农药直接接触皮肤和吸入。

（4）避免混配：除非有明确的指导说明，否则不要随意将不同类型的农药混配使用，以免产生不良反应或降低效果。

（5）妥善处理废弃物：配制完成后，要按照规定回收处理农药包装物，避免对环境造成污染。

劳动技能

技能 1　喷雾法操作

喷雾法作为农药喷施的主要技术之一，其核心在于通过特定的设备和操作手法，将农药均匀、细致地喷洒在作物叶片及病虫害发生部位，以达到高效防治、减少环境污染和保障农产品安全的目的。

一、劳动任务

根据作物病虫害的发生情况和防治要求，选择合适的农药品种和浓度，利用喷雾器将农药均匀喷洒在目标作物上，确保防治效果，同时避免对环境和非目标生物造成不良影响。

二、劳动工具及准备

（一）**喷雾器**

选择性能稳定、雾化效果好的背负式或电动喷雾器，确保喷洒均匀。

（二）**农药**

根据作物病虫害的种类和防治要求，选择适宜的农药品种和浓度。

（三）**个人防护装备**

穿戴防护服、口罩、手套等，防止农药对人体造成伤害。

（四）其他工具

如搅拌棒、量杯、测量尺等，用于农药的配制和测量。

（五）准备阶段

需对喷雾器进行检查和调试，确保其处于良好工作状态。同时，根据防治面积和农药用量，准确配制农药溶液。

三、劳动步骤

（一）制订劳动计划

1. 调查病虫害情况

在喷洒前，对目标作物进行详细的病虫害调查，了解病虫害的种类、发生程度和分布范围。

2. 确定防治方案

根据调查结果，选择合适的农药品种、浓度和喷洒时间。同时，制定详细的喷洒计划，包括喷洒路线、喷洒速度、喷洒量等。

3. 准备劳动工具

根据喷洒计划，准备所需的喷雾器、农药、个人防护装备等工具。

（二）开展劳动实践

1. 穿戴个人防护装备

在喷洒前，务必穿戴好防护服、口罩、手套等个人防护装备，防止农药对人体造成伤害。

2. 配制农药溶液

按照农药说明书的要求，准确称量农药和溶剂，用搅拌棒充分搅拌均匀。

3. 调试喷雾器

在喷洒前，对喷雾器进行调试，确保其雾化效果好、喷洒均匀。同时，检查喷雾器的密封性和压力稳定性。

4. 实施喷洒

按照喷洒计划，沿着预定的路线进行喷洒。在喷洒过程中，保持匀速前进，确保喷洒量均匀。同时，注意观察作物的生长情况和病虫害的发生情况，及时调整喷洒速度和喷洒量。

5. 清洗喷雾器

喷洒结束后，及时清洗喷雾器，防止农药残留对下次使用造成影响。

四、劳动注意事项

（1）安全操作：在喷洒过程中，务必穿戴好个人防护装备，防止农药对人体造成伤害。同时，避免在高温、大风等恶劣天气条件下进行喷洒。

（2）准确配制农药：按照农药说明书的要求，准确称量农药和溶剂，避免过量或不足导致防治效果不佳或环境污染。

（3）均匀喷洒：在喷洒过程中，保持匀速前进，确保喷洒量均匀。同时，注意喷洒的角度和距离，避免对作物造成机械损伤。

（4）环境保护：在喷洒过程中，注意避免农药漂移到非目标区域，防止对环境和非目标生物造成不良影响。同时，妥善处理农药包装物和残留物，防止造成二次污染。

（5）定期检查和维护喷雾器：定期对喷雾器进行检查和维护，确保其处于良好工作状态。同时，及时更换损坏的部件和清洗堵塞的喷嘴，保证喷洒效果。

技能 2　喷粉法操作

农药喷粉法操作是一种常用的植物保护技术，通过喷洒粉状农药来防治作物病虫害，保障农作物的健康生长。

一、劳动任务

利用喷粉器械将粉状农药均匀地喷洒在作物叶片、茎秆及土壤表面，以达到防治病虫害的目的。在操作过程中，需确保农药的用量准确、喷洒均匀，并避免对环境和人体造成危害。

二、劳动工具及准备

（一）喷粉器

选择质量可靠、操作简便的喷粉器，确保喷雾效果好、射程远。

（二）粉状农药

根据作物病虫害的种类和发生情况，选择适宜的粉状农药，并仔细阅读农药使用说明书，了解农药的用量、使用方法及注意事项。

（三）防护用品

穿戴好口罩、手套、防护服等防护用品，避免农药对皮肤和呼吸道造成刺激和伤害。

（四）其他工具

如搅拌器、测量工具等，确保农药的充分混合和准确用量。

三、劳动步骤

（一）制订劳动计划

1. 明确防治对象

根据作物病虫害的种类和发生情况，确定防治对象和目标。

2. 确定喷药时间

选择天气晴朗、无风或微风的日子进行喷药，避免雨天或高温时段喷洒。

3. 规划喷药区域

根据作物种植情况和防治目标，合理规划喷药区域，确保喷洒全面、无遗漏。

（二）开展劳动实践

1. 农药混合

按照农药使用说明书中的比例，将粉状农药与适量的清水或载体混合均匀，避免结块和沉淀。

2. 喷药操作

将混合好的农药倒入喷粉器中，调整喷雾压力和射程，手持喷粉器均匀喷洒在作物叶片、茎秆及土壤表面。在喷洒过程中，需保持喷粉器与作物的距离适宜，避免过近或过远导致喷洒不均匀。

3. 注意事项

喷洒时需注意风向和风速，避免农药被风吹散造成环境污染和人体伤害。同时，需定期更换喷粉器的滤网和喷嘴，确保喷雾效果良好。

四、劳动注意事项

（1）安全操作：在操作前需仔细阅读农药使用说明书和喷粉器操作手册，了解安全操作规程和注意事项。在操作过程中需穿戴好防护用品，避免农药对皮肤和呼吸道造成刺激和伤害。

（2）环境保护：在喷洒农药时需注意环境保护，避免农药污染水源、土壤和空气。喷洒结束后需及时清洗喷粉器和相关工具，避免农药残留对环境造成危害。

（3）人体健康：在操作过程中需保持室内空气流通，避免农药对人体造成危害。喷洒结束后需及时更换衣物和清洗身体，避免农药残留对皮肤和呼吸道造成刺激和伤害。

（4）农药储存：将剩余的农药存放在阴凉、干燥、通风的地方，避免阳光直射和高温潮湿导致农药失效或变质。同时，需将农药与食品、饲料等物品分开存放，避免误食或误用。

技能 3　撒施法操作

农药撒施法操作是农业生产中一种重要的病虫害防治手段。通过均匀撒施农药颗粒或粉末，实现对作物病虫害的有效控制，保障农作物的产量和品质。

一、劳动任务

根据农田病虫害的发生情况和作物生长阶段，选择合适的农药品种和撒施方式，确保农药能够均匀覆盖在作物叶片、茎干或土壤表面，从而达到预期的防治效果。

二、劳动工具及天气条件

（一）农药选择

根据农田病虫害的种类和危害程度，选择具有针对性、高效、低毒的农药品种。同时，要确保农药在有效期内，质量合格。

（二）撒施工具

常用的撒施工具包括手动撒粉器、背负式喷粉机、电动或机动撒肥机等。根据农田规模和撒施需求选择合适的工具。

（三）个人防护装备

操作人员需穿戴防护服、口罩、手套等个人防护装备，防止农药对人体造成伤害。

（四）天气条件

撒施农药前，需关注天气预报，选择无风或微风天气进行作业，避免农药随风飘散造成环境污染和人体危害。

三、劳动步骤

（一）制订劳动计划

1. 明确撒施目标

根据农田病虫害的发生情况和作物生长阶段，明确撒施农药的目标区域和目标作物。

2. 确定撒施剂量

根据农药说明书和农田面积，计算所需撒施的农药剂量。

3. 安排撒施时间

根据天气条件和作物生长情况，合理安排撒施时间，确保农药能够充分发挥作用。

（二）开展劳动实践

1. 农药配制

按照说明书要求，将农药与适量的载体（如细沙、干土等）混合均匀，制成撒施用的混合物。

2. 撒施操作

使用选定的撒施工具，将农药混合物均匀撒施在目标区域。注意控制撒施速度和撒施量，确保农药能够均匀覆盖在作物或土壤表面。

3. 观察效果

撒施后，需定期检查作物生长情况和病虫害发生情况，评估农药撒施效果。如发现效果不佳，需及时调整撒施方案。

四、劳动注意事项

（1）安全操作：在操作过程中，要严格遵守农药使用安全规定，穿戴好个人防护装备，防止农药对人体造成伤害。

（2）环境保护：撒施农药时，要注意避免农药飘散到非目标区域，造成环境污染。同时，要妥善处理农药包装物和废弃物，防止对生态环境造成破坏。

（3）合理用药：要根据农田病虫害的实际情况和作物生长阶段，合理用药，避免过量使用或滥用农药。

（4）记录存档：撒施农药后，要做好相关记录，包括撒施时间、地点、剂量等信息，以备后续查阅和评估。

技能 4　拌种法操作

农药拌种法操作是农业种植中预防病虫害的一种有效措施。通过将农药与种子混合，使种子表面附着一定量的药剂，从而在种子发芽生长过程中，对病虫害进行预防和控制。该方法具有操作简便、防治效果好、成本较低等优点，是农业生产中不可或缺的一环。

一、劳动任务

将适量的农药均匀拌入种子中，确保每粒种子都能有效吸收药剂，从而达到预防病虫害的目的。在操作过程中，需严格按照农药使用说明和拌种技术要求进行，确保操作规范、安全有效。

二、劳动工具及准备

（一）工具

拌种机（或手动拌种器具）、量杯、秤、密封容器等。

（二）准备

选择适宜的拌种药剂，确保药剂在有效期内且质量合格；准备足够数量的种子，确保种子干燥、无杂质；检查拌种机（或手动拌种器具）是否完好，运转正常。

三、劳动步骤

（一）制订劳动计划

（1）确定拌种药剂的种类、用量和拌种方法。

（2）预估所需种子的数量和拌种所需时间。

（3）安排合适的拌种场地，确保场地干净、通风良好。

（二）开展劳动实践

1. 准确称量所需种子和药剂

按照农药使用说明和拌种技术要求，精确称量所需种子和药剂的数量，避免过量或不足。

2. 将药剂均匀拌入种子中

将称量好的药剂倒入拌种机（或手动拌种器具）中，再加入种子，启动机器进行搅拌。搅拌过程中，需定期检查药剂和种子的混合情况，确保药剂均匀附着在种子表面。

3. 晾干种子

拌种完成后，将种子倒入密封容器中，置于通风阴凉处晾干。晾干过程中，需定期翻动种子，确保种子均匀晾干，避免发生霉变。

4. 存储备用

晾干后的种子应存放在干燥、通风、避光的地方，避免受潮、受热和阳光直射。

四、劳动注意事项

（1）严格遵守农药使用规定，确保药剂使用安全有效。

（2）在拌种过程中，需佩戴防护口罩、手套等防护用品，避免药剂对人体造成伤害。

（3）拌种机（或手动拌种器具）应定期清洗和维护，确保设备干净、运转正常。

（4）拌种完成后，应及时清理现场，避免药剂残留对环境造成污染。

（5）存储种子时，需定期检查种子质量，确保种子在存储过程中不发生霉变、虫蛀等问题。

技能 5　熏蒸法操作

农药熏蒸法操作是农业病虫害防控中的一种重要手段。它利用熏蒸剂在密闭空间内释放出的有毒气体，对农作物或储存农产品中的病虫害进行杀灭或抑制。该方法具有操作简便、效果显著、适用范围广等特点。

一、劳动任务

利用农药熏蒸法对指定区域的农作物或储存农产品进行病虫害防控。通过合理操作，确保熏蒸效果达到预期，同时保障操作人员的安全。

二、劳动工具及准备

（一）熏蒸剂

根据病虫害种类和防治对象，选择合适的熏蒸剂。确保熏蒸剂质量可靠，有效期内使用。

（二）密闭设备

如熏蒸室、帐篷等。确保设备完好无损，能够密闭并承受熏蒸剂释放的压力。

（三）安全防护用品

包括防毒面具、手套、防护服等。确保操作人员在操作过程中不受熏蒸剂侵害。

（四）测量工具

如温度计、湿度计等，用于监测熏蒸环境的状态。

（五）准备

检查熏蒸剂和密闭设备是否符合要求；准备好安全防护用品和测量工具；将待熏蒸的农作物或储存农产品移入密闭设备内，并确保设备密闭良好。

三、劳动步骤

（一）制订劳动计划

1. 明确熏蒸目标

确定熏蒸区域、熏蒸时间和熏蒸剂用量。

2. 安排操作人员

根据工作量大小，合理安排操作人员数量，确保工作顺利进行。

3. 准备应急措施

制定应对突发情况的预案，如熏蒸剂泄漏、操作人员中毒等。

（二）开展劳动实践

1. 放置熏蒸剂

按照计划用量，将熏蒸剂均匀放置在密闭设备内。

2. 监测环境状态

使用测量工具，定期监测熏蒸设备内的温度和湿度，确保环境状态适宜。

3. 观察熏蒸效果

在熏蒸过程中，注意观察农作物或储存农产品的状态，确保熏蒸效果达到预期。

4. 结束熏蒸

当熏蒸时间达到预定值时，及时关闭熏蒸剂释放装置，打开密闭设备通风换气，确保操作人员安全。

四、劳动注意事项

（1）安全操作：在操作过程中，始终将安全放在首位。确保操作人员穿戴好安全防护用品，避免直接接触熏蒸剂。

（2）严格控制用量：按照计划用量使用熏蒸剂，避免过量使用导致环境污染和农作物受损。

（3）定期监测环境状态：在熏蒸过程中，定期监测环境状态，确保熏蒸效果的同时，防止对操作人员和农作物造成不良影响。

（4）及时处理异常情况：一旦发现异常情况，如熏蒸剂泄漏、操作人员中毒等，应立即停止操作，并采取相应的应急措施进行处理。

技能 6　背负式电动喷雾器的使用

在现代农业的广阔舞台上，背负式电动喷雾器以其高效、环保、便携的特点，成为农民朋友和园艺工作者不可或缺的好帮手。它不仅能够大幅提升病虫害防控的效率和精准度，还能有效减轻使用者的体力负担，让农业生产更加轻松高效。

一、劳动任务

掌握背负式电动喷雾器的使用方法，能够高效地进行大面积农药喷洒。

二、劳动工具及准备

背负式电动喷雾器、农药、电池、充电器、防护服、手套、口罩等。

三、劳动步骤

（一）制订劳动计划

（1）确定防治对象、面积和所需农药种类及用量。

（2）准备所需工具和防护用品，检查电动喷雾器是否充满电。

（二）开展劳动实践

（1）将农药按所需比例稀释后倒入喷雾器。

（2）穿戴好防护服、手套和口罩，背上电动喷雾器。

（3）打开电源开关，调节喷雾量大小。

（4）均匀喷洒在作物叶面上，注意避免漏喷和重喷。

（5）喷洒完毕后，关闭电源开关，卸下电池并充电。

（6）清洗喷雾器并妥善保管。

四、劳动注意事项

（1）操作前需仔细阅读农药说明书和电动喷雾器使用说明书。

（2）喷洒时需穿戴好防护用品，避免农药溅到皮肤或眼睛。

（3）喷洒时应在无风或微风天气进行，避免农药飘散造成环境污染。

（4）定期检查电动喷雾器的电池电量和喷雾效果，确保正常使用。

技能 7　植保无人机农药喷洒技术

植保无人机农药喷洒技术，通过集成先进的导航、遥感与喷洒系统，实现了对农田的高效、精准施药。相较于传统的人工或地面机械喷洒方式，无人机作业不仅显著提高了工作效率，减少了人力成本，更重要的是，它能够根据农田的具体地形、作物分布及病虫害情况，进行定制化、差异化的喷洒作业。

一、劳动任务

掌握植保无人机农药喷洒技术，能够高效、精准地进行大面积农田病虫害防治。

二、劳动工具及准备

植保无人机、农药、无人机遥控器、防护服、手套、口罩等。

三、劳动步骤

（一）制订劳动计划

（1）确定防治对象、面积和所需农药种类及用量。

（2）准备无人机、遥控器和防护用品，检查无人机电池电量和飞行状态。

（二）开展劳动实践

（1）将农药按所需比例稀释后装入无人机药箱。

（2）穿戴好防护服、手套和口罩，启动无人机并进行飞行前检查。

（3）设置飞行路线和喷洒参数，确保无人机能够按照预设路线均匀喷洒农药。

（4）操作遥控器，使无人机起飞并按照预设路线进行喷洒。

（5）喷洒完毕后，操作无人机返航并降落。

（6）清洗无人机药箱和喷洒部件，妥善保管无人机和遥控器。

四、劳动注意事项

（1）操作前需仔细阅读无人机使用说明书和农药说明书。

（2）喷洒时需穿戴好防护用品，避免农药溅到皮肤或眼睛。

（3）确保无人机飞行区域无障碍物和人员活动，避免发生安全事故。

（4）定期检查无人机电池电量、飞行状态和喷洒效果，确保正常使用。

技能 8　农药喷施效果评估与调整

一、劳动任务

掌握农药喷施效果评估方法，能够根据评估结果对喷施计划进行调整和优化。

二、劳动工具及准备

观察记录表、测量工具（如卷尺、量杯等）、相机等。

三、劳动步骤

（一）制订劳动计划

（1）确定评估指标和方法，如病虫害死亡率、作物生长状况等。

（2）准备所需工具和记录表，制定评估计划。

（二）开展劳动实践

（1）在喷施后的一定时间内对农田进行观察和记录，包括病虫害数量、作物生长状况等指标。

（2）使用测量工具对关键指标进行量化测量，如病虫害死亡率、作物株高、叶面积等。

（3）使用相机拍摄农田照片，记录喷施前后的变化。

（4）根据观察和测量结果对喷施效果进行评估，分析存在的问题和不足。

（5）根据评估结果对喷施计划进行调整和优化，如调整农药种类、用量或喷施时间等。

四、劳动注意事项

（1）评估时需客观公正，避免主观臆断。

（2）使用测量工具时需准确规范，确保测量结果准确可靠。

（3）对评估结果进行分析时需综合考虑多种因素，避免片面性。

（4）调整喷施计划时需结合实际情况和作物生长需求，确保调整方案合理可行。

任务三 农田杂草“围剿”战

科普知识

一、常见农田杂草的种类介绍

农田杂草的种类繁多，根据其生物学特性可以大致分为一年生杂草、二年生杂草和多年生杂草。一年生杂草如稗草，在水稻田中尤为常见，这种杂草生长迅速，从种子发芽到成熟只需几个月的时间，其繁殖能力极强，一株稗草在适宜条件下能产生数千粒种子。稗草与水稻争夺水分、养分和光照，严重影响水稻的产量。二年生杂草例如猪殃殃，这类杂草第一年仅生长营养器官，第二年才会开花结实。猪殃殃常常出现在小麦田中，它缠绕在麦苗上，阻碍麦苗的正常生长，降低小麦的品质和产量。多年生杂草如狗牙根，其地下根茎发达，生命力顽强，即使在恶劣的环境下也能生存。狗牙根广泛分布于果园、草地等处，一旦入侵农田，很难彻底清除，会持续与农作物竞争资源。

除了按照生长周期分类外，还可以根据杂草的形态特征进行划分。阔叶杂草是其中的一大类，像马齿苋，它的叶片肥厚且呈椭圆形，茎部肉质化，能够在干旱和贫瘠的土壤中生长。马齿苋不仅影响农作物的生长，还可能成为一些病虫害的中间寄主。禾本科杂草包括野燕麦等，它们具有明显的节间和狭长的叶片，与许多谷物作物同属禾本科，因此在形态和生理特性上有一定的相似性，这使得在除草过程中更难以区分和控制。莎草科杂草如香附子，其茎秆细长且呈三棱形，叶片线状，常生长在潮湿的环境中，对水稻、蔬菜等作物的危害较大。常见的杂草分类如表 1–1 所示。

表 1–1　常见的杂草分类

中文名	分类地位	生活史
反枝觅	苋科	一年生草本
葎草，别名拉拉秧	桑科	一年生草本
龙葵，别名野海椒、苦葵、黑星星、黑油油	茄科	一年生草本
反枝苋，别名野苋菜、西风谷、苋	英科	一年生草本
酸模叶蓼，别名大马蓼、旱苗蓼	蓼科	一年生草本
本氏蓼，别名柳叶刺蓼	蓼科	一年生草本
黎，别名灰菜	黎科	一年生草本
猪毛菜	黎科	一年生草本
苍耳，别名苍子	菊科	一年生草本
鳢肠，别名旱莲草、墨草	菊科	一年生草本
苣荬菜，别名曲荬菜、甜苣菜	菊科	多年生草本
刺儿菜，别名小蓟、刺菜	菊科	多年生草本
稗草，别名稗子	禾本科	一年生草本
狗尾草，别名绿狗尾草	禾本科	一年生草本
牛筋草，别名蟋蟀草	禾本科	一年生草本
马磨，别名抓地草、须草	禾本科	一年生草本
马唐	禾本科	一年生草本
野燕麦，别名燕麦草、乌麦	禾本科	一年生或越年生草本
芦苇，别名苇子、芦柴	禾本科	多年生杂草
田旋花，别名箭叶旋花、中国旋花	旋花科	多年生草本
异形莎草，别名球穗莎草、球花碱草	莎草科	一年生草本
扁秆藨草，别名海三棱、地梨子	莎草科	多年生杂草
泽泻，别名东方泽泻、水白菜	莎草科	多年生草本
问荆，别名笔头草、节骨草	木贼科	多年生草本
苘麻，别名青麻	锦葵科	一年生草本
铁觅菜，别名杠草、海蚌含珠	大戟科	一年生草本

续表

中文名	分类地位	生活史
水棘针，别名土荆芥、蓝萼草	唇形科	一年生草本
香薷，别名野苏子、臭荆芥	唇形科	一年生草本
鸭舌草，别名水锦葵	雨久花科	一年生草本
雨久花	雨久花科	一年生草本
眼子菜，别名水上漂、竹叶草	眼子菜科	多年生草本
马齿苋，别名马齿菜	马齿苋科	一年生草本

二、常见农田杂草的生长习性

杂草的生长习性复杂多样，首先体现在对环境的适应能力上。大部分杂草具有很强的抗逆性，无论是高温、低温、干旱还是水涝等不良环境条件，都能找到杂草种类。例如，牛筋草能在高温干旱的夏季快速生长，其根系发达，能够深入土壤深层吸收水分和养分，以维持自身的生命活动。在寒冷的冬季，小飞蓬能在冻土层边缘萌发，凭借其特殊的生理结构抵抗低温冻害。杂草对土壤的要求也不高，有的杂草如藜可以在贫瘠、盐碱化的土壤中扎根生长，通过自身的代谢调节来适应不良的土壤环境。

杂草的生长节奏也与农作物有着明显的差异。一年生杂草通常在春季气温回升后开始萌发，如马唐，在早春时节当温度达到 10℃ ~ 15℃时就开始出苗，此时正是许多农作物播种或刚刚出苗的时候，它们迅速抢占空间和资源，抑制农作物幼苗的生长。多年生杂草往往在秋冬季节储存能量，等到次年春天重新萌发新枝。例如，刺儿菜在秋季将营养物质转移到地下根茎中，冬季休眠，春季随着气温升高再次生长，它的生长速度相对较慢，但持续时间长，给农田管理带来长期的挑战。

杂草的传播方式也是其生长习性的重要组成部分。风力传播是一种常见的杂草扩散途径，像蒲公英，其果实带有白色绒毛，成熟的果实随风飘散，可在很远的地方落地生根。动物传播同样不容忽视，苍耳的果实表面有许多倒钩，容易黏附在动物的皮毛或人类的衣物上，从而被带到其他地方。还有一些杂草依靠水流传播，如浮萍，它们漂浮在水面上，顺着水流到达新的水域，如果流入农田灌溉渠道，就会在农田中大量繁殖，给农业生产带来严重危害。人为因素也会导致杂草的传播，例如在农事操作过程中，机械的携带、种子的混杂等都会使杂草种子扩散到新的区域。

三、常见农田杂草的调查方法

（一）种类调查法

采用目测和采样的方法采集田间各种杂草并进行分类鉴定。

（二）农田杂草发生量调查

通过取样调查，以确定田间杂草的发生量。调查时采用对角线 5 点取样法，样方面积为 0.25m^2（50cm×50cm）。取样时将方框内杂草种类、各种杂草的株数和平均高度详细记载，杂草的株数以杂草茎秆数表示，计算各种杂草的密度、多度和频度系数，确定杂草的发生量和优势杂草种群。

1. 杂草密度

指杂草发生量与一定土地面积的比率。

$$D（密度）=\frac{N（株数）}{S（单位土地面积）}$$

$$相对密度（\%）=\frac{一个种的面积}{所有种的总面积}\times 100$$

2. 多度

指某种杂草的个体数占样地中全部个体数的百分数。

$$某个种的多度（\%）=\frac{该种的个体数目}{样地中全部种的个体数}\times 100$$

3. 频度系数（相对频度）

指在某特定范围内各种杂草出现的百分数。

$$R（\%）=\frac{某地杂草出现次数}{小样地数}\times 100$$

四、常见农田杂草的防治途径

农田杂草的综合治理策略是以农业防治为基础，重点推行化学除草的综合防治措施。

（一）物理防治

人工除草适用于小面积农田或精细作物（如蔬菜），但费时费力。此外还可以使用机械除草，通过旋耕、耙地等方式在作物生长早期清除杂草。利用 AI 识别杂草并精准铲除，适合规模化农田。

（二）农业防治

1. 精选种子

农作物的种子中常混杂许多杂草种子，尤其是稗草种子，成为杂草的来源，因此在种植前认真清除杂草种子，可减轻杂草在秧苗田的危害。种植竞争力强的作物品种，或通过密植减少杂草生长空间。

2. 加强栽培管理，合理轮作

通过作物轮作改变田间生态环境，打破杂草生长周期（如水稻与旱作轮作可抑制水生杂草）。通过合理密植和肥水管理，促进农作物快速生长、分蘖，提早封行，提高农作物对杂草的竞争力，达到抑制杂草的目的。深翻土壤将杂草种子埋入深层，抑制其萌发；同时清除多年生杂草的地下根茎。

3. 覆盖抑草

利用黄豆粉敷盖、米敷盖、纸膜敷盖等物理方法，既可有效抑制杂草种群数量，也能增加土壤有机养分，提高农作物有效分蘖数。地膜覆盖，阻断杂草光合作用，抑制其萌发。利用作物残茬覆盖土壤，减少杂草出苗。

（三）化学防治

针对特定杂草，选择对作物相对安全的除草剂，比如玉米田用莠去津、水稻田用苄嘧磺隆等。对于非耕地或作物播种前可以使用灭生性除草剂，如草甘膦、草铵膦。在播种后、杂草出苗前，可以用土壤封闭处理的方式喷洒药剂（如乙草胺）形成药膜，抑制杂草萌发。此外还可以使用无人机或者传感器 AI 识别的方式精准喷药施药，区分作物与杂草，定向喷洒，减少药剂浪费，提高效率。

（四）生物防治

首先可以引入竞争性植物（如三叶草）抑制恶性杂草。其次可以用动物控草的方式，比如在稻田中养草鱼或鸭子等抑制杂草。水田中饲养鸭子不仅能防除杂草，也会捕食昆虫及福寿螺，降低虫害、福寿螺危害及防治成本。鸭子的排泄物含有高量氮素，除可抑制杂草外，也增加额外氮素供应，有助于水稻的生长。还可以利用牛羊等牲畜啃食田间杂草，利用真菌、细菌等病原微生物抑制杂草，比如防治菟丝子的“鲁保一号”菌剂。最后利用作物或植物释放的化学物质抑制杂草，比如小麦秸秆分解产生的化学物质。

（五）综合防治（IPM）

结合以上四种方法制定长期管理策略，以“预防为主，防治结合”为主要目标。严格筛选种子，防止杂草种子传入田间。进行阈值管理，根据杂草密度决定是否采取化学防治，避免盲目用药。同时结合物联网、大数据监测杂草发生规律，对除草剂实施精确定时、定位、定量控制，最大限度地提高农业生产力，优化防治方案。

劳动技能

技能 1　物理防治

一、劳动任务

物理防治农田杂草是通过非化学手段来控制和减少杂草对农作物生长的影响，其主要任务在于采用各种机械、物理方法，在不使用化学农药的前提下，有效地抑制杂草的生长与蔓延，从而保护农作物的健康生长环境。具体来说，包括但不限于利用人工拔除、覆盖防草布等措施来清除或抑制杂草的生长。例如，在早春时节，当杂草刚刚开始萌发时，及时进行人工拔除可以有效防止其进一步扩散。

二、劳动工具及准备

（一）锄头

适用于小面积田地的手工除草工作，能够精准地针对单株杂草进行挖掘和去除。

（二）防草布

一种专门用于覆盖地面以阻止杂草生长的材料，通常由耐用的塑料或织物制成，可根据需要选择不同规格的产品。

（三）手铲

小巧灵活，方便在一些狭窄的空间或者靠近植物根部的地方使用。

（四）修枝剪

藤蔓类杂草会缠绕在周围的植物上争夺阳光和空间，使用修枝剪可以将其藤蔓剪断，阻止其继续生长蔓延。

（五）镰刀

适合对付那些茎干较粗、生长较高的杂草。比如在麦田周边经常会生长一些稗草之类的较高大杂草，镰刀可以迅速将其割断。

（六）耙子

用来收集已经被铲除或者拔除的杂草，将杂草聚拢在一起以便后续处理。在较大面积的农田或者草坪除草工作完成后，耙子能够快速地清理现场，提高劳动效率。

（七）个人防护装备

穿戴防护服、口罩、护目镜、手套等，以防意外伤害发生。

（八）准备阶段

需对锄头、手铲、修枝剪等进行详细检查，确保其处于良好工作状态，特别是对于带有刀片或其他锋利部件的设备，更要仔细查看是否存在损坏情况。如果是采用覆盖防草布的方法，则需提前准备好足够数量且符合要求的防草布，并根据实际需要裁剪成适当大小以便于铺设。

三、劳动步骤

（一）制订劳动计划

1. 确定目标区域

首先明确需要进行物理防治的具体田块范围及其内部不同类型作物分布情况，这有助于合理安排后续操作流程。

2. 分析杂草种类

通过对选定区域内常见杂草类型及其生长习性的研究分析，确定最适合采取哪种物理防治手段来进行针对性处理。

3. 规划实施时间

考虑到季节变化对杂草生长速度以及作物需求的不同影响，选择最为适宜的时间节点开展相应活动显得尤为重要。例如，在春季杂草萌发初期即着手干预往往能取得更好效果。

4. 准备劳动工具

根据物理防治杂草的计划，准备所需的锄头、手铲、修枝剪、个人防护装备等工具。

（二）开展劳动实践

1. 穿戴个人防护装备

在除草前，务必穿戴好防护服、口罩、护目镜、手套等个人防护装备，以防意外伤害发生。

2. 手工除草

针对零星分散或者难以用机械触及之处存在的少量杂草个体，可直接用手持式锄头逐一挖出并清理干净。操作过程中要注意保持动作轻柔以免伤及周围作物根系。

3. 铺设防草布

如果计划运用覆盖法来预防未来可能出现的新一轮杂草入侵问题，可精心挑选合适材质规格后将其平铺于待保护地表之上。铺设时尽量做到紧密贴合不留空隙，同时还要预留适当通风透气孔道，保证地下微生物正常呼吸活动不受干扰。

四、劳动注意事项

（一）安全操作

在杂草防治的劳动课过程中，安全防护是至关重要的一个方面。劳动工具的正确使用是安全防护的关键。例如，使用除草镰刀时，其刀刃非常锋利，如果操作不当很容易造成割伤。相关数据显示，在一些农业劳作场景中，由于工具使用不当导致的轻微割伤事故发生率约为5%。所以在使用前，必须对工具进行检查，确保刀刃无缺口、把手牢固等。强风降雨天气不适合进行除草作业。

（二）环境保护意识

在进行物理防治除草时，如将杂草连根拔起后，不能随意丢弃。如果将杂草堆积在田间地头任其腐烂，可能会滋生害虫和病菌。应将杂草统一收集，进行堆肥处理或者运送到指定地点进行处理，这样既可以减少病虫害的传播，又能实现资源的合理利用。

（三）定期检查和维护劳动工具

定期对劳动工具进行检查和维护，确保其处于良好工作状态。例如锄头，在每次使用后都应立即进行清理。如果土壤中含有较多的黏性物质，那么在使用完毕后可以先将锄头插入水桶中浸泡一段时间，以便于泥土的软化和去除，之后再用硬毛刷仔细刷洗锄头表面及刃部，避免残留的泥土干燥后变得坚硬难除，从而影响下次使用的效率。

技能 2　化学防治

一、劳动任务

化学防治是通过使用农药来控制和减少农田杂草对农作物生长的影响，其主要任务在于采用适当的化学药剂，在遵循科学指导的前提下，有效地抑制杂草的生长与蔓延，从而保护农作物的健康生长环境。具体来说，包括但不限于选择合适的除草剂品种、确定最佳施药时间和方法等措施来达到预期效果。

在实施化学防治之前，必须明确目标区域内的杂草种类及其生长习性，这有助于选择最适合的农药品种及制定针对性的防治方案。例如，在水稻田中常见的稗草，因其快速生长能力和强大的繁殖力而成为重点防治对象；在小麦田里，需特别关注猪殃殃这类缠绕型杂草。还需考虑作物生长阶段以及季节变化对杂草生长速度的影响，以便选择最为适宜的时间节点开展相应活动。通常情况下，在春季杂草萌发初期即着手干预往往能取得更好效果。接下来，以玉米田杂草的识别与防除为例加以阐释。

二、劳动工具及准备

（一）喷雾器

这是实施化学防治不可或缺的关键工具之一。应选用质量可靠、操作简便且具有良好雾化性能的喷雾器，以保证农药能够均匀地覆盖到每一片叶子上。

（二）粉状或液状除草剂

根据作物类型及当地常见杂草情况挑选适合的高效低毒产品，并仔细阅读产品说明书了解其使用方法及相关注意事项。

（三）防护用品

穿戴好口罩、手套、防护服等防护用品，避免除草剂对皮肤和呼吸道造成刺激和伤害。

（四）其他工具

如搅拌器、测量工具等，确保除草剂的充分混合和准确用量。

三、劳动步骤

（一）制订劳动计划

1. 明确防治对象

根据农田杂草的种类和发生情况，对玉米田杂草进行种类调查，发生量调查。通过取样调查，以确定田间杂草的发生量。调查时采用对角线5点取样法，样方面积为$0.25m^2$（50cm × 50cm）。取样时将方框内杂草种类、各种杂草的株数和平均高度详细记载，杂草的株数以杂草茎秆数表示，计算各种杂草的密度、多度和频度系数，确定杂草的发生量和优势杂草种群。综合考虑整体生态系统平衡问题，确定防治对象和目标。

2. 确定喷药时间

根据播期分为春玉米和夏玉米，其杂草发生特点有明显差异。春玉米播种时气温较低，前期玉米生长缓慢，田间空隙大，有利于杂草的发生，杂草发生期长，和玉米几乎同步生长，随着气温的升高，杂草进入高峰期。夏玉米播期一般在6月上中旬，温度较高，玉米与杂草生长较快，在墒情较好时杂草发生集中。不同栽培管理条件下，玉米田的杂草发生种类和数量有所不同；不同耕作条件下，单子叶杂草、双子叶杂草及总杂草发生的消长趋势基本一致，杂草群落均以单子叶杂草为主，但是少耕条件杂草发生数量高于免耕和常规耕作。玉米苗期受杂草的危害最重，中后期的玉米形成高大密闭的群体，杂草的发生与生长受到抑制，对产量的影响不大；所以玉米田杂草的化学防治应抓好播后苗前和苗后早期两个关键时期，及时进行化学防除。同时应选择天气晴朗、无风或微风的日子进行喷药，避免雨天或高温时段喷洒。玉米田化学除草方法见表 1–2。

表 1–2　玉米田化学除草方法

田块种类	防除时期	药剂种类	用法与用量（$667m^2$）	注意事项
春玉米田	播种后苗前	40% 莠去津胶悬剂、50% 西玛津可湿性粉剂、48% 拉索乳油，50% 乙草胺乳油、72% 都尔乳油、33% 除草通乳油、50% 草净津悬浮剂、40% 莠去津胶悬剂加 33% 除草通乳油、40% 莠去津胶悬剂加 50% 乙草胺乳油等	莠去津 200 ~ 300mL，西玛津 200 ~ 300g，拉索乳油 200 ~ 300mL，乙草胺乳油 100 ~ 200 mL，都尔乳油 150 ~ 200mL，除草通乳油 200 ~ 300mL，草净津悬浮剂 200 ~ 300 mL，40% 莠去津胶悬剂 150 ~ 200mL 加 33% 除草通乳油 150mL，40% 莠去津胶悬剂 150 ~ 200mL 加 50% 乙草胺乳油 100mL 等进行土壤处理	使用都尔乳油和 48% 拉索乳油施药后，如果天气干燥，可将药剂混入 2 ~ 3cm 土层中，有条件的地方可以进行灌溉。莠去津高剂量单用，施药后 2 年内只能种玉米、高粱、糜子，不能种其他作物。莠去津与乙草胺混用，有少量残留，第二年还可以种大豆、小麦、谷子、水稻等作物。未经试验不能种瓜类、蔬菜、烟草等敏感的经济作物
	玉米 3 ~ 5 叶期，单子叶杂草 1.5 ~ 2.5 叶期，双子叶杂草 2 ~ 4 叶期	40% 莠去津胶悬剂、4%SL–950 悬浮剂、40% 莠去津胶悬剂加 33% 除草通乳油等	莠去津 150 ~ 250mL，SL–950 悬浮剂 100 ~ 133 mL，40% 莠去津胶悬剂 150 ~ 200mL 加 33% 除草通乳油 100 ~ 150 mL 进行茎叶处理	
夏玉米田	播种后苗前	50% 西玛津可湿性粉剂、40% 莠去津胶悬剂、50% 乙草胺乳油、25% 敌草隆可湿性粉剂、25.3% 果尔乳油等	西玛津可湿性粉剂 150 ~ 200mg，莠去津胶悬剂 150 ~ 250mL，乙草胺乳油 100mL，敌草隆可湿性粉剂 200 ~ 250g，果尔乳油 30mL	北方地区使用莠去津胶悬剂时，必须严格控制单位用药量。土壤有机质含量较高的地区，最好选择苗后茎叶处理以降低用药量，从而减轻对后茬作物的药害。在北方冷凉地区，当用量超过有效成分 $133g/667m^2$，下茬不能种小麦、大豆、谷物等敏感作物
	玉米 3 ~ 5 叶期，禾本科杂草 1.5 ~ 2.5 叶期，双子叶杂草 2 ~ 4 叶期	40% 莠去津胶悬剂、33% 除草通乳油等	莠去津胶悬剂 150 ~ 200mL，除草通乳油 150 ~ 200mL	

3. 规划喷药区域

根据作物种植情况和防治目标，合理规划喷药区域，确保喷洒全面、无遗漏。

（二）开展劳动实践

1. 配制除草剂溶液

按照说明书指示，准确称取适量原药加入清水之中，并用搅拌棒充分搅匀直至完全溶解为止。注意在此过程中要严格按照比例配比，否则可能导致浓度不够达不到预期效果甚至引发副作用。

2. 调试喷雾器

将调配好的药液倒入容器内，然后开启电源开关调节至适当压力值，让其产生细腻均匀的雾滴形态。同时，还要定期检验各个部位连接处密封性，防止出现泄漏状况。

3. 实施喷洒作业

手持喷枪沿着预定轨迹缓慢推进，保持稳定速度，使得每一寸土地都能接受到相同剂量的药物滋润。其间应注意观察周围环境变化，及时调整角度、距离，避免误伤非目标物体，比如家禽牲畜或者是珍贵花卉树木之类的。

四、劳动注意事项

（一）安全操作

在操作前需仔细阅读除草剂使用说明书和喷粉器操作手册，了解安全操作规程和注意事项。在操作过程中需穿戴好防护用品，避免除草剂对皮肤和呼吸道造成刺激和伤害。

（二）环境保护

在喷洒除草剂时需注意环境保护，避免除草剂污染水源、土壤和空气。喷洒结束后需及时清洗喷粉器和相关工具，避免农药残留对环境造成危害。

（三）人体健康

在操作过程中需保持室内空气流通，避免农药对人体造成危害。喷洒结束后需及时更换衣物和清洗身体，避免农药残留对皮肤和呼吸道造成刺激和伤害。

（四）除草剂储存

将剩余的除草剂存放在阴凉、干燥、通风的地方，避免阳光直射和高温潮湿导致农药失效或变质。同时，需将除草剂与食品、饲料等物品分开存放，避免误食或误用。

（五）记录存档

化学除草后，要做好相关记录，包括除草时间、地点、除草剂剂量等信息，以备后续查阅和评估。

技能 3　机械除草

一、劳动任务

机械除草作为现代农业中一种重要的杂草防治手段，其主要任务在于通过机械设备的操作来有效控制和减少农田杂草对农作物生长的影响。明确需要进行机械除草的具体田块范围及其内部不同类型作物分布情况至关重要，这有助于合理安排后续操作流程。

二、劳动工具及准备

（一）旋耕机

这是一种广泛应用于农田翻耕作业中的机械设备，不仅能够破碎土壤表层结构，还能将杂草连根拔起并混入土壤中加速其腐烂分解过程。在使用前应仔细检查旋耕刀片是否锋利、连接部位是否牢固可靠，并按照说明书要求添加适量润滑油以保证正常运转。

（二）割草机

适用于大面积草坪或者草地上的杂草修剪工作。根据动力来源可分为手动式、汽油驱动式和电动驱动式三种类型。无论哪种形式都需要注意保持刀盘清洁，无杂物堵塞现象，并且定期更换磨损严重的刀片组件。

（三）个人防护装备

操作人员需穿戴防护服、护目镜、口罩、手套等个人防护装备，防止意外伤害发生。

（四）天气条件

机械除草需关注天气预报，选择无风或微风天气进行作业。

三、劳动步骤

（一）制订劳动计划

1. 确定目标区域

首先明确需要进行机械除草的具体田块范围及其内部不同类型作物分布情况，这有助于合理安排后续操作流程。例如在水稻田、小麦田或果园等不同类型的农田中，由于种植作物的差异所采用的机械除草方式也会有所不同。

2. 分析杂草种类

通过对选定区域内常见杂草类型及其生长习性的研究，分析确定最适合采取哪种机械除草手段来进行针对性处理。

3. 规划实施时间

考虑到季节变化对杂草生长速度以及作物需求的不同影响，选择最为适宜的时间节点开展相应活动显得尤为重要。

4. 准备劳动工具

根据机械除草的计划准备所需的旋耕机、割草机、个人防护装备等工具。

（二）开展劳动实践

1. 穿戴个人防护装备

在除草前务必穿戴好防护服、口罩、护目镜、手套等个人防护装备以防意外伤害发生。

2. 启动机械设备

按照各设备说明书指示正确启动旋耕机、割草机等机械装置，注意观察运行状态是否存在异常声响或振动现象，如有发现立即停机检查，排除故障后再继续作业。

3. 执行机械除草操作

根据不同地形条件选择合适的行走路线，保持匀速前进速度，使得每一寸土地都能接受到均匀有效的除草处理，特别是在遇到较大体积或者密集分布的杂草群落时，可以适当降低行进速度，增加切割次数，确保彻底清除干净，不留死角。

四、劳动注意事项

（一）安全操作

在机械除草过程中，始终将安全放在首位。所有参与人员均需经过专业培训，熟练掌握各种机械设备的操作规程，严禁未经许可擅自使用他人岗位上的仪器仪表，否则一旦发生事故，后果不堪设想。此外，还应对现场环境进行全面评估，识别潜在危险源，如电线、电缆、沟渠、坑洼地带等，并采取相应措施加以防范，杜绝一切可能导致人身伤亡事件发生的隐患。

（二）环境保护

尽管机械除草相较于化学方法来说，对环境污染相对较小，但仍需时刻保持警惕，不得随意丢弃废弃物，尤其是含有重金属成分较高的零部件，应在指定地点集中存放，等待统一回收处置，避免造成二次污染。另外，对于已经拔除出来的杂草，也不可随便堆放，应该尽快运离现场，送至堆肥场进行资源化利用，减少病虫害传播风险，实现循环经济理念下的可持续发展目标。

（三）定期检查和维护劳动工具

为确保每次作业都能够顺利完成，达到预期效果，必须建立完善周密的保养制度，定期对所有投入使用的机械器具进行全面细致的检修测试，发现问题及时解决。特别是对于那些关键部位如发动机、变速箱、液压系统等，更要给予高度重视，严格按照制造商推荐周期实施预防性维护，延长使用寿命，提高工作效率，降低成本开支。

（四）记录存档

机械除草后，要做好相关记录，包括除草时间、地点等信息，以备后续查阅和评估。

专题二　水产养殖劳动生产

专题导语

水产养殖是人类利用可供养殖（包括种植）的水域，按照养殖对象的生态习性和对水域环境条件的要求，运用水产养殖技术和设施，从事水生经济动、植物养殖。本专题系统介绍与水产养殖密切相关的劳动生产内容，旨在通过实际案例和实验教学来引导学生深入学习和掌握水产养殖生产劳动技能，培养工匠精神，推动水产行业的可持续发展、赋能乡村振兴。

项目一

水族景观的规划与设计

项目目标

1. 通过学习，掌握常见水族生物繁殖与育种、养殖与鉴赏、水族景观规划、设计与创意等基本能力。

2. 通过水族景观造景实践，提升欣赏自然之美的能力，将自然的一角搬到水族缸内，为观赏动物营造一个舒适的环境，让人与自然和谐共处。

3. 通过劳动实践，增强勇于探索的创新精神和善于解决问题的实践能力，培养观察入微、欣赏美、创造美的能力，培养工匠精神。

项目导语

水族景观造景的规划与设计是以水族箱造景为劳动实践对象，通过合理搭配各种水生生物实现生态平衡，成为一个完整的生态链。在本项目中，将通过同学们的智慧和劳动，运用理论知识，利用水草、观赏鱼等其他辅助材料，创造出一个赏心悦目的水族景观。

任务一 器材的选择

科普知识

水族景观的规划与设计的基础——器材

“工欲善其事，必先利其器”。随着科技的进步和观赏鱼养殖业的不断发展，人们养殖观赏鱼的容器和设备也在发生着巨大的变化。总的来说，观赏鱼的饲养容器必须满足鱼类对生活环境的要求，同时要兼顾美观、方便和实用，其中要利于观察和欣赏。从观赏鱼产生开始，人们就开始尝试使用各种容器进行养殖活动。

观赏鱼的饲养容器常见以下几种。

（1）木盆、陶缸和瓦盆。这些是出现较早的饲养容器，在观赏鱼饲养中使用的历史比较悠久。此类容器特点透气性能好，移动方便，但受材质的影响采光性能差，无法侧面观赏。

（2）小型水池。此类容量大，适合养殖不易患病、容易饲养的鱼类，一般在公园、小区等展示观赏，这种水池往往是园林景观中的点睛之笔，水泥池的大小和形状要按照实际需要和条件而定，不同品种和特性的鱼有一定差异。

（3）小型玻璃缸。总体特点造型别致，小巧可爱，易换水，移动方便，不妨碍视线，但体积小，深度浅，氧不足。这类容器形状多样，有圆形、扁圆形、椭圆形以及矩形等，一般体积较小，适合饲养活动范围小、体型较小的鱼类。

（4）水族箱。因制造材料不同，可分为塑料、普通玻璃、钢化玻璃、有机玻璃等，各材质的水族箱有各自的优缺点，可根据需求选择水族箱。其中，塑料材质的水族箱若长期浸泡于水中，易出现有害物质，对观赏鱼有不利影响；普通玻璃材质的水族箱质地坚硬、表面光滑、透光性和透视性强。

劳动技能

技能 1 水族箱的制作

日常生活中常见的水族箱尺寸长度为 45cm、60cm、90cm 和 120cm 等，可以满足大部分人的需求，若想制作一个属于自己独特的水族箱，就要亲自动手进行创作。

一、劳动任务

制作水族箱。

二、劳动工具及准备

玻璃刀、T 形尺、开边器、固定夹、角磨机、打孔器、电钻、玻璃胶枪、普通玻璃（厚度 5 mm以上）美纹纸或胶带。

三、劳动步骤

（一）制订劳动计划

根据劳动任务进行分组，各小组成员设计水族箱的形状和大小，并协商分工。

（二）开展劳动实践

1. 形状设计

首先需要设计好水族箱的形状和大小，确定黏合方法，在充分考虑玻璃厚度和压边的同时，计算好每块玻璃的尺寸，确保每块玻璃能紧密贴合，同时保障玻璃外形美观。

2. 尺寸确定

根据设计好的形状和大小确定玻璃的尺寸，厚度根据水族箱的大小确定，通常选择厚度在 5 毫米以上的玻璃。

3. 玻璃选择

一般选择普通玻璃。

4. 玻璃切割

用 T 形尺准确量好玻璃的尺寸并做好标记，使用玻璃刀切割时用力均匀，尽量一气呵成。

5. 边缘打磨

切割后的玻璃断面不平整，难黏合，使用电动角磨机配合金刚砂膜片进行打磨。

6. 黏合

打磨后观察断面是否能紧密贴合，防止贴合度不好导致水族箱漏水。为避免玻璃胶涂到黏合点以外的缸壁上，预先在玻璃的内外面上贴上美纹纸或胶带。出胶口切成斜面，打胶均匀平直，打完胶后将玻璃逐一拼接，轻轻按压，让玻璃紧密贴合。小型水族箱黏合后在相邻玻璃间用宽胶带固定即可，大型水族箱需使用直角固定夹固定。

四、劳动注意事项

（1）若需要在玻璃上预留进水口或出水口，则需要在黏合前完成，可配合打孔器、电钻进行使用。

（2）黏合所有玻璃后，需等待 24 小时玻璃胶彻底凝固后，向水族箱注水检查密封性，如有漏水点，需进行二次补胶。

技能 2　准备造景材料

水族箱造景材料常以沉木、石材、底床等部分组成，景观和谐与否取决于置景材料和水体环境的合理布局，根据水族箱的大小和观赏鱼的体态、色泽、装饰材料、用具大小和材料的不同，可布置成千姿百态的景观。

一、劳动任务

根据水族箱的设计准备造景材料。

二、劳动工具及准备

沉木、石材、底床等。

三、劳动步骤

（一）制订劳动计划

各小组成员根据水族箱的设计和材料的特性分析，分工准备并处理造景材料。

（二）开展劳动实践

1. 沉木

刷洗：用刷子刷干净沉木的犄角旮旯，确保沉木表面没有污垢和细菌。

水煮：将刷洗干净的沉木放入锅中，加入适量的水，煮两小时。

消毒：高锰酸钾溶液浸泡 20 ~ 30 分钟，进行消毒杀菌。

浸泡：每天更换一次水，直到沉木不再吐色。

晾晒：放在通风良好的地方晾晒，也可以用毛巾擦干。

造型：根据自己的需要，对沉木进行造型，可以用锯子、钳子等工具进行修剪和弯曲。

由于沉木炭化程度不完整，木质素尚未完全分解掉，富含色素，导致水质整体颜色发黄。

2. 石材

刷洗：根据水族箱大小及景观的布局选用大小、数量合适的石材，放入水族箱前应刷洗干净。

摆放：石材一般在底砂铺设完后放置，注意轻拿轻放，确保重心平稳，并用砂、石加固，防止倾倒而碰破缸体。

造型：主景石一般为造型好、个体大的石材，摆放在突出位置，辅景石一般个体较小，摆在次要位置。

3. 底床

选择：合理选择底床，不宜用建筑砂石。根据水族箱的大小决定用量。

清洗：在使用前用清水清洗三遍左右，过滤掉尘土。

四、劳动注意事项

操作前进行安全教育，注意安全，避免劳动过程中出现安全隐患。

任务二 观赏鱼的养殖

科普知识

水族景观的规划与设计的要点——观赏鱼

多姿多彩的观赏鱼以其美丽的体色、独特的体态和多样的习性赢得人们的喜爱。公元前 460 年左右，范蠡的《养鱼经》是世界上第一部养鱼的专著，引起广泛的关注。中国有 250 多种观赏鱼，其中金鱼被誉为“国鱼”，是最受欢迎的观赏鱼之一。淡水观赏鱼有以下种类。

一、龙鱼

龙鱼，又名亚洲龙鱼或龙鲤，是一种非常受欢迎的观赏鱼，原产于东南亚的河流和水体中。它们最显著的特点是拥有闪亮的鳞片，通常呈银色或金色，有的品种还带有红色或黑色的斑纹。龙鱼体型较大，成年个体可长达 60 ~ 90 cm，寿命可达 10 年以上。此外，龙鱼具有较强的领地意识，需要较大的生活空间，水质要求较高，适合有一定养鱼经验的人士饲养。

二、金鱼

金鱼是世界观赏鱼中最早的品种，是鲤形目鲤科鲫属的硬骨鱼类，身体颜色有红、橙、紫、蓝、银白、五花、黑等。由野生鲫鱼经历长期自然突变与人工选择、杂交等演化而来。金鱼起源于中国，在晋朝时代已有红色金鱼的记录，世界各国的金鱼都是直接或间接由中国引种的。

三、锦鲤

锦鲤起源于中国，其祖先是原产中国的红鲤鱼，是鲤科鲤属鱼类鲤经过人工改良后的一类观赏鱼品种的总称，鳞片颜色和类型多样，包括全鳞、少鳞和无鳞等。锦鲤的体色受色素细胞影响，可呈现丰富的色彩变化。因此有“观赏鱼之王”的美称，也被人们称为“活的宝石”“会游泳的艺术品”。

四、七彩神仙鱼

七彩神仙鱼是非常有名的观赏鱼品种，由于七彩神仙鱼的特殊体型，以及丰富变幻的色彩和花纹，深受渔友们的欢迎，因此也有“热带观赏鱼之帝”的美名。

五、罗汉鱼

罗汉鱼是现在非常热门并且普及率也非常高的观赏鱼，由于罗汉鱼的头部微微隆起，外形非常特别，所以也非常受人们的欢迎。罗汉鱼是通过杂交培育出来的品种，罗汉鱼一问世，瞬间让整个亚太地区的渔友们着迷，出现抢购风潮。

六、斗鱼

色彩斑斓的热带鱼，个性凶猛好斗。斗鱼有着丝带一般的鱼鳍，颜色分红、白、绿、蓝、青多种，游态优雅。

劳动技能

技能 1　淡水观赏鱼——七彩神仙鱼

七彩神仙鱼的体色有红、绿、蓝绿、蓝之分；在花纹上有差别，全身纵条纹占75% 以上者归入松石类。在体型上，宽鳍的型体仍为圆盘形，还有高身型和高身宽鳍型两种。七彩神仙鱼的名称也因地区习惯等有不同叫法，如红松石、蓝松石钴蓝、松石、一片蓝、发光大饼及大饼子等。

一、劳动任务

七彩神仙鱼的养殖。

二、劳动工具及准备

鱼缸、饲料（血虫）高锰酸钾、潮湿毛巾、保鲜盒。

三、劳动步骤

（一）制订劳动计划

分小组养殖七彩神仙鱼。

（二）开展劳动实践

1. 定时

早晨喂，喂一次比喂多次好。

2. 定量

初次定量的办法是，先少喂一点，鱼很快吃完了，再少给一点，直到有的鱼出现吞吞吐吐的现象。

3. 定质

饲喂的血虫买回后要消毒，即先用水冲净后泡 10 ~ 15 分钟，然后放一点高锰酸钾（水呈淡紫色），泡 10 ~ 15 分钟后再冲净，沥干水用潮湿毛巾裹住，放在保鲜盒内，放到冰箱保鲜层，一般保鲜 7 ~ 10 天。用时取够鱼吃的量，用水冲净后再喂。冲洗时，发现水里还有活的血虫在游动，证明保鲜成功。一旦发现血虫粘手，放在水里都变白了或变黑了就不要用。

4. 定位

每天同一时间在缸的同一位置喂鱼。

四、劳动注意事项

鱼缸要大，鱼数量要适中。

技能 2　淡水观赏鱼——锦鲤

锦鲤寓意吉祥，相传能为主人带来好运，是备受青睐的风水鱼和观赏宠物。在中国传统吉祥图案中，常将红鲤与莲花一起构图，寓意连年有余。

一、劳动任务

锦鲤的养殖。

二、劳动工具及准备

鱼缸、饲料、高锰酸钾、氧气泵。

三、劳动步骤

（一）制订劳动计划

分小组养殖锦鲤。

（二）开展劳动实践

1. 水池

锦鲤可以分池养、塘养及水族箱饲养。锦鲤体型大，一般适宜大池饲养，如室外喷水池、荷花池等，管理较为粗放。水族箱饲养时，因锦鲤体型大，对水中溶氧量要求相对较高，必须使用充氧器或过滤装置，保证水的清新。

2. 日常管理

早、中、晚检查，观察锦鲤摄食、活动、病害发生等情况，注意观察和检测水质变化，防止缺氧浮头。在高温季节，应搭建遮阳网。养殖池水面上有时会浮现一层油膜或者泡沫，对锦鲤的生长不利，通常采用市售的油膜去除剂或全部换水、刷洗清除。发现死鱼、病鱼及时捞出掩埋。

3. 饲喂

控制投放饵料的数量，是养好鱼的重要环节。超量投饵会使鱼吃不完，不仅会造成浪费，还会造成残留剩饵的腐烂，败坏水质。锦鲤的食欲是否旺盛，取决于水体环境是否舒适。春秋季节水温适宜，可充足投喂；夏冬季节当水温高于 30℃或低于 7℃时，投饵量要酌情减少，一般所投量应在半小时内让鱼吃完为度。饵料的种类有鱼虫、小蚯蚓等。

四、劳动注意事项

（1）根据鱼体长适当调整鱼苗的饲喂量。

（2）活饵料要新鲜、无污染。

（3）成鱼的饲料以配合饲料为主。

（4）具体投喂量应根据季节、天气、水质和鱼的摄食情况进行调整。

任务三 鱼类景观造景

科普知识

水族景观的规划与设计的重点——造景

人们对鱼的喜爱超过了很多其他动物。先人们在研究鱼的食用、药用等价值的时候，就发现了鱼类的观赏价值，而各个品种、各种颜色、各种游姿的鱼类，所呈现出的状态，就是一幅幅令人陶醉的画卷。

造景的种类

（一）鱼类景观

这种以鱼为景的水族箱景观，常被人称为“吉祥型造景”或“裸缸造景”，是因为这种水族箱内，往往养殖的是大型观赏鱼，因此没有过多的石、木、草等装饰，而且养殖的鱼类常有吉祥的寓意。

（二）水陆景观

水陆景观的造景立意来源于自然景观，所有水上景观、水中景观的建造，规划要合理，并具有可操作性；陆地生物同水中水草造景要成为有机的整体，而不是互不相干；选用器材的品种及功率要大小合适；选择陆生植物、水草和放养生物要适应缸内环境；造景材料的类型、大小应与景观相协调。

劳动技能

技能 1　造景准备

当今水族造景的风格丰富多彩，师法自然，追求自然和谐的意境，表现形式丰富多样，借助石头、木头等非水生生物素材，融入东方美学观的诗意来表现自然效果。

一、劳动任务

造景准备。

二、劳动工具及准备

水族箱、控温设备、照明设备、过滤设备、充气设备、抄网、温度计、磁力刷、手吸管等。

三、劳动步骤

（一）制订劳动计划

分小组准备造景材料。

（二）开展劳动实践

1. 水族箱

根据饲养观赏鱼的品种、数量和规格进行选择。多采用大型水族箱，一般长度会大于 120 厘米，样式可根据摆放的位置，选择直面弧角、前圆弧、圆柱形等。

2. 控温设备

根据饲养鱼类的习性进行选择，如果养殖的是热带或亚热带鱼类，应该配备加热器。配备加热设备的总功率需根据水族箱容积进行计算，建议多预留一些加热棒，以备不时之需。

3. 照明设备

为了便于观赏和管理，同时，也为了使观赏鱼展现出更好的体色，建议配备照明设备，由于不用考虑水草等其他生物的光照需求，裸缸的灯具相对比较简单，通常使用荧光灯或 LED 灯即可。水族箱的顶盖往往具备照明功能。

4. 过滤设备

以鱼为景的水族箱，对过滤设备要求较高，如果饲养鱼类数量多，或是个体大，最好使用水族箱下部带有过滤槽的过滤设备，这样可放置的滤材较多，过滤的效果好、速度快，能够达到鱼类的需求。

5. 充气设备

为了防止鱼类缺氧，建议大家准备一个可使用电池的充气泵，平时可以不用，一旦遇到停电等突发情况，它就可以派上大用场。

四、劳动注意事项

先养少量“闯缸鱼”，观察水质，摸索养殖经验。

技能 2　饵料选择

造景中饵料的选择尤其重要，天然动物性饵料种类较多，适口性好，容易消化，含有鱼体所必需的各种营养物质。

一、劳动任务

饵料的选择。

二、劳动工具及准备

锄头、钳子、镊子。

三、劳动步骤

（一）制订劳动计划

根据观赏鱼选择饵料。

（二）开展劳动实践

1. 原生动物

种类较多，分布广泛。如：纤毛虫中的草履虫属，是幼鱼的良好饵料。草履虫在各种水体中都有，尤其在污水中特别多。也可以用稻草浸出液大量培养草履虫来喂养观赏鱼苗。

2. 轮虫

轮虫营养丰富，因外表多为灰白色，有些地方称为“灰水”，是鱼苗的优良开口饵料。轮虫在淡水中分布很广，在池塘、湖泊、水库、河流和海水中都有，可以在天然水体中捞取，也可以采取人工培养方法获得。

3. 枝角类

俗称水蚤、红虫、鱼虫。由于营养丰富、容易消化、种类多、分布广、数量大、繁殖力强，被认为是观赏鱼理想的天然动物性饵料。常见种类有盘肠涵、蚤状涵、裸腹涵、隆线涵等。主要生活在池塘、湖泊、水库等静水水体中，因水体含氧量不同，体色可分为红色、淡绿色或灰黄色。枝角类大量繁殖的季节，可以做成干制品，作为冬、春的饲料。

4. 桡足类

又称跳水蚤、“青蹦”、“三脚虫”等。桡足类的营养丰富，蛋白质和脂肪的含量很高。常见种类如剑水蚤、哲水蚤在一些池塘、小型湖泊中大量存在，也可以捞取后晒干备用。桡足类的运动能力很强，另外，某些种类还能攻击鱼卵和鱼苗。所以，不适合太小的鱼苗，比较适合大规格的幼鱼。

5. 水丝蚯

俗称红线虫，属环节动物寡毛纲种类。它通常生活在稻田、池塘和水沟底层的污泥中。身体呈红色，是很多观赏鱼的适口饵料。在市场中，水丝蚯四季都有销售，尤其适宜作为冬季喂养鱼类的天然饵料。

6. 摇蚊幼虫

又称血虫，活体鲜红色，体分节。生活在湖泊、水库、池塘、沟渠等水体的底部，有时也游动到水表层。摇蚊幼虫营养丰富，容易消化，是很多杂食性和肉食性鱼类喜食的饵料之一。

7. 蚯蚓

种类较多，最适合作饵料的应为爱胜蚓属的赤子爱胜蚓，又称为红蚯蚓，它个体不大，细小柔软，适合观赏鱼吞食。红蚯蚓一般栖息于温暖潮湿的土壤中。每当下雨，土壤中相对湿度超过 80% 时，红蚯蚓便爬行到地面，此时可以收集。晴天可在土壤中挖取蚯蚓，投喂时，先将蚯蚓放在容器内，洒些清水，经过 1 天后，让其将消化道中的泥土排泄干净，再洗净，切成小段喂鱼。

四、劳动注意事项

劳动过程中注意避免安全隐患。

技能 3　水质调控

清澈稳定的水质不仅能够为鱼儿提供舒适的生活环境，还能有效预防疾病的发生，促进鱼儿的健康成长。因此，水质管理是必须重视的一项工作。

一、劳动任务

水质的调控。

二、劳动工具及准备

砂石。

三、劳动步骤

（一）制订劳动计划

根据观赏鱼品种、数量等进行水质调控。

（二）开展劳动实践

1. 温度

大多数鱼的适应温度在 20℃～28℃，温度在这个区间外，可以用经验维持鱼的健康或用加热棒或者风扇来将温度控制在这个区间。

2. 换水

自来水需要净化。

3. 等温

用温度计测量鱼缸水和新水温度，新水温低，用开水把新水兑成与鱼缸水温度一致即可。

4. 除氯

自来水放在干净的水桶（必须保证容器不会有任何化学残留物比如洗衣粉或清洁剂）里打氧 2 天即可使用，由于不同地区的自来水余氯浓度不同，可以先用余氯的测试剂测量爆气多久以后余氯归 0。如果遇到紧急情况，可以使用桶装纯净水或者往自来水中加除氯剂。

四、劳动注意事项

劳动过程中注意避免安全隐患。

讨论与反思

1. 通过以上知识的学习，谈一谈现代家庭或商场里的水族景观（如智能鱼缸、水族墙）满足了人们哪些新需求。尝试从环保、科技或生活节奏变化的角度分析。

2. 中国苏州园林中的“锦鲤池”常搭配太湖石假山，工匠需根据石头纹理手工拼接。这种设计除了观赏，还传递了哪些文化价值?

3. 现代智能鱼缸可通过手机 App 远程控制水温、灯光。这类技术应用如何体现“科技自立自强”理念？结合生活需求举例说明。

4. 一些乡村将废弃水塘改造成“生态水族景观”（如养鱼 + 荷花种植），吸引游客的同时增加村民收入。这些举措是如何响应国家“乡村振兴”战略的?

项目二

微生物培养技术

项目目标

1. 掌握芽孢杆菌、光合细菌和乳酸菌的基本培养技术。通过学习微生物培养基的配制、灭菌、接种及培养技术，掌握不同环境条件对微生物生长的影响，并学会优化培养条件以提高微生物活性。

2. 理解微生物在水产养殖中的作用及实际应用。通过学习芽孢杆菌、光合细菌和乳酸菌的功能，了解它们在水质改良、病害防治和促进生长等方面的应用，并掌握微生物制剂的制备与使用方法。

3. 培养规范操作、观察记录和问题解决的能力。通过规范实验操作、细致观察和记录实验现象，提升科学素养，并学会分析实验中的问题，提出解决方案，为实际生产奠定基础。

项目导语

微生物培养技术在生物学、生物技术等多个领域均有着广泛的应用，而在水产养殖中，其重要性更是不言而喻。通过微生物培养技术，我们可以深入探索微生物的生长特性和代谢途径，为微生物资源的开发和利用提供坚实的科学依据。

在水产养殖过程中，水质直接关系水生生物的健康和生长。微生物培养技术可以帮助我们筛选出有益的微生物种类，通过精确控制培养条件，使其在水体中大量繁殖，从而起到净化水质、抑制病原菌滋生等作用。这不仅有助于提高水产养殖的产量和质量，还能有效减少化学药物的使用，降低养殖成本，同时保护生态环境。

微生物培养技术还可以用于研究微生物在水产动物体内的代谢过程，揭示其对水生生物生长发育、免疫调节等方面的影响机制。这对于开发新型饲料添加剂、提高水生生物抗逆性等方面具有重要意义。

任务一　芽孢杆菌的培养

科普知识

芽孢杆菌是一种革兰氏阳性细菌，属于需氧芽孢菌种的非致病菌，芽孢杆菌产品是以内生芽孢形式存在，是一种健壮而处于休眠状态的活细胞，稳定性好，抗逆性强，具有耐酸、耐碱、耐高温、耐挤压等优点，可以在高达 80℃甚至更高的温度中存活。在水产养殖中，芽孢杆菌应用种类主要是枯草芽孢杆菌、纳豆芽孢杆菌（枯草芽孢杆菌的亚种）、地衣芽孢杆菌、东洋芽孢杆菌等。

芽孢杆菌是一种常见的益生菌，在水产养殖中具有重要作用：

（1）改善水质：分解有机废物，减少氨氮和亚硝酸盐含量。

（2）增强免疫力：促进水产动物肠道健康，提高抗病能力。

（3）抑制病原菌：通过竞争性排斥抑制有害菌的生长。

劳动技能

技能 1　培养基准备与消毒

培养基的配制与消毒是微生物培养的基础技能，直接影响微生物的生长效果。在水产养殖中，芽孢杆菌的培养基质量尤为重要，因为其生长状态直接关系到水质改良和病害防治的效果。掌握培养基的配制、pH 调节和灭菌技术，能够确保微生物培养的成功率和稳定性。

一、劳动任务

配制适合芽孢杆菌生长的培养基，并对培养基和相关工具进行消毒，确保无菌环境。

二、劳动工具及准备

（1）工具：电子天平、量筒、烧杯、玻璃棒、高压灭菌锅、pH 试纸或 pH 计。

（2）原料：蛋白胨、牛肉膏、氯化钠、琼脂、蒸馏水。

三、劳动步骤

（一）制订劳动计划

1. 确定培养基配方

蛋白胨 10g、牛肉膏 3g、氯化钠 5g、琼脂 15g、蒸馏水 1 000mL。

2. 计划消毒时间和操作流程

确定高压灭菌锅的使用时间（121℃，20 分钟）。安排培养基配制、分装和灭菌的具体步骤。

（二）开展劳动实践

1. 称量培养基原料

准备工具与原料：确保电子天平、烧杯、称量纸等工具清洁干燥。准备好蛋白胨、牛肉膏、氯化钠、琼脂等原料。

精确称量：打开电子天平，待其稳定后，将称量纸放在天平上并归零。使用药匙或刮勺逐次取蛋白胨，轻轻添加到称量纸上，直至显示重量为 10g。重复上述步骤，分别称取牛肉膏 3g、氯化钠 5g 和琼脂 15g。①

转移原料：将称量好的原料小心倒入烧杯中，避免洒落。

2. 溶解原料并调节 pH 值

加入蒸馏水：向烧杯中加入约 800mL 蒸馏水，用玻璃棒搅拌，使原料充分溶解。

加热助溶（可选）：若原料溶解较慢，可将烧杯置于电炉上加热，同时持续搅拌，直至完全溶解。

补足水量：待原料完全溶解后，加入蒸馏水至 1 000mL，搅拌均匀。

调节 pH 值：使用 pH 试纸或 pH 计测量溶液的 pH 值。若 pH 值低于 7.0，逐滴加入 1mol/L 氢氧化钠溶液，边加边搅拌，直至 pH 值达到 7.0 ~ 7.2。若 pH 值高于 7.2，逐滴加入 1mol/L 稀盐酸溶液，调节至目标范围。②

3. 分装与灭菌

分装培养基：将配制好的培养基通过漏斗分装至培养瓶中，每瓶装入 1/2 至 2/3 体积。瓶口用棉塞或封口膜密封，防止污染。

高压灭菌：将培养瓶整齐放入高压灭菌锅内，确保瓶间留有适当空隙，便于蒸汽流通。关闭灭菌锅盖，设置温度为 121℃，时间为 20 分钟，启动灭菌程序。灭菌完成后，等待压力降至零，再缓慢打开锅盖，避免蒸汽烫伤。

四、劳动注意事项

（1）称量原料时需精确，避免误差。

（2）灭菌后需等待培养基冷却至 50℃左右再使用。

（3）操作过程中注意无菌操作，避免污染。

技能 2　无菌接种与培养

无菌接种是微生物培养的关键步骤，确保芽孢杆菌的纯种培养，避免杂菌污染。

① 中华人民共和国国家药典委员会 . 中国药典（2020 年版）[S]. 北京：中国医药科技出版社，2020.

② 沈萍，陈向东 . 微生物学实验指导 [M]. 5 版 . 北京：高等教育出版社，2018.

在水产养殖中，芽孢杆菌的纯种培养是保证其功能（如水质改良、病害防治）有效发挥的前提。掌握无菌接种技术，能够提高微生物培养的成功率，为后续应用奠定基础。

一、劳动任务

在无菌条件下，将芽孢杆菌接种到培养基中，并进行培养，确保菌种纯度和活性。

二、劳动工具及准备

（1）工具：无菌操作台、接种环、酒精灯、恒温培养箱。

（2）材料：芽孢杆菌菌种、已灭菌的培养基（固体或液体）。

（3）其他：75% 酒精、无菌手套、口罩、记号笔。

三、劳动步骤

（一）制订劳动计划

1. 确定接种时间

选择实验开始时间，确保有足够时间完成接种和培养。

2. 设定培养条件

根据芽孢杆菌的生长特性，设定恒温培养箱温度为 37℃，培养时间为 24 小时。

3. 安排操作流程

规划无菌操作步骤，包括工具灭菌、接种操作和培养观察。

（二）开展劳动实践

1. 准备工作

开启无菌操作台，紫外灭菌 30 分钟，确保操作环境无菌。用 75% 酒精擦拭操作台面、工具及双手，佩戴无菌手套和口罩。点燃酒精灯，创造局部无菌环境。

2. 接种操作

将接种环在酒精灯火焰上灼烧至红热，冷却 5 ~ 10 秒。打开芽孢杆菌菌种管，管口在火焰上短暂灼烧灭菌。用接种环蘸取少量菌种，迅速在培养基表面画线接种（如“之”字形画线）。接种后，将菌种管口再次灼烧灭菌，盖紧管盖。接种环再次灼烧灭菌，放回原位。

3. 培养操作

用记号笔在培养瓶上标注菌种名称、接种日期等信息。将接种后的培养基放入恒温培养箱，设置温度为 37℃，培养 24 小时。培养期间观察培养基表面菌落生长情况，记录菌落形态、颜色等特征。

四、劳动注意事项

（一）无菌操作

接种环需在火焰上彻底灭菌，以避免交叉污染。操作过程中尽量减少培养瓶和菌种管的开口时间，防止杂菌进入。操作时手部避免越过火焰上方，防止烫伤。

（二）培养条件控制

恒温培养箱温度需精确控制，避免温度波动影响菌种生长。培养期间避免频繁开启培养箱，保持内部环境稳定。

（三）安全防护

操作时佩戴手套和口罩，避免菌种接触皮肤或吸入。实验结束后，用酒精擦拭操作台和工具，确保清洁。

（四）劳动注意事项

接种环需在火焰上彻底灭菌，以避免交叉污染。操作过程中尽量减少开口时间，防止杂菌进入。

技能3 观察记录与清洁工作

一、工具准备

恒温培养箱、湿度控制器、通气装置等。

二、劳动步骤

（1）根据芽孢杆菌的生长特性，设定适宜的培养温度（一般为25℃～37℃）、湿度和通气量。

（2）将接种后的培养基放入恒温培养箱中，进行培养。

（3）培养结束后，观察芽孢杆菌的生长情况并记录数据，同时完成实验室清洁工作，是微生物培养的重要环节。

通过观察菌落形态和细胞结构，可以评估芽孢杆菌的生长状态和活性，为后续应用提供科学依据。同时，规范的清洁工作能够确保实验室环境的安全和整洁，避免交叉污染。

三、劳动任务

观察芽孢杆菌菌落形态，记录生长情况，并清洁实验区域，确保实验数据的准确性和实验室环境的整洁。

四、劳动工具及准备

（1）工具：显微镜、记录本、笔、消毒液、清洁工具（如抹布、刷子）。

（2）材料：培养皿（含芽孢杆菌菌落）、载玻片、盖玻片、染色剂（如结晶紫）。

（3）其他：无菌手套、口罩、垃圾袋、高温灭菌设备。

五、劳动步骤

（一）制订劳动计划

（1）确定观察时间：选择培养结束后适当的时间进行观察，避免过早或过晚影响数据准确性。

（2）规划记录内容：包括菌落大小、颜色、形态、密度等特征，以及显微镜下的细胞形态。

（3）安排清洁流程：规划实验台、仪器和设备的清洁顺序，确保高效完成。

（二）开展劳动实践

1. 观察菌落形态

取出培养皿，用肉眼观察菌落的整体分布、大小、颜色和形态。使用放大镜或低倍显微镜观察菌落的细节特征（如边缘形状、表面质地）。记录观察结果，包括菌落数量、直径、颜色变化等。

2. 显微镜观察细胞形态

用接种环挑取少量菌落，均匀涂布在载玻片上。滴加染色剂（如结晶紫）染色1～2分钟，用清水轻轻冲洗。盖上盖玻片，置于显微镜下观察芽孢杆菌的细胞形态（如杆状、芽孢形成等）。记录显微镜下的细胞特征，并拍摄照片以备后续分析。

3. 清洁实验区域

将废弃培养基和培养皿放入高温灭菌设备中，灭菌后再丢弃处理。用消毒液擦拭实验台面、显微镜、接种环等工具，确保无残留。清洁地面和垃圾桶，整理实验用品，恢复实验室整洁。

六、劳动注意事项

（一）观察操作

观察时避免直接用手接触菌落，防止污染或感染。使用显微镜时，注意调节光源和焦距，确保观察清晰。

（二）清洁操作

废弃培养基需高温灭菌后再丢弃处理，避免微生物扩散。清洁工具使用后需消毒，避免交叉污染。

（三）安全防护

操作时佩戴无菌手套和口罩，避免接触染色剂或菌落。实验结束后彻底洗手，以确保个人卫生。

任务二 光合细菌的培养

科普知识

光合细菌（Photosynthetic Bacteria，PSB）是一类能够利用光能进行光合作用的微生物，广泛分布于淡水、海水、土壤等自然环境中。它们属于原核生物，具有独特的光合色素系统，能够在无氧或微氧条件下进行光合作用。光合细菌的细胞形态多样，包括球形、杆状、螺旋形等，常见种类有红螺菌、紫色硫细菌和绿色硫细菌等。

光合细菌在水产养殖中具有重要的应用价值，主要体现在以下几个方面：

（1）改善水质：光合细菌能够吸收水体中的氨氮、硫化氢等有害物质，并将其转化为无害的有机物，从而净化水质。

（2）促进生长：光合细菌富含蛋白质、维生素和生物活性物质，可作为水产动物的天然饵料，促进其生长发育。

（3）增强抗病能力：光合细菌能够分泌抗菌物质，抑制病原菌的生长，同时通过竞争性排斥作用减少有害菌的数量，从而提高水产动物的免疫力。

（4）调节水体生态平衡：光合细菌能够促进有益藻类的生长，维持水体生态系统的稳定性。

劳动技能

技能 1　培养基配制与光照设置

光合细菌需要特定的培养基和光照条件，配制适宜的培养基是培养成功的关键。光合细菌通过光合作用获取能量，因此培养基的营养成分和光照条件的设置直接影响其生长速度和活性。掌握培养基的配制和光照设置技术，能够为光合细菌的高效培养提供保障。

一、劳动任务

配制光合细菌培养基，并设置适宜的光照条件，确保光合细菌的正常生长和繁殖。

二、劳动工具及准备

（1）工具：电子天平、量筒、烧杯、玻璃棒、pH 试纸或 pH 计、光照培养箱、LED 光源。

（2）原料：乙酸钠、氯化铵、磷酸二氢钾、硫酸镁、氯化钙、蒸馏水。

（3）其他：透明培养瓶、棉塞或封口膜、记号笔。

三、劳动步骤

（一）制订劳动计划

1. 确定培养基配方

乙酸钠 2g、氯化铵 1g、磷酸二氢钾 0.5g、硫酸镁 0.2g、氯化钙 0.1g、蒸馏水 1 000mL。

2. 计划光照条件

光照强度，2 000lux。

3. 光照周期

24h 连续光照。

4. 安排操作流程

配制培养基→调节 pH 值→分装培养基→设置光照培养箱→接种光合细菌→观察记录。

（二）开展劳动实践

1. 称量培养基原料

使用电子天平精确称量乙酸钠、氯化铵、磷酸二氢钾、硫酸镁和氯化钙。将称量好的原料加入烧杯中。

2. 溶解原料并调节 pH 值

向烧杯中加入约 800mL 蒸馏水，用玻璃棒搅拌至原料完全溶解。补足蒸馏水至 1 000mL，搅拌均匀。使用 pH 试纸或 pH 计测量溶液 pH 值，用稀盐酸或氢氧化钠溶液调节至 7.0 ~ 7.5。

3. 分装培养基

将配制好的培养基通过漏斗分装至透明培养瓶中，每瓶装入约 2/3 体积。瓶口用棉塞或封口膜密封，确保透气性。

4. 设置光照培养箱

将分装好的培养瓶放入光照培养箱中。设置光照强度为 2 000lux，24h 连续光照。设置培养温度为 25℃ ~ 30℃，确保适宜的生长环境。

5. 接种光合细菌

在无菌操作条件下，用接种环将光合细菌菌种接种到培养基中。轻轻摇晃培养瓶，使菌种均匀分布。

6. 观察记录

每天观察光合细菌的生长情况，记录培养基的颜色变化和菌液浓度。使用分光光度计定期测量菌液的光密度（OD 值），评估生长状态。

四、劳动注意事项

（一）培养基配制

称量原料时需精确，避免误差影响培养基质量。培养基需透明，以利于光合作用。

（二）光照设置

光照强度和时间需严格控制，避免过强或过弱影响光合细菌生长。确保光照均匀，避免局部过亮或过暗。

（三）无菌操作

接种时需在无菌操作台中进行，避免杂菌污染。操作过程中尽量减少培养瓶开口时间，防止污染。

（四）安全防护

操作时佩戴手套和口罩，避免接触化学试剂或菌种。实验结束后彻底洗手，以确保个人卫生。

技能 2　无菌接种与培养

光合细菌的培养需要严格的无菌操作，以确保菌种的纯度和培养的成功率。无菌接种是微生物培养的关键步骤，直接影响光合细菌的生长状态和活性。掌握无菌接种技术，能够有效避免杂菌污染，为光合细菌的高效培养提供保障。

一、劳动任务

在无菌条件下将光合细菌接种到培养基中，并进行培养，确保菌种的纯度和活性。

二、劳动工具及准备

（1）工具：无菌操作台、接种环、酒精灯、光照培养箱。

（2）材料：光合细菌菌种、已灭菌的培养基（液体或固体）。

（3）其他：75% 酒精、无菌手套、口罩、记号笔。

三、劳动步骤

（一）制订劳动计划

1. 确定接种时间

选择实验开始时间，确保有足够时间完成接种和培养。

2. 设定培养条件

温度：30℃。光照强度：2 000lux。光照周期：24h 连续光照。培养时间：5 ~ 7 天。

3. 安排操作流程

规划无菌操作步骤，包括工具灭菌、接种操作和培养观察。

（二）开展劳动实践

1. 准备工作

开启无菌操作台，紫外灭菌 30 分钟，确保操作环境无菌。用 75% 酒精擦拭操作台面、工具及双手，佩戴无菌手套和口罩。点燃酒精灯，创造局部无菌环境。

2. 接种操作

将接种环在酒精灯火焰上灼烧至红热，冷却 5 ~ 10 秒。打开光合细菌菌种管，管口在火焰上短暂灼烧灭菌。用接种环蘸取少量菌种，迅速接种到培养基中（液体培养基需轻轻摇晃，固体培养基需画线接种）。接种后，将菌种管口再次灼烧灭菌，盖紧管盖。接种环再次灼烧灭菌，放回原位。

3. 培养操作

用记号笔在培养瓶上标注菌种名称、接种日期等信息。将接种后的培养基放入光照培养箱中，设置温度为 30℃，光照强度为 2 000lux，24h 连续光照。培养期间每天观察菌液颜色变化和菌液浓度，记录生长情况。

四、劳动注意事项

（一）无菌操作

接种环需在火焰上彻底灭菌，避免交叉污染。操作过程中尽量减少培养瓶和菌种管的开口时间，防止杂菌进入。操作时手部避免越过火焰上方，防止烫伤。

（二）培养条件控制

光照培养箱的温度和光照强度需精确控制，避免波动影响光合细菌生长。培养期间避免频繁开启培养箱，保持内部环境稳定。

（三）安全防护

操作时佩戴手套和口罩，避免菌种接触皮肤或吸入。实验结束后用酒精擦拭操作台和工具，确保清洁。

技能 3　观察记录与清洁工作

培养结束后，观察光合细菌的生长情况并记录数据，同时完成实验室清洁工作，是微生物培养的重要环节。通过观察菌液颜色、浑浊度和细胞形态，可以评估光合细菌的生长状态和活性，为后续应用提供科学依据。同时，规范的清洁工作能够确保实验室环境的安全和整洁，避免交叉污染。

一、劳动任务

观察光合细菌的生长情况，记录数据，并清洁实验区域，确保实验数据的准确性和实验室环境的整洁。

二、劳动工具及准备

（1）工具：显微镜、载玻片、盖玻片、记录本、笔、消毒液、清洁工具（如抹布、刷子）。

（2）材料：培养瓶（含光合细菌菌液）、染色剂（如结晶紫）。

（3）其他：无菌手套、口罩、垃圾袋、高温灭菌设备。

三、劳动步骤

（一）制订劳动计划

1. 确定观察时间

选择培养结束后适当的时间进行观察，避免过早或过晚影响数据准确性。

2. 规划记录内容

包括菌液颜色、浑浊度、气味、细胞形态等特征。

3. 安排清洁流程

规划实验台、仪器和设备的清洁顺序，确保高效完成。

（二）开展劳动实践

1. 观察菌液特征

取出培养瓶，用肉眼观察菌液的颜色（如红色、紫色）和浑浊度。记录菌液的颜色变化、浑浊程度以及是否有异常气味。

2. 显微镜观察细胞形态

用无菌吸管吸取少量菌液，滴在载玻片上。滴加染色剂（如结晶紫）染色 1 ~ 2 分钟，用清水轻轻冲洗。盖上盖玻片，置于显微镜下观察光合细菌的细胞形态（如球形、杆状等）。记录显微镜下的细胞特征，并拍摄照片以备后续分析。

3. 清洁实验区域

将废弃培养基和培养瓶放入高温灭菌设备中，灭菌后再丢弃处理。用消毒液擦拭实验台面、显微镜、接种环等工具，确保无残留。清洁地面和垃圾桶，整理实验用品，恢复实验室整洁。

四、劳动注意事项

（一）观察操作

观察时避免直接用手接触菌液，防止污染或感染。使用显微镜时，注意调节光源和焦距，确保观察清晰。

（二）清洁操作

废弃培养基需高温灭菌后再丢弃处理，避免微生物扩散。清洁工具使用后需消毒，避免交叉污染。

（三）安全防护

操作时佩戴无菌手套和口罩，避免接触染色剂或菌液。实验结束后彻底洗手，确保个人卫生。

任务三　乳酸菌的培养

科普知识

乳酸菌（Lactic Acid Bacteria，LAB）是一类能够发酵糖类产生乳酸的革兰氏阳性菌，广泛存在于自然界和动物体内。乳酸菌的细胞形态多为球形或杆状，常见种类包括乳酸杆菌、乳酸球菌和双歧杆菌等。乳酸菌具有耐酸、耐胆盐等特性，能够在动物消化道中定植并发挥益生作用。

乳酸菌在水产养殖中的应用主要体现在以下几个方面：

（1）调节肠道微生态：乳酸菌能够定植于水产动物的肠道，抑制有害菌的生长，维持肠道菌群平衡。

（2）增强免疫力：乳酸菌能够刺激水产动物的免疫系统，提高其抗病能力。

（3）提高饲料利用率：乳酸菌能够分泌消化酶，促进饲料的消化吸收，提高饲料利用率。

（4）减少病害发生：乳酸菌能够分泌抗菌物质，抑制病原菌的生长，减少病害的发生。

劳动技能

技能 1　培养基配制与条件调节

乳酸菌需要特定的培养基和培养条件，配制适宜的培养基是培养成功的关键。乳酸菌培养基的营养成分和 pH 值的调节直接影响其生长速度和活性。掌握培养基的配制和条件调节技术，能够为乳酸菌的高效培养提供保障。

一、劳动任务

配制乳酸菌培养基，并调节适宜的培养条件，确保乳酸菌的正常生长和繁殖。

二、劳动工具及准备

（1）工具：电子天平、量筒、烧杯、玻璃棒、pH 计、高压灭菌锅、恒温培养箱。

（2）原料：蛋白胨、酵母提取物、葡萄糖、乙酸钠、硫酸镁、蒸馏水。

（3）其他：培养瓶、棉塞或封口膜、记号笔。

三、劳动步骤

（一）制订劳动计划

1. 确定培养基配方

蛋白胨 10g、酵母提取物 5g、葡萄糖 20g、乙酸钠 5g、硫酸镁 0.2g、蒸馏水 1 000mL。

2. 计划培养条件

温度：37℃。pH 值：6.5 ～ 7.0。

3. 安排操作流程

配制培养基→调节 pH 值→分装培养基→灭菌→设置培养条件。

（二）开展劳动实践

1. 称量培养基原料

使用电子天平精确称量蛋白胨、酵母提取物、葡萄糖、乙酸钠和硫酸镁。将称量好的原料加入烧杯中。

2. 溶解原料并调节 pH 值

向烧杯中加入约 800mL 蒸馏水，用玻璃棒搅拌至原料完全溶解。补足蒸馏水至 1 000mL，搅拌均匀。使用 pH 计测量溶液 pH 值，用稀盐酸或氢氧化钠溶液调节至 6.5 ～ 7.0。

3. 分装与灭菌

将配制好的培养基通过漏斗分装至培养瓶中，每瓶装入约 2/3 体积。瓶口用棉塞或封口膜密封，确保透气性。将培养瓶放入高压灭菌锅，在 121℃下灭菌 20 分钟。

4. 设置培养条件

将灭菌后的培养基放入恒温培养箱中，设置温度为 37℃。

四、劳动注意事项

（一）培养基配制

称量原料时需精确，避免误差影响培养基质量。调节 pH 值时需缓慢加入酸或碱，避免过度调节。

（二）灭菌操作

高压灭菌锅使用前需检查水位，确保安全操作。灭菌后，培养基需冷却至适宜温度再使用。

（三）**无菌操作**

操作过程中需佩戴手套和口罩，避免微生物污染。

技能 2　无菌接种与发酵监控

乳酸菌的培养需要严格的无菌操作，同时需监控发酵过程中的 pH 值和乳酸产量。通过实时监控，可以优化发酵条件，提高乳酸菌的产量和活性。无菌接种是确保乳酸菌纯种培养的关键步骤，而发酵监控是评估培养效果的重要手段。

一、劳动任务

在无菌条件下，将乳酸菌接种到培养基中，并监控发酵过程，确保乳酸菌的正常生长和乳酸的高效生产。

二、劳动工具及准备

（1）工具：无菌操作台、接种环、酒精灯、pH 计、恒温培养箱。

（2）材料：乳酸菌菌种、已灭菌的培养基（液体或固体）。

（3）其他：75% 酒精、无菌手套、口罩、记号笔、无菌吸管、离心管。

三、劳动步骤

（一）**制订劳动计划**

1. 确定接种时间

选择实验开始时间，确保有足够时间完成接种和发酵。设定监控频率：每 12 小时检测一次 pH 值，记录乳酸产量变化。

2. 安排操作流程

规划无菌操作步骤，包括工具灭菌、接种操作和发酵监控。

（二）**开展劳动实践**

1. 准备工作

开启无菌操作台，紫外灭菌 30 分钟，确保操作环境无菌。用 75% 酒精擦拭操作台面、工具及双手，佩戴无菌手套和口罩。点燃酒精灯，创造局部无菌环境。

2. 接种操作

将接种环在酒精灯火焰上灼烧至红热，冷却 5 ~ 10 秒。打开乳酸菌菌种管，管口在火焰上短暂灼烧灭菌。用接种环蘸取少量菌种，迅速接种到培养基中（液体培养基需轻轻摇晃，固体培养基需画线接种）。接种后，将菌种管口再次灼烧灭菌，盖紧管盖。种环再次灼烧灭菌，放回原位。

3. 发酵监控

将接种后的培养基放入恒温培养箱中，设置温度为 37℃。每 12 小时取样一次，使用无菌吸管吸取少量发酵液，进行以下操作：

（1）pH 值检测：用 pH 计测量发酵液的 pH 值，记录数据。

（2）乳酸产量检测：使用乳酸检测试剂盒或高效液相色谱法（HPLC）测定乳酸浓度，记录数据。

（3）观察发酵液的颜色、浑浊度和气味变化，记录生长情况。

4. 数据记录与分析

将每次检测的 pH 值和乳酸产量数据记录在实验记录本中。绘制 pH 值和乳酸产量随时间变化的曲线图，分析发酵过程中的变化趋势。

四、劳动注意事项

（一）无菌操作

接种环需在火焰上彻底灭菌，避免交叉污染。操作过程中尽量减少培养瓶和菌种管的开口时间，防止杂菌进入。取样时需使用无菌吸管，避免引入杂菌。

（二）监控操作

检测 pH 值时需使用无菌操作，防止污染。取样时需佩戴无菌手套，避免接触发酵液。

（三）安全防护

操作时佩戴手套和口罩，避免菌种接触皮肤或吸入。实验结束后用酒精擦拭操作台和工具，确保清洁。

技能 3　产品处理与清洁工作

发酵结束后，正确处理乳酸菌产品并完成实验室清洁工作，是确保实验数据准确性和实验室环境整洁的重要环节。乳酸菌产品的处理包括菌体的分离、保存以及废弃物的处理，清洁工作是为了维持实验室的安全和卫生，避免交叉污染。

一、劳动任务

处理乳酸菌发酵产品，并清洁实验区域，确保实验数据的准确性和实验室环境的整洁。

二、劳动工具及准备

（1）工具：离心机、无菌瓶、无菌吸管、消毒液、清洁工具（如抹布、刷子）。

（2）材料：乳酸菌发酵液、无菌蒸馏水。

（3）其他：无菌手套、口罩、垃圾袋、高温灭菌设备、记号笔。

三、劳动步骤

（一）制订劳动计划

1. 确定产品处理方法

离心分离乳酸菌菌体，保存于无菌瓶中，置于4℃冰箱中。

2. 安排清洁流程

规划实验台、仪器和设备的清洁顺序，确保高效完成。

（二）开展劳动实践

1. 产品处理

离心分离：将发酵液倒入离心管中，确保每对离心管重量平衡。将离心管放入离心机，设置转速为5 000 rpm，时间为10分钟，启动离心机。离心结束后，小心取出离心管，避免震荡沉淀的菌体。收集菌体：用无菌吸管吸去上清液，保留底部的乳酸菌菌体。加入适量无菌蒸馏水，轻轻重悬菌体。保存菌体：将重悬的菌液转移至无菌瓶中，用记号笔标注菌种名称、保存日期等信息。将无菌瓶置于4℃冰箱中保存，以备后续使用。

2. 清洁实验区域

处理废弃物：将废弃培养基、离心管和吸管放入高温灭菌设备中，在121℃下灭菌20分钟。灭菌后的废弃物装入垃圾袋，按照实验室规定丢弃。

清洁实验台和仪器：用消毒液擦拭实验台面、离心机、显微镜等工具，确保无残留。

清洁地面和垃圾桶，整理实验用品，恢复实验室整洁。

四、劳动注意事项

（一）离心操作

离心前需平衡离心管，避免损坏设备。离心后小心取出离心管，避免震荡菌体。

（二）无菌操作

收集菌体和保存菌体时需在无菌操作台中进行，避免杂菌污染。操作过程中尽量减少无菌瓶的开口时间，防止污染。

（三）清洁操作

废弃培养基需高温灭菌后再丢弃处理，避免微生物扩散。清洁工具使用后需消毒，避免交叉污染。

（四）安全防护

操作时佩戴无菌手套和口罩，避免接触菌液或化学试剂。实验结束后彻底洗手，以确保个人卫生。

讨论与反思

1. “人－水－微生物”共生关系：水产养殖的未来是生物技术主导还是生态自然调节？

2. 微生物制剂在水产养殖中的应用如何平衡经济效益与生态安全？

3. 微生物技术如何赋能乡村振兴与农村经济结构调整？

4. 水产养殖中微生物技术的普及面临哪些社会认知与伦理挑战？

项目三

水产实训基地及实训室设备维护

项目目标

1. 通过学习，掌握现代化渔业的生产理念，了解现代化渔业的生产方式。

2. 通过养殖劳动实践，将理论知识与劳动实践相结合，成长为“一专多能”的现代化技能人才。

3. 通过养殖劳动实践，激发对水产养殖的热爱，培养吃苦耐劳和勤劳勇敢的品质。

项目导语

水产养殖实训基地为实习就业提供锻炼的舞台。水产养殖实训基地致力于培养现代化水产养殖技能人才，同时也是水产养殖技术发展的试验场。水产养殖实训基地建设有工厂化循环水养殖系统，学生可以在这里将所学到的理论知识转化为实践能力，不断增强自身技术能力。

任务一 陆基圆池的维护

科普知识

陆基圆池是一种在陆地上建设的圆形养殖池，常用于工厂化循环水养殖。

陆基圆池的池体通常由镀锌钢板、不锈钢、PE 材料、水泥或砖混结构等建成，并用防水布、帆布等做内衬，以防止渗水。形状为圆筒状，底部多呈漏斗状或倒圆锥体，方便收集和排出残饵等污物。

一、水处理设施

陆基圆池养殖属于集约化养殖模式，水处理设施主要是通过机械过滤、弧形筛、离心分离器、泡沫分离等方式处理固体颗粒。固体颗粒主要来源于饲料残余以及排泄物。固体颗粒会造成鱼鳃局部窒息，降低鱼类的生长速率，增加鱼类对疾病的易感性，还会为致病性微生物的增殖提供栖息地，增加溶解消耗量以及降低硝化反应速率。

二、生物过滤技术

生物过滤的主要目的是去除氨氮。氨氮主要由鱼类残饵、鱼类的代谢物和有机物的分解而产生的。鱼类养殖水体中要求总氨氮量不高于 1 毫克 / 升，或非离子态氨不高于 0.025 毫克 / 升。亚硝酸盐主要来自氨氮的不完全氧化，其毒性强、致死率高，循环水养殖系统的亚硝酸盐氮浓度一般维持在 1 毫克 / 升以下。在循环水养殖系统中通常采用生物滤器、生物滤池等方法将氨氮、亚硝酸盐等毒害物质转化为对鱼类影响较小的硝酸盐。两种方法均利用附着于生物载体上的硝化细菌等来达到去除氨氮的效果。

三、消毒杀菌技术

陆基圆池内由于残饵和有机物的腐败，造成细菌和病毒的滋生，从而影响养殖鱼类的健康生长，需要对养殖水体进行消毒处理。目前主要的消毒处理方式有紫外消毒和臭氧消毒。

四、去除有害气体

在陆基圆池养鱼过程中，由于养殖密度的大幅度提高，致使养殖水体中的二氧化碳浓度随着时间的推移显著上升，通常达到周围环境饱和浓度的 20 ~ 100 倍，其作用使得 pH 值快速下降，严重破坏了水体的酸碱平衡。高浓度的二氧化碳对于鱼类生长和发育都是有害的，当其浓度超过某一极值时就会产生毒性作用致使鱼类窒息。目前，国内在高密度养殖水中采用去除二氧化碳的方式有：水力设计去除法、机械设备去除法、曝气滴滤式去除法。

五、增氧技术

在养殖水体中，溶解氧是养殖鱼类和微生物赖以生存和生长的必要条件，因此富氧养殖技术是水产健康养殖的重要方式。溶解氧的重要性表现为对养殖鱼类有直接的影响，还对饵料生物的生长和水中化学物质的存在形态有重要的影响。溶解氧在养殖过程中是先决条件，对于鱼类的生长和发育具有决定性意义，在陆基圆池中，鱼类正常生长的溶解氧应该达到饱和溶解度的 60%，或者在 5 毫克 / 升以上；溶解氧低于 2 毫克 / 升，用于工厂化养殖水体处理的硝化细菌就失去硝化氨氮的作用。增氧手段主要包括：空气增氧、纯氧增氧和微气泡增氧。

六、水质监测设施与技术

目前，常见的监测指标有温度、盐度、溶氧、pH 值、OPR、等离子电位等多项指标。水质监测系统包含对实时数据的记录、分析、传送以及指令的发布等。水质监测可实现循环水系统异常报警，报警设备主要是指声光报警器。另外，水质监测系统能实现整个循环水系统的智能化预测及管理，从而极大地降低了养殖风险。

劳动技能

技能 1　圆池池壁清洗

一、劳动任务

正值渔业旺季，现有陆基圆池若干，计划建设工厂化循环水养殖系统，要求了解工厂化循环水系统，根据养殖要求清洁陆基圆池，为投放鱼苗做准备。

二、劳动工具及准备

高压水枪、刷子（长柄硬毛刷、软毛刷）、水桶、清洁剂（如二氧化氯、过氧化氢等）、防护用具（橡胶手套、雨靴等）、水管。

三、劳动步骤

（一）制订劳动计划

根据劳动任务进行分组，全班分为 10 组，每组 4 人，负责 2 ~ 3 个陆基圆池的清洗，各小组成员讨论协商团队分工。

（二）开展劳动实践

1. 清理池壁和池底

（1）高压水枪冲洗：连接好高压水枪和水管，将水枪压力调至合适强度，从池壁顶部开始，由上至下对池壁进行冲洗，使附着在池壁上的藻类、污垢、残留饲料等物质被高压水冲击脱落。对于池底，同样使用高压水枪全面冲洗，重点冲洗角落和排水口附近，将沉积的淤泥、粪便等杂物冲起并冲向排水口。

（2）刷子刷洗：对于高压水枪冲洗后仍残留的顽固污渍，用长柄硬毛刷蘸取适量清洁剂进行刷洗。池壁和池底都要仔细刷洗，确保彻底清除污垢。刷洗过程中要注意安全，避免滑倒。对于一些难以触及的角落，可以使用小型的刷子或工具进行清理。

（3）清理排水口：排水口周围容易堆积杂物，用刷子仔细清理排水口内部和周围的污垢，确保排水畅通。如果排水口有滤网，将滤网取下，用刷子和清水彻底清洗干净后再装回。

2. 消毒处理

（1）配置消毒溶液：根据选用的消毒剂种类和说明，在水桶中配置适量浓度的消毒溶液。例如，使用二氧化氯时，按照一定比例将二氧化氯粉剂溶解在水中，充分搅拌均匀。

（2）喷洒消毒：用喷雾器或浇花壶将消毒溶液均匀地喷洒在池壁和池底，确保每个角落都能接触到消毒剂，以杀灭残留的细菌、病毒和寄生虫等病原体。消毒后让消毒剂在池内作用一段时间，一般为 30 分钟至 1 小时，具体时间根据消毒剂的使用说明而定。

（3）通风晾晒：消毒完成后，打开池盖或通风口，让空气流通，使池内残留的消毒剂气味散发掉，也可使用清水再次冲洗池壁和池底，以去除残留的消毒剂，然后将水排净，让陆基圆池自然晾干。

3. 检查与维护

（1）检查池体：在圆池晾干后，仔细检查池壁是否有裂缝、渗漏点，池底是否平整，内衬是否有破损等情况。如果发现问题，及时进行修补或更换，以免影响后续的养殖使用。

（2）维护设备：对圆池的配套设备，如增氧设备、循环水设备、进排水管道等进行检查和维护。清理设备表面的灰尘和污垢，检查设备的运行情况，确保设备正常工作。

四、劳动注意事项

（1）劳动前进行安全教育，使学生掌握正确的工具使用方法，特别是存在高危的工具使用方法，如高压水枪的使用方法，避免工具使用过程中的安全隐患。

（2）劳动完成后，将劳动工具拿到仓库统一放置，做好出入库登记，以免劳动工具的丢失。

（3）劳动过程中严禁手拿工具奔跑打闹。

（4）劳动实践过程中，发挥学生的主观能动性，做好知行合一的劳动教育。

技能 2　陆基圆池的使用

一、劳动任务

水产养殖实训基地有若干个陆基圆池，计划投放鲫鱼幼鱼。

二、劳动工具及准备

鲫鱼幼鱼、饲料、水质在线监测设备。

三、劳动步骤

（一）制订劳动计划

根据劳动任务进行分组，全班分为 4 组，每组 10 人，负责 1 个陆基圆池的幼鱼养殖，各小组成员讨论协商团队分工。

（二）开展劳动实践

1. 鱼种放养

（1）鱼种选择：体质健壮、规格整齐、无病无伤、鳞片完整、体色光亮的鲫鱼苗种。

（2）放养时间：一般在春季水温稳定在 15℃以上时放养，此时鲫鱼的活力和摄食能力逐渐增强，有利于苗种的生长和存活。

（3）放养密度：根据池塘条件和养殖技术水平确定放养密度，一般每立方米水体放养规格为 50 ～ 100 克 / 尾的鲫鱼苗种 80 ～ 120 尾。

2. 水质管理

（1）通过调节换水量维持池水良好的水质：每天的换水量根据鱼的放养密度及残饵情况而定，以保证池底水质清洁为度，每日换水量一般为 15%。通过水质在线监控系统对溶氧、pH 值、氨氮、温度及细菌密度等关键指标进行在线监控，随时掌握养殖过程中的水质变化情况，及时采取措施，避免重大疾病的发生。

（2）圆池清洁：在养殖期间，陆基圆池要每天定时吸底（吸走粪便、残存饵料、水中杂质等），3 ～ 5 天彻底清洗一次。彻底清洗之后，要把养殖池冲洗干净，避免残留药物影响鱼类的生长。

3. 饲养管理

（1）饲料选择：选择优质配合饲料，根据鲫鱼的生长阶段和体重调整饲料粒径。

（2）投喂方法：每天固定投喂时间，一般每天投喂 3 ～ 4 次。根据鲫鱼的摄食情况和生长阶段确定投喂量，以每次投喂后 15 ～ 20 分钟内吃完为宜，日投喂量一般为鱼体重的 3% ～ 5%。在圆池固定位置设置投饵台，让鲫鱼养成定点摄食的习惯，便于观察鱼的摄食情况和清理残饵。

4. 养殖日志

养殖过程中，各个小组要记录鱼种投放、饲料投放、水质、鱼体健康状况以及生产操作记录等。

四、劳动注意事项

（1）劳动实践前，掌握养殖相关知识和工具的使用方法。

（2）劳动过程中，小组之间、小组成员之间要互相帮助和学习，对养殖鱼种上心负责。

任务二 水族箱的维护

科普知识

随着人民生活质量的提高，市场对观赏鱼类的需求日趋旺盛，而水族箱作为观赏鱼类的载体显得尤为重要。饲养观赏鱼的水族箱必须满足美观、实用、方便，与生活环境融为一体的要求。

一、水族箱的分类

目前，饲养观赏鱼用得最广的是水族箱。依制造材料不同，水族箱可分为塑料、玻璃、钢化玻璃、有机玻璃和特殊玻璃水族箱等；水族箱根据是否有边框可分为两类，即无边框水族箱和有边框水族箱；根据各种水族箱的不同造型，可以将水族箱分为长方形、正方形、立柱形双柜门式等；根据水族箱的大小可分为掌上缸、迷你水族箱、家用水族箱、大型水族箱及超大型水族箱等；根据水族箱不同的放置方式和放置位置来分，可以分为窗台式、壁橱式、壁挂式、电视柜式等；根据水族箱内所养殖的观赏鱼对生活水体盐度和所生活的水域要求可分为海水观赏鱼水族箱、淡水观赏鱼水族箱、咸淡水观赏鱼水族箱；根据家庭水族箱内不同的养殖对象可以分为金鱼养殖水族箱、锦鲤养殖水族箱、热带鱼养殖水族箱、冷水鱼养殖水族箱、乌龟养殖水族箱及无脊椎动物养殖水族箱、水草箱等。

二、水族箱的构成

一个完整的水族箱包含过滤系统设备、照明系统设备、温控系统设备、增氧及水流系统设备、其他辅助设备等。

（一）过滤系统设备

过滤器：可去除水中粪便、食物残渣等污物，保持水体清澈，维持水域生态平衡。常见的有上滤、侧滤、背滤、底滤等多种类型，还有气举生化棉过滤器、桶式外置过滤器、水族箱顶部过滤器等不同款式。

过滤材料：配合过滤器使用，包括物理过滤材料如海绵、喷胶棉、细网状的尼龙网等，用于隔出水中较大颗粒；生物过滤材料如生化球、陶瓷环、玻璃环、珊瑚砂等，可培养有益菌分解有害元素；化学过滤材料如水质安定剂、絮凝剂、除藻剂等，能除去水的杂质。

（二）照明系统设备

LED 灯：具有耗能低、寿命长、光线穿透力强等优点，还可通过不同灯光搭配使水族箱呈现时令、阴晴和晨昏的变化，促进水草光合作用，使鱼类色彩更加鲜艳夺目。

荧光灯：价格相对实惠，能提供一定的光照强度，适合一般的水族箱照明，但使用寿命较短，且在光谱的完整性上可能不如 LED 灯。

金卤灯：亮度高，能提供较强的光照，对于一些需要强光照射的水草和海水生物生长有帮助，但能耗大，产生热量多，需要注意散热问题。

（三）温控系统设备

加热器：对于饲养热带鱼的水族箱至关重要，可保持水温恒定，使水温维持在鱼类适宜生长的范围内。通常具有温控功能，能根据设定温度自动调节加热功率。

温度计：用于实时监控水族箱内的水温，帮助鱼友了解水温变化情况，确保水温处于适合鱼类生活的范围，以便及时发现水温异常并采取相应措施。

（四）增氧及水流系统设备

气泵：通过气泵将空气打入水中，增加水体中的氧气含量，确保鱼类能够获得足够的氧气进行呼吸，尤其适合鱼密度大或有大量水草的水族箱。

造浪机：可以模拟自然界的水流，使水族箱内的水产生流动和波动，有助于鱼类保持活力和健康，同时也有利于氧气的溶解和扩散，对鱼类和水草的生长都有益处。

（五）其他辅助设备

换水器：帮助鱼友更轻松地更换水族箱中的水，可将水族箱底部的污水吸出，同时加入处理好的新水，保持水质清洁。

水质测试工具：包括测试水中氨、亚硝酸盐、硝酸盐、pH 值等指标的测试剂或测试仪，定期检测水质，能及时了解水质变化，以便采取相应的措施来维持水质稳定。

底砂和装饰物：底砂可以选择细腻的沙子，如河沙、海沙等，为鱼类提供栖息和觅食的场所，还能起到一定的过滤和稳定水质的作用。装饰物如假山、沉木、水草等，可美化水族箱，为鱼类提供躲避和玩耍的空间。

劳动技能

技能 1　水族箱洗沙

一、劳动任务

对水产养殖实训基地的水族箱进行洗沙，保持水族箱的美观度，保持水质的健康，促进有益菌生长，有助于维持水族箱内的生态平衡，稳定水质。

二、劳动工具及准备

洗沙器、虹吸管。

三、劳动步骤

（一）制订劳动计划

根据劳动任务，2 人一组对水族箱进行洗沙，互相协作完成水族箱清洁维护。

（二）开展劳动实践

1. 准备工作

先将水族箱中的一些装饰品，如假山、水草等取出，放在干净的容器中备用。同时准备好一个干净的水桶，用于盛放吸出的污水和杂质。

2. 开始洗沙

将洗沙器或虹吸管的一端轻轻插入沙子中，注意不要用力过猛，以免搅起过多的沙子和杂质。然后启动洗沙器或虹吸管，缓慢地在沙子表面移动，让洗沙器或虹吸管将沙子中的杂质吸出。可以采用分区清洗的方式，确保每个区域的沙子都能得到充分清洗。

3. 清洗程度控制

洗沙时不要过度清洗，以免将沙子中有益的微生物层也破坏掉。一般来说，每次清洗吸出 1/3 到 1/2 的污水即可，然后关闭洗沙器或虹吸管，将水桶中的污水倒掉。

4. 补充新水

用经过除氯处理的新水缓慢加入水族箱中，补充吸出的水量。加水时要注意水流不要过大，以免再次搅起沙子。

5. 恢复景观

将取出的装饰品清洗干净后放回水族箱中，调整好位置。

四、劳动注意事项

（1）劳动前进行安全教育，使学生注意不要弄坏水族箱以免受到伤害。

（2）劳动过程中，要小心操作，避免洗沙器或虹吸管碰到鱼和水草，以免造成鱼体受伤或水草受损。

（3）注意水温水质，避免水温温差过大或水质变化过于剧烈，给鱼和其他水生生物带来应激反应。

（4）定期更换水族箱的沙子。

技能 2 水族箱清洗

一、劳动任务

对水产养殖实训基地的水族箱进行清洗，保持水族箱内生物的健康和外观的美观。

二、劳动工具及准备

干净柔软的抹布。

三、劳动步骤

（一）制订劳动计划

根据劳动任务，2 人一组对水族箱进行洗沙，互相协作完成水族箱清洁维护。

（二）开展劳动实践

1. 外部清洗

（1）玻璃表面：用干净柔软的湿布擦拭水族箱外部玻璃，去除灰尘、水渍和手指印等。如果有顽固污渍，可蘸取少量白醋或专用的玻璃清洁剂轻轻擦拭，然后用清水洗净并擦干，保持水族箱外观清晰透明。

（2）箱体框架：对于水族箱的塑料或金属框架，用湿布擦拭去除灰尘和污垢。金属框架要注意避免使用尖锐物品刮擦，防止损坏表面涂层导致生锈。如果框架上有藻类或其他污渍，可以用软毛刷蘸取适量的温和清洁剂轻轻刷洗，然后用清水冲洗干净。

2. 内部清洗

（1）清洗过滤器：清洗过滤器时，先切断电源，将过滤器取出。用原水族箱中的水冲洗过滤棉、生化棉等过滤材料，去除上面的杂质和污垢。如果过滤材料太脏，可以适当更换。对于陶瓷环、细菌屋等生化滤材，轻轻冲洗表面的杂质即可，避免过度清洗破坏上面的有益菌。

（2）清理藻类：水族箱内容易滋生藻类，可以使用刮藻刀、磁力刷等工具清理玻璃上的藻类。对于水草和装饰品上的藻类，可用软毛刷轻轻刷洗，也可以放入一些食藻生物，如清道夫、小精灵鱼、黑壳虾等，帮助控制藻类生长。

（3）清洗底材：如果是沙质底材，可使用洗沙器进行清洗，前面已有详细介绍。如果是石子等底材，可以将其捞出，用清水冲洗，去除表面的污垢和杂质后再放回水族箱。

3. 特殊部件清洗

（1）灯具：关闭灯具电源并冷却后，用湿布擦拭灯具表面的灰尘。对于灯罩内部，可以用柔软的干布轻轻擦拭，避免水汽进入灯具内部。如果灯具上有藻类或污渍，可蘸取少量温和的清洁剂擦拭，然后擦干。

（2）加热棒：先拔掉加热棒的电源插头，待其冷却后取出。用湿布轻轻擦拭加热棒表面的水垢和污垢，水垢较厚时，可将加热棒浸泡在白醋溶液中一段时间，再用软布擦拭干净。

四、劳动注意事项

（1）清洗水族箱时，要小心操作，避免碰伤鱼体和损坏水草及装饰品。

（2）使用的清洁剂和工具要确保对水族箱内生物无害，避免残留的化学物质对水质造成污染。

（3）清洗过程中要注意安全，特别是在处理电器设备时，一定要先切断电源，防止触电。

（4）清洗后，要密切观察水族箱内生物的状态，如有异常，及时采取措施。

技能 3　水族箱换水

一、劳动任务

对水产养殖实训基地的水族箱进行换水，维持水族箱生态平衡和鱼类健康。

二、劳动工具及准备

水桶、虹吸管 / 换水器、温度计。

三、劳动步骤

（一）制订劳动计划

根据劳动任务，2 人一组，互相协作完成水族箱换水。

（二）开展劳动实践

1. 准备工作

（1）除氯：将自来水静置或使用水质调节剂进行除氯处理。如果使用静置法，一般需要将自来水在水桶中静置 24 ~ 48 小时，以让水中的氯充分挥发。

（2）测量水温：用温度计测量水族箱内的水温，准备与之温度相近的新水，温差应

控制在 ±2℃以内。

2. 换水操作

（1）吸出污水：利用虹吸管或换水器，将其一端放入水族箱底部，另一端置于低于水族箱水位的水桶中，启动虹吸原理吸出底部的污水，注意避开鱼和水草，尽量吸出底部的粪便、食物残渣等杂质。

（2）控制换水量：按照预定的换水量进行换水，不要一次性将水全部换掉，以免水质剧烈变化对鱼造成应激。

3. 加入新水

（1）缓慢注水：将处理好的新水沿着水族箱壁缓慢倒入，避免水流过急冲击鱼和水草，破坏水族箱内的生态环境。

（2）检查水质：换水后，可以使用水质检测工具检查水质的酸碱度、硬度等指标，确保水质符合鱼的生存要求。

四、劳动注意事项

（1）避免水流冲击：无论是吸出污水还是加入新水，都要注意水流速度，避免对鱼体和水族箱内的造景造成冲击。

（2）保护有益菌：换水过程中尽量减少对过滤器和水族箱内生化环境的干扰，以免破坏其中的有益菌群，影响水质的稳定。

（3）观察鱼的状态：换水后要密切观察鱼的行为、食欲和体表状况等，要及时检查水质和鱼的健康状况，采取相应措施。

讨论与反思

1. 谈谈对现代化养殖模式的认识。

2. 参观校企合作企业或者实训基地的陆基圆池养殖车间，畅想并讨论现代养殖业的发展。

3. 讨论实训基地水族箱造景和布局，了解市场上水族景观现状。通过参观水族馆或者海洋馆，认识大型水族景观，讨论未来水族景观的发展趋势。

4. 通过劳动实践，讨论和思考实训基地内仪器的使用方法和维护方法。

5. 结合当今技术发展趋势，讨论现代养殖会运用到哪些技术。思考在“高端化、智能化、绿色化发展”背景下，现代养殖应该如何转型。

专题三　烹饪工艺与营养

专题导语

“民以食为天”。食物是人们获取能量、维持身体机能正常运转的物质，在人们的生活中占据着重要的地位。随着我国国民经济稳步发展，人民生活水平日益提高，饮食健康是现代社会生活中人们最为关注的问题。人们开始更加注重荤素搭配和营养均衡，烹饪工艺在一定程度上可以决定食物的营养程度，所以在烹饪的过程中需要注重烹饪方法，保证食物在色香味俱全的情况下，能够保留较多的营养成分。

随着饮食文化逐渐走向多元化，烹饪技艺也在创新发展，现代餐饮管理在行业中扮演着越来越重要的角色。通过本专题的学习，可以比较全面地感受到现代餐饮生产逐渐向标准化、规范化和科技化方向前进，这是新时代下烹饪工艺与生产技术进步的体现。

项目一

烹饪实训仪器设备维护与管理

项目目标

1. 通过学习，了解烹饪实训中各类工具、设备的正确使用方法和维护保养要点。

2. 通过实训室烹饪仪器设备管理维护实践，培养良好的工具设备管理意识和习惯，确保烹饪实训生产的顺利进行和设备的长期稳定运行。

3. 通过厨房维护实践，掌握常见烹饪工具、设备故障的排查和简单维修方法。

项目导语

本项目围绕烹饪实训仪器设备维护与管理这一核心主题，通过“烹饪工具维护与管理”“加热设备维护与管理”“冷藏设备维护与管理”“刀具及餐具保管”四个任务展开。在“烹饪工具维护与管理”中，将阐释厨房烹饪设备，让厨具成为经久耐用的“美食战友”，令烹饪的时光更添一份从容与趣味。在“加热设备维护与管理”中，将阐释加热设备的养护秘籍，让煎炒烘烤的每一步都轻松愉快。在“冷藏设备维护与管理”任务中，从制冷保鲜原理到除霜妙招，让食材持续保鲜。在“刀具及餐具保管”任务中，熟悉刀具的特性，辨析餐具的使用区别，令它们耐久好用。通过本项目的学习，学生将全面掌握烹饪实训仪器设备维护与管理技能，更为得心应手地使用烹饪仪器设备。

任务一 烹饪工具维护与管理

科普知识

烹饪工具的维护与管理——让烹饪更高效的方法

烹饪工具是厨房中不可或缺的帮手，烹饪工具的正确选择和使用，对于烹饪出美味、营养、健康的菜肴至关重要。同时，定期对烹饪工具进行清洁、保养和维护，能够延长工具的使用寿命，确保烹饪过程的顺利进行。

一、锅具：烹饪的基石

锅具是烹饪过程中不可或缺的核心工具，它们的材质、形状和功能各异，满足了各种烹饪方法的需求，从快速翻炒到慢炖细煮，从煎炸到蒸煮，锅具的正确选择和使用对食物的口感、营养和烹饪效率都有着决定性的影响。

（一）炒锅：厨房中的“舞者”

炒锅，以其独特的弧形底部和宽大的边缘，成为中式烹饪中最具代表性的锅具。它的设计完美契合了快速翻炒的烹饪方式，使食材能够在短时间内均匀受热，锁住营养，保留风味。炒锅的材质多样，常见的有铁锅、不锈钢锅和不粘锅等。

1. 铁锅

铁锅是传统炒锅的首选材质，具有卓越的导热性和蓄热性。它能够迅速将热量均匀地传递给食材，即使在高温下也能保持稳定的热力输出。使用铁锅炒菜，还能为人体补充适量的铁元素，有助于预防缺铁性贫血。铁锅的维护与管理对于保持其良好的烹饪性能和延长使用寿命至关重要。

（1）使用技巧。

首次使用前，需进行“开锅”处理，有助于防止食物粘锅并增强锅的不粘性。

烹饪时，避免使用尖锐的金属器具直接接触锅底，以免刮伤锅面。炒菜前，确保锅内充分预热，再加入适量油，待油热后加入食材，可减少食物粘锅现象。

（2）清洁与保养。

使用后，应趁热用清水冲洗铁锅，借助锅铲轻轻刮去锅内残留物，同时用锅刷清洗。避免使用化学清洁剂，以免破坏锅表面形成的天然油脂膜。清洗后，用干净布擦干锅内水分，或用小火加热至水分完全蒸发，防止生锈。

存放铁锅时，应确保其干燥，避免潮湿环境导致生锈。可将锅倒置或悬挂，保持通风，减少水分积聚。若长时间不使用，可在锅内涂抹一层薄薄的食用油，用保鲜膜或干净布覆盖，防止灰尘和湿气侵入。

2. 不锈钢锅

不锈钢锅耐腐蚀、易清洁，外观美观、使用寿命长，适用于多种烹饪方式。不锈钢锅不会与食物发生化学反应，不会改变食物的味道或质地。其底部通常采用多层复合材料，如铝或铜芯夹在不锈钢层之间，这种结构能够使热量均匀分布，确保食物烹饪一致，防止出现热点并降低烧焦的风险。其表面光滑，不易沾染污渍，也不太可能滋生细菌，清洁方便，大多数不锈钢锅都可以用洗碗机清洗，也可以用温水和温和的清洁剂手洗。不锈钢材料不会与酸性或碱性食物发生反应，从而保持食物的风味和营养品质的完整性，正常使用不锈钢锅不会释放有害物质到食物中。

（1）使用技巧。

第一，避免长时间空烧。不锈钢锅在没有液体或食物的情况下长时间加热可能会导致锅底变色或者损坏涂层。

第二，选择合适的热源。不锈钢锅适合各种类型的炉灶，包括电磁炉，但要确保锅底与加热面接触良好，以保证均匀加热。

（2）清洁与保养。

清洗时最好使用温和的洗涤剂和海绵或软布，避免使用硬质刷子或钢丝球，以免划伤不锈钢锅表面。对于顽固污渍，可以使用白醋或苏打粉进行清洁。白醋可以溶解不锈钢锅上的水垢和烧焦物，苏打粉可以中和不锈钢锅上的酸性污垢，同时也有去油和除臭的作用。清洗并擦干后，将不锈钢锅存放在干燥、通风的地方，避免潮湿环境导致生锈。

定期检查不锈钢锅表面是否有划痕或损坏，及时处理小的划痕，防止其扩大。如果锅表面出现氧化痕迹，可以使用专门的不锈钢清洁剂进行清洁。

3. 不粘锅

不粘锅是一种在锅体内表面涂覆不粘涂层的炊具，具有不粘、耐热、易清洁、少油烟等特点。不粘锅能够轻松煎、炒食物而不粘底，最大限度地减少用油，厨房干净少油烟，帮助减少脂肪的摄入量，顺应了现代人追求低脂肪、低热量的消费潮流。

（1）使用技巧。

第一，新买的不粘锅在首次使用前，要用软布蘸取少量食用油，将锅的内壁均匀擦拭一遍。这样可以填补锅内可能出现的微小孔隙，增强不粘涂层的光滑度。然后将锅放在炉灶上，用中小火加热，让油在锅内均匀分布并形成一层保护膜。加热时间 2 ~ 3 分钟即可，注意不要加热过度，以免损坏不粘涂层。

第二，注意火候控制。不粘锅不耐高温，使用时最好不要用大火。一般建议使用中小火进行烹饪。如果火候过大，锅内温度过高，不粘涂层可能会加速老化，甚至释放出有害物质。而且过高的温度也容易使食物烧焦，影响口感和营养。

第三，烹饪工具选择。要使用木质、硅胶或者尼龙等材质的铲子、勺子来翻动食物。这些材质比较柔软，不会刮伤不粘涂层。绝对不能使用金属铲子，因为金属质地坚硬，在翻动食物时很容易在锅内留下划痕，破坏不粘涂层。

第四，避免干烧。千万不要让不粘锅干烧。即使是很短的时间，空锅在火上干烧也会使锅体温度急剧升高，导致不粘涂层损坏。在烹饪过程中，如果需要暂时离开炉灶，一定要先将火关小或者关掉，确保锅内有食物或者足够的油、水等来吸收热量。

（2）清洁与保养。

在清洁不粘锅时，要使用软质的清洁工具，如软海绵或者软布，不要使用钢丝球等硬质清洁工具，以免刮花不粘涂层。对于一些比较容易清洁的食物残留，如煎蛋后的蛋液残留，可以在锅冷却后，用清水浸泡几分钟，再用软布轻轻擦拭即可。如果锅内有烧焦的食物，可以先将锅浸泡在温水中，加入少量小苏打，小苏打能够起到一定的软化作用，使烧焦的食物更容易脱落，然后再进行清洗。

每次使用完不粘锅后，要等锅自然冷却后再进行清洗和收纳。因为热胀冷缩的原理，如果在锅还很热的时候就用冷水冲洗，可能会对不粘涂层造成损伤。在收纳时，要将锅放在干燥、通风的地方，避免潮湿环境导致锅体生锈或者不粘涂层受潮。

如果发现不粘锅的涂层出现明显的划痕、脱落或者颜色变深等情况，就说明涂层已经损坏。此时，不粘锅的不粘性能会大大降低，食物容易粘锅，而且可能会有涂层碎片混入食物中，影响食物的安全性。一旦不粘涂层损坏，建议及时更换新的不粘锅。

（二）汤锅：慢炖细煮的“艺术家”

汤锅主要用于煲汤、煮粥、炖菜等。它通常具有较大的容量和较深的锅身，能够容纳足够的食材和水分，让食材在长时间的炖煮过程中充分释放营养和风味。汤锅的材质多样，常见的有不锈钢、铸铁、陶瓷等，各有特点，其使用与管理也各有特色。

1. 不锈钢汤锅

不锈钢锅是家庭厨房中常见的选择，具有耐腐蚀、易清洁、外观美观等优点。它适合各种烹饪场景，无论是煮汤、炖肉还是熬粥，都能胜任。不锈钢汤锅的导热性能相对稳定，能够使汤水均匀受热，保持稳定的温度。不过，不锈钢材质的保温性能相对较差，汤水容易冷却，因此在炖煮过程中可能需要更频繁地调整火力，以保持适宜的温度。

2. 铸铁汤锅

铸铁锅厚重的特点使得它在烹饪过程中能够均匀导热，保持食物的温度，非常适合慢炖和煲汤。铸铁材质具有良好的蓄热性，一旦加热到适宜的温度，就能持续释放热量，使食材在稳定的温度下慢慢炖煮，充分吸收调料的味道，变得酥软入味。

3. 陶瓷汤锅

陶瓷汤锅以其天然的材质和美观的外观受到许多人的喜爱。它具有一定的保温性，能够使汤水在炖煮过程中保持温度，同时还能为食物增添独特的风味。陶瓷材质不易与食材发生化学反应，适合炖煮各种食材，尤其是酸性食材，如番茄汤等。不过，陶瓷汤锅较为脆弱，容易破碎，使用时需要小心轻放。此外，陶瓷汤锅的导热性能相对较差，加热速度较慢，需要提前预热，以避免食材受热不均。同时注意陶锅都害怕骤冷骤热，千万不要在冷锅时直接上已经烧得很热的灶，也不要在锅烧热了之后，直接接触冷水。那样很容易造成陶锅的破裂。

（三）蒸笼：蒸汽的力量

蒸笼是用于蒸制食物的厨房器具，它利用蒸汽的热量使食物熟透，能够最大程度地保留食物的营养成分和原汁原味。用于蒸制食物，如馒头、包子、蒸鱼等。蒸笼材质主要有不锈钢、竹质和陶瓷等。

1. 不锈钢蒸笼

不锈钢蒸锅是家庭厨房中常见的选择，具有耐腐蚀、易清洁、外观美观等优点。它适合各种食材的蒸制，无论是蒸馒头、包子还是蒸鱼、蒸肉等，都能提供稳定的蒸汽环境。不锈钢蒸笼的导热性能相对稳定，能够使蒸汽均匀地传递给食材，使食材受热均匀，烹饪效果好。不过，不锈钢材质的保温性能相对较差，蒸制过程中可能需要更频繁地加水，以避免锅内水烧干。

2. 竹制蒸笼

竹制蒸笼以其天然的材质和独特的香气而受到许多人的喜爱。竹子具有良好的透气性和吸水性，能够在蒸制过程中吸收多余的水分，使食材保持干爽，同时还能为食物增添淡淡的竹香。竹制蒸笼的外观自然美观，具有浓厚的传统文化气息，适合蒸制各种中式点心和菜肴。然而，竹制蒸笼较为脆弱，容易变形和开裂，需要定期保养，如在使用前后用湿布擦拭，保持竹子的湿润度。竹制品容易受潮湿环境的影响，储存前需清洗并彻底晾干，避免潮湿环境滋生霉菌。可以将竹蒸笼存放在通风干燥的环境中，也可以使用除湿器或干燥剂来降低空气湿度。

二、砧板：食材的加工站

砧板是用于切菜、切肉等烹饪操作的厨具，通常烹饪前都需要在砧板上进行原材料的预加工处理。砧板的主要材料包括木质、竹质、塑料、合成橡胶等，每种材料都有其特点和适用场景。

（一）砧板的分类

1. 木质砧板

木质砧板质地坚硬，耐用，对刀具损伤小。常见的有柳木、榉木、乌桕木等。适合切肉、切菜等，尤其是需要频繁使用刀具的场合。缺点是容易滋生细菌，需要定期消毒和保养。

每隔一段时间（如每月一次），用食用油（如橄榄油、植物油）涂抹砧板表面，以防止干裂。清洗时避免长时间浸泡在水中，以免变形或开裂。如果砧板表面出现较深的刀痕，可以用砂纸打磨平整，然后重新油润。

2. 竹制砧板

竹制砧板轻便、环保，表面光滑，不易沾染污渍，适合切水果、蔬菜等，不适合切肉或较硬的食材。缺点是容易开裂，使用寿命相对较短。

3. 塑料砧板

塑料砧板轻便、价格低廉，容易清洗。适合家庭日常使用，尤其是切水果和蔬菜。缺点是容易产生刀痕，刀痕中容易藏污纳垢，滋生细菌。使用后及时晾干，避免长时间潮湿。如果砧板表面出现较多刀痕，应及时更换或使用刨刀刨去刀痕并磨平，防止细菌滋生。塑料砧板在高温时会变形，而且高温会加速化学物质的析出，因此最好不要用来切很烫的熟食。

（二）砧板的管理与维护

合理的砧板存放管理不仅能延长砧板的使用寿命，还可以有效提高砧板管理的效率和安全性，为厨房的卫生和食品安全提供保障。

图 3–1 是比较常用的刀具砧板组合消毒柜。砧板存放管理注意事项如下：

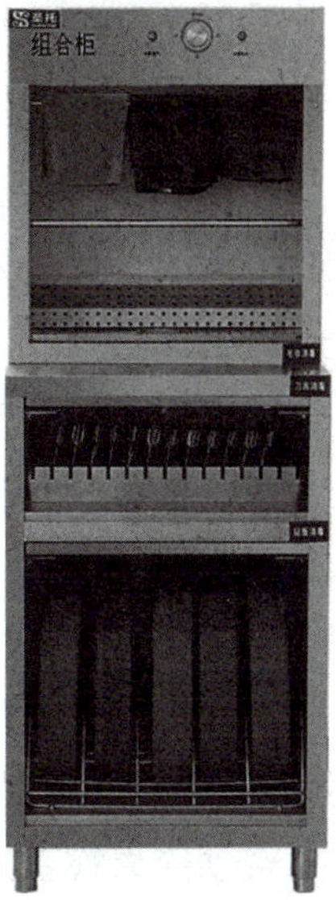

图 3–1　刀具砧板组合消毒柜

（1）砧板应存放在清洁、干燥通风的环境中，避免因潮湿导致滋生细菌或霉菌。避免将砧板放在水槽、洗碗机或潮湿的角落。

（2）避免将砧板放在阳光直射的地方，以免木材或塑料材质的砧板变形或褪色。

（3）区分用于切割生熟食材的砧板，应单独存放，避免与其他砧板混用。可以在砧板上标明用途（如“生食”“熟食”“水果”等），并用带颜色标签区分，便于快速识别和管理。

（4）砧板应竖放或挂放，避免平放，若多个砧板堆叠在一起，底部的砧板因缺乏通风而滋生细菌。

（5）定期翻转砧板，确保两面均匀使用，延长使用寿命。对于双面使用的砧板，应标记正反面，避免混淆。

（6）使用后，应立即用清水冲洗砧板，去除食物残渣。避免使用钢丝球，以免刮伤砧板表面。

（7）定期检查砧板的表面，如有裂纹、刀痕过深或变形，应及时更换，避免细菌滋生。

（8）对于木质砧板，应定期检查是否有虫蛀或霉变迹象，及时处理。

劳动技能

技能 1　炒锅开锅

开锅，是指将新买的炒锅或者久置未用的炒锅通过特定的方法进行处理，以便后续烹饪时能够达到更好的炒菜效果。开锅后的炒锅在烹饪过程中不易粘锅，炒菜更美味。

一、劳动任务

实训室有一批炒锅已经久置未用，需要清洗并开锅处理，为新学期的上课做准备。

二、劳动工具及准备

铁锅、洗锅刷、食用油、毛巾、洗洁精、小苏打粉。

三、劳动步骤

（一）制订劳动计划

根据劳动任务进行分组，各小组成员讨论确定劳动目标，分组进行铁锅和不粘锅的开锅操作。

（二）开展劳动实践

1. 锅具清洗

（1）使用毛巾滴上洗洁精清洗锅具。对于顽固污渍，可以使用苏打粉进行清洁。

（2）使用清水清洗锅具，确保锅具上无清洁剂残留。

2. 锅具开锅

（1）锅内放置在炉灶上小火加热烘干，取适量食用油，均匀涂抹锅内，尽量使整个锅面都覆盖上食用油。加热至油开始冒烟，然后倒出多余油分，使锅表面形成一层均匀的油膜。

（2）二次清洗：使用清水刷洗干净炒锅，然后开火蒸干水分。

（3）炒锅上火烧热，舀一大勺油，在锅内全部用油润一下，把多余的油脂倒出来，油热后关火，让炒锅自然冷却。

3. 劳动成果检查与展示

教师根据实际完成情况进行现场分组点评。

4. 铁锅立于灶台上放置

锅具摆放整齐，保持环境通风。劳动完成后，各组清点工具，及时归还并码放整齐。

四、劳动注意事项

（1）劳动前进行安全教育，学会工具的正确使用方法，避免工具使用过程中的安全隐患。

（2）锅具较重，清洗时可能会引起地面湿滑，劳动期间禁止嬉戏打闹。

技能 2　砧板保养

砧板可是厨房里的得力助手，定期给砧板进行养护，可以让砧板焕然一新，用得更久更安心！

一、劳动任务

烹饪实训一段时间后，实训室的砧板已经刀痕累累，需要给砧板进行一次保养养护，让砧板更为平整。

二、劳动工具及准备

砧板、刷子、砂纸、毛巾、洗洁精、食用油、电动抛光机、扫把、垃圾铲。

三、劳动步骤

（一）制订劳动计划

明确劳动任务，根据所学知识讨论确定劳动方法，独立进行砧板保养工作。

（二）开展劳动实践

1. 砧板打磨

对于砧板上有刀痕或霉渍的砧板，使用砂纸或电动抛光机对其表面进行打磨，磨去刀痕和霉渍。

2. 砧板清洁及养护

（1）使用刷子附上洗洁精进行刷洗。

（2）刷洗完毕后，使用清水洗去清洁剂。

（3）使用毛巾擦干砧板，砧板表面涂上薄薄一层食用油，将砧板立于砧板架上自然风干。

3. 劳动成果检查与展示

教师检查砧板保养情况，根据实际完成情况进行现场分组点评。

4. 砧板放入砧板消毒柜进行消毒

劳动完成后，各组清点劳动工具，及时归还并码放整齐。清洁打磨碎屑，保持实训室台面和地面整洁。

四、劳动注意事项

（1）注意电动打磨机的正确使用，使用时戴上棉布劳保手套，防止误伤。

（2）由于砧板较重，搬运放置时切勿着急，轻拿轻放。

任务二 加热设备维护与管理

科普知识

加热设备维护与管理要点——厨房烹饪的基石

食品加热设备是现代厨房中不可或缺的工具。这些设备通过不同的加热方式（如明火、电热、蒸汽、微波等）对食材进行烹饪、加热、保温等处理，以满足人们多样化的饮食需求。常见的食品加热设备包括燃气灶、电磁炉、电烤箱、微波炉、蒸锅、电饭煲、慢炖锅等。

一、烤箱

烤箱是一种常见的厨房电器（见图 3–2），用于烘焙、烤制各种食物，如面包、蛋糕、肉类等。电烤箱是利用电热元件所发出的辐射热来烘烤食品，电烤箱的温度一般可在 50℃ ~ 250℃范围内调节。市面上主流的烤箱拥有上下双管加热，并且双管可以独立控温，使得食材在烤制过程中，能在不同温度下得到精确的烘焙。表 3–1 是烤箱烘烤温度时间表。

图 3–2　家用烤箱及商用烤箱

表 3–1　烤箱烘烤温度时间表

烤香肠	180℃ 15 分钟	烤鸡翅	180℃ 30 分钟	烤板栗	200℃ 25 分钟 （切口）	烤地瓜	210℃ 40 分钟 （翻面）
烤排骨	200℃ 30 分钟	叉烧肉	180℃ 30 分钟	烤薯条	200℃ 25 分钟 （翻面）	烤南瓜	200℃ 25 分钟 （翻面）
烤肉脯	180℃ 30 分钟	烤牛排	210℃ 13 分钟	烤花菜	200℃ 15 分钟 （翻面）	金针菇	200℃ 13 分钟 （翻面）
烤鸡腿	190℃ 40 分钟	烤肉干	160℃ 20 分钟	娃娃菜	180℃ 15 分钟 （翻面）	烤玉米	180℃ 15 分钟 （翻面）
烤肉串	210℃ 15 分钟	烤全鱼	210℃ 20 分钟	烤豆角	210℃ 12 分钟 （翻面）	烤茄子	200℃ 23 分钟 （划开）
鸡米花	200℃ 15 分钟	肥牛 金针菇	180℃ 20 分钟	烤蘑菇	180℃ 20 分钟 （翻面）	烤香蕉片	170℃ 30 分钟

续表

烤蛋达	180℃ 20 分钟	烤薯条	200℃ 25 分钟	海绵蛋糕	20℃ 30 分钟	马卡龙	190℃ 16 分钟
烤吐司	190℃ 10 分钟	烤比萨	180℃ 15 分钟	芝士蛋糕	190℃ 50 分钟	曲奇饼干	190℃ 20 分钟
烤薯片	170℃ 25 分钟	榴莲酥	180℃ 20 分钟	纸杯蛋糕	150℃ 50 分钟	麦芬蛋糕	180℃ 18 分钟
烤泡芙	180℃ 25 分钟	蛋黄酥	180℃ 30 分钟	菠萝包	180℃ 20 分钟	桃酥	180℃ 20 分钟
烤布丁	165℃ 35 分钟	烤脆饼	170℃ 20 分钟	舒芙蕾	150℃ 20 分钟	巴斯克蛋糕	220℃ 25 分钟
烤饼干	180℃ 19 分钟	烤青椒	190℃ 10 分钟 （翻面）	肉松小贝	150℃ 30 分钟	麻薯	170℃ 30 分钟

二、电磁炉

电磁炉是一种高效、便捷的厨房电器，通过电磁感应原理加热锅具，广泛用于煮、炒、炖等多种烹饪方式。使用前确保电磁炉的电源线和插头完好无损，无破损或老化现象。电磁炉的额定电压一般为 220V，使用前需确认电源电压与电磁炉的额定电压一致。电磁炉功率较大，建议单独使用一个插座，避免与其他大功率电器共用插座，防止过载。

（一）使用注意事项

使用时需要将电磁炉放置在平稳、通风良好的台面上，避免靠近水源或潮湿环境，防止短路或漏电。确保电磁炉周围有足够的空间，避免散热孔被堵塞，影响散热效果。注意电磁炉只能使用铁、不锈钢等磁性锅具，铝锅、铜锅、陶瓷锅等非磁性锅具无法使用。锅具的锅底应平整、干净，无油污和杂物，以确保加热效果。

注意不要在锅内无水或无食物的情况下开启电磁炉，否则会导致锅具过热损坏，甚至引发火灾。煮汤、煮粥或煮水时，注意防止液体溢出。如果液体溢出，应及时关闭电磁炉，清理溢出物，避免损坏电路。

（二）清洁与保养

使用后，待电磁炉冷却，拔掉电源插头，用湿布擦拭表面，去除油污和杂物。注意不要让水流入散热孔或电路板。

三、燃气炒炉

燃气炒炉是一种常见的厨房烹饪设备，主要用于快速翻炒食材，适合中式烹饪中的炒、煎、烹等多种操作。按使用场景来分，可以分为商业双炒单尾燃气炒炉（见图 3–3）和家庭燃气灶（见图 3–4）。商业燃气炒炉更适合需要高火力、多功能、高效率的餐饮场所，如酒店、餐厅、食堂等，而家庭燃气炒炉则更适合注重节能、安全和操作简便的家庭环境。

图 3-3 商用双炒单尾燃气炒炉

图 3-4 家用燃气灶

四、微波炉

微波炉是一种利用微波能量来加热食物的厨房电器。它的原理是基于微波与食物中水分子的相互作用，通过高频电磁波使水分子振动产生热量，从而实现快速加热。微波炉可以在几分钟内完成食物的加热，非常适合快节奏的现代生活。

（一）使用注意事项

微波炉加热需要使用特定材质的容器，如微波炉安全塑料容器、玻璃容器、陶瓷容器等。避免使用金属容器或带有金属装饰的容器，因为金属会反射微波，可能导致火花甚至损坏，可以使用玻璃、陶瓷、塑料等材质的容器盛装原料。不要在空炉时启动微波炉，否则可能导致磁控管损坏。另外，一些外壳坚硬的食物也不能放入微波炉加热，如核桃、鸡蛋等，否则会引起爆炸。

（二）清洁与保养

使用后，用湿布擦拭微波炉内部，去除食物残渣和污渍。如果污渍较重，可以用少量白醋或小苏打水擦拭。清洁时避免使用强酸、强碱等腐蚀性清洁剂，以免损坏微波炉内壁。需要定期检查炉门封条，确保其干净无损坏，防止微波泄漏。

劳动技能

技能 1 燃气炒炉的使用与维护

饭店中使用的燃气炒炉在短时间内能够快速加热食材，锁住营养成分和原汁原味。这种高效的烹饪方式不仅保证了食材的新鲜度和口感，还提升了厨房的工作效率，满足了饭店快速出餐的需求。为了用好这样的烹饪利器，首先需要学习其正确安全的操作方法和设备维护技巧。

一、劳动任务

实训室的燃气炒炉在使用前需要打火测试与清洁，需要同学们对实训室的灶炉进行检测与维护。

二、劳动工具及准备

锅刷、洗洁精、钢丝球、不锈钢碗。

三、劳动步骤

（一）制订劳动计划

明确劳动目标，根据劳动任务进行分组，制作开火步骤和炉灶检查清单，协作分工。

（二）开展劳动实践

1. 检查设备

使用燃气炒炉时，检查设备是否正常（见表 3-2）。

表 3-2 检查设备

步骤		图示
使用前检查	找到燃气总阀，检查燃气管道连接是否牢固，阀门是否可以正常开启，确保无漏气现象	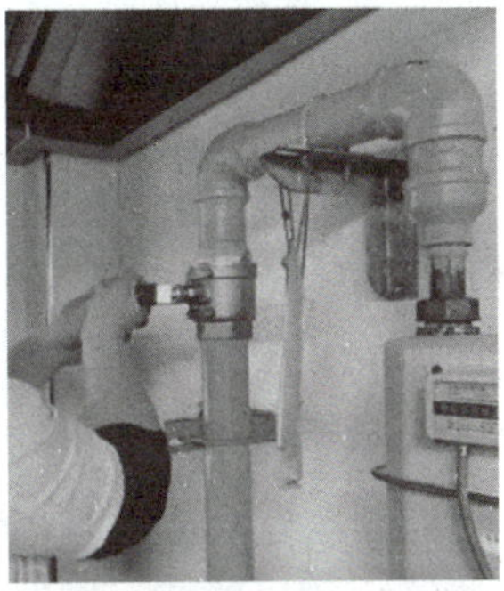
	打开抽风设备，确保工作场所通风良好	
	检查火口是否正常，有无灰烬异物	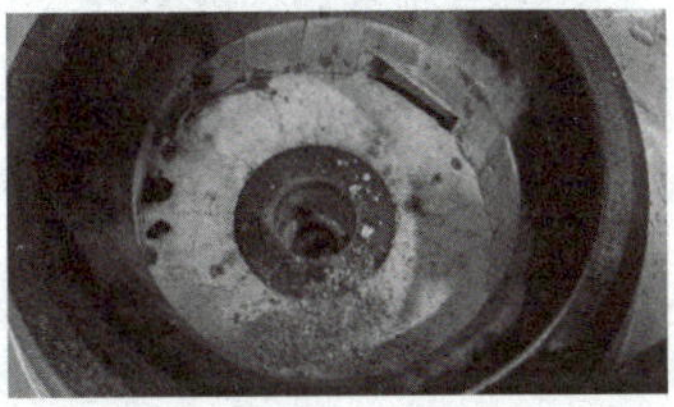
点火及火力调节	打开炒炉的燃气阀开关，注意在点火前，请勿将炒锅放在炉灶口，避免燃气积聚在灶口内，点火时发生爆炸	

续表

步骤		图示
点火及火力调节	转动炉灶点火阀开关点燃火种，使用火种将火种口残留水汽烧干，待火种稳定后，再调节火力阀门使火焰正常燃烧。 调动火力阀门时慢开慢关，以免燃气突然加大导致火焰喷出	
关闭设备	使用完毕后，先关闭燃气开关，待火焰熄灭后，再关闭风机和抽风设备。若长时间不使用，需关闭燃气总阀门	

2. 维护保养

（1）使用后，用湿布和洗洁精清洁炉面和锅架，避免油污堆积。清洁时，避免直接用水冲洗，防止炉头火眼进水。

（2）用肥皂水检查燃气管道接头处的密封性，严禁用明火检查。使用后清理炉头内灰烬和燃烧器，防止堵塞，确保燃烧充分。

（3）检查炉灶出水口和排水口是否使用正常，使用刷子对排水槽进行除油污清洁。

（4）抽油烟机清洁。抽油烟机断电后，拆除隔油挡板，使用除油洗剂进行清洗。拧下集油罐，将油渍倒入废油桶。不可将油渍直接倒入水池中，避免管道堵塞。见图 3-5。

图 3-5　抽油烟机清洁示意图

四、劳动注意事项

（1）劳动前做好安全教育，学会灭火器的正确使用方法，预先做好应急安全演练。

（2）劳动需全程在老师的指导下完成，老师发现操作错误的时候应及时指正，避免发生危险事故。

（3）确保劳动过程中实训室保持通风，如发现天然气泄漏，应立即关闭天然气总阀开关并撤离实训室，立即向学校汇报。

【拓展阅读】

油锅起火怎么办

在烹饪过程中若遇油锅起火，务必保持冷静，切勿慌乱。需要特别注意的是，绝对不可用水进行扑救。由于水的密度大于食用油，注入后会沉入锅底，无法有效隔绝空气，反而可能导致热油喷溅，进而扩大燃烧范围。

应对油锅起火的首要措施是立即关闭燃气阀门，通过切断火源可防止火势进一步蔓延。

使用锅盖进行灭火是一种简便有效的方法——迅速将锅盖覆盖于油锅之上，以隔绝火源与空气的接触，火焰将因缺氧而逐渐熄灭。操作时需注意，不应垂直向下盖锅盖，以免火焰从侧面喷出造成手部灼伤。正确的做法是从侧面向前覆盖，并保持锅盖位置固定，直至火焰完全熄灭且锅内温度降至安全范围。

如果火势较大，且无法用锅盖控制，可以使用灭火器或灭火毯。使用灭火器时首先提起灭火器，拔掉保险销。站在火源的上风方向，距离火源约 2 米处，对准火源根部，按下把手，左右扫射，直到火势熄灭。使用灭火毯时，先将灭火毯完全展开，再迅速覆盖在油锅上，确保灭火毯完全覆盖火源，隔绝空气，火势会逐渐熄灭。

还有一种看似惊险实际有用的方法，那就是“火上浇油”。往油锅里继续加大量的油来灭火，原理是将油锅温度降低到油品的自燃点以下。但注意要沿油锅边缘缓慢倒入。

技能 2　烤箱的使用与维护

商用烤箱凭借其独特的稳定性和高效性，成为餐厅、酒店和面包房等商业厨房的优选设备。学习烤箱的正确使用和维护方法，可以保证操作过程中的安全性，也能让设备健康运行。

一、劳动任务

学习烤箱的使用方法，并实际操作使用烤箱烘烤红薯。在使用烤箱前，做好设备检查。

二、劳动工具及准备

红薯、刷子，烤盘，毛巾，隔热手套。

三、劳动步骤

（一）制定劳动计划

根据劳动任务进行讨论并分组，制作任务清单。

（二）开展劳动实践

1. 检查设备

打开电闸开关，检查设备是否可以通电并正常运行。检查烤箱的加热管、温控器等部件是否正常工作。如果发现加热管有损坏或温控器不准确，要及时维修或更换，以确保烤箱的正常使用和安全。

2. 清洁烤箱

可以用湿布擦拭烤箱的内壁、烤架和烤盘，去除灰尘和可能存在的杂质。注意不要使用腐蚀性清洁剂，以免损坏烤箱内壁的涂层。

3. 预热烤箱

使用烤箱前需要预热 10 ~ 15 分钟，使烤箱内温度达到烤制温度。设定烤箱温度为上下管火力 210℃预热。

4. 清洗食材

将红薯放入清水中，用刷子轻轻刷洗表面，去除泥土和杂质。洗净后，用干净的布或纸巾擦干红薯表面的水分。将红薯放入烤盘，确保红薯之间有一定的间隔，以便热空气能够均匀流通。

5. 烤制红薯

戴上隔热手套，将烤盘小心放入预热好的烤箱中。烤制时间根据红薯的大小而定，一般需要 45 分钟至 1 小时。其间可以每隔 15 ~ 20 分钟检查一次，注意观察食材的颜色和状态，适时调整烤箱温度和时间。

6. 检查熟度

烤制过程中，可以用筷子或叉子轻轻插入红薯，如果能够轻松插入且没有硬芯，说明红薯已经烤熟。

7. 取出红薯

烤熟后，戴上隔热手套，小心地将烤盘从烤箱中取出，避免烫伤。

8. 清洗烤箱

待烤盘冷却后尽快使用毛巾清理污渍，避免使用钢丝球清洗，以免损坏烤盘不粘涂层；等待烤箱完全冷却，再用干净的湿布擦拭烤箱内部和外部，去除残留的食物和污渍。如果烤箱内部有油污，可以使用专门的清洁剂进行清洁。

9. 关闭设备

先关闭设备开关，再拉下电闸，确保电源关闭。

四、劳动注意事项

（1）劳动前做好安全教育，除烤箱内，烤箱外壁及门板在加热过程中也会产生很高温度，禁止用手触碰，小心被烫伤。禁止在操作过程中打闹嬉戏。

（2）放入和取出托盘的时候需要戴好隔热手套，因为烤箱内部和烤盘的温度很高，直接用手接触会造成烫伤。

（3）烤箱烤制过程中，必须全程有人监守。

任务三 冷藏设备维护与管理

科普知识

冷藏设备维护与管理要点——让食材保持新鲜的秘籍

我们可以通过降低食品的温度来减缓微生物的生长速度，从而延长食品的保质期。冷藏设备为食物提供了一个理想的储存环境，使得食物和饮料得以保持新鲜，保证了食物的质地和口感，避免食物变质或变味。冷藏设备平稳可靠地运行十分重要。

一、常见冷藏设备及使用方法

（一）冰箱

现代厨房中使用的冰箱一般有四门（见图 3-6）、六门或冷藏工作台（见图 3-7），款式规格多样。新冰箱要静置 2 ~ 4 小时才能通电启动。因为新冰箱在运输至用户家里的过程中会长时间受到颠簸，就会导致压缩机内部的润滑油倒流进回气管、蒸发器内，甚至会流进气缸里，这时直接通电是会导致冰箱寿命降低。冰箱使用前要先检查冰箱的电源线是否完好，插头是否插紧。根据需要设置合适的温度，一般冷藏室温度设置在 4℃左右，冷冻室温度设置在 -18℃左右。

当冰箱结霜时，会导致制冷效果降低。冰箱会因为如下原因导致结霜：冰箱门没关紧，让冷空气流失，水蒸气趁机进入结冰；食物含水量高，冰箱内水蒸气结为冰霜；排水孔堵塞，冷凝水排不出去，结成冰霜；温控器设置过低，冰箱内温度太低，水蒸气更容易结冰。

（二）冷库

分为冷冻库和冷藏库。冷冻库温度 -30℃ ~ 0℃范围内自由调节，冷藏库温度 -10℃ ~ 5℃范围内自由调节。传统冷库可自制，一般为混凝土砖砌成房屋形，墙体夹有保温层，主要由制冷压缩机、铜制盘管、温控器、电源开关等构成。现在市场上的

图 3-6　四门冰箱

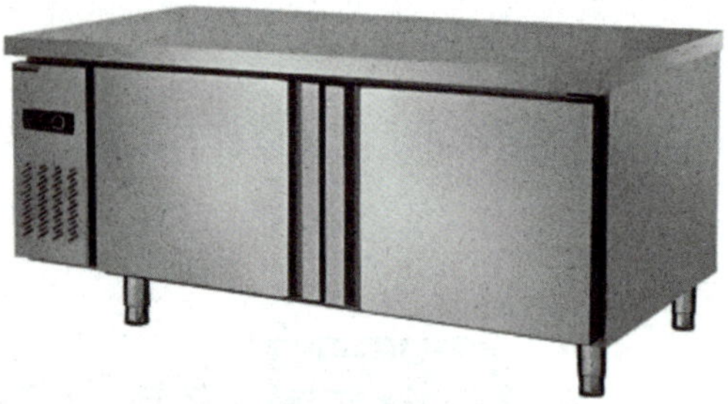

图 3-7　冷藏工作台

冷库大都是采用发泡保温材料制作的板，根据用户的需要拼装而成，无论是从卫生方面还是制冷效果上，都远远超过了传统自制冷库，有的还配备了微电子中央处理器精确控温，液晶数字清晰显示温度，防触电保护装置等。

二、维护与保养

（1）冷库在使用过程中，要尽量减少开关门的次数。避免温度变化过大，以节省能源。

（2）存放食品原料前，应待所存原料自然冷却、分门别类包装、编号后按贮存的要求分门别类整齐地码放在冷藏室或冷冻室内。

（3）保持冷库的地面及环境卫生清洁，定期除霜化冻，以保证冷库的冷冻或冷藏效果。

（4）定期检查冷库的线路，防止老化；

（5）定期补充制冷剂，保证冷库的制冷效果，并检查压缩机的运转情况。

【拓展阅读】

冰箱停用，更易损坏

北方冬天室外气温极低，形成了天然的冷藏环境。因此，部分居民选择关闭电冰箱，将其作为储物柜使用。然而，尽管冬季低温环境下食物不易变质，但长时间停用电冰箱会对其使用寿命产生负面影响。

冰箱内的制冷剂具有一定的腐蚀性，正常使用时，压缩机油可以起到保护作用。但在停机状态下，制冷剂会沉积在管路中，直接接触管道，导致腐蚀。同时冰箱在使用时，蒸发器表面会结霜。冰箱停止使用时，霜就会化成水。因蒸发器埋在保温材料中，水不容易蒸发。这些水蒸气会使冰箱的蒸发器材料发生电化学反应，最终产生冰箱内漏现象。用过的冰箱如停用数月，再使用时就容易产生内漏而不制冷。

为了避免上述问题，如需停用冰箱，每月应通电运行 2 ~ 4 小时，让制冷剂和润滑油循环，防止部件老化和腐蚀。冰箱停用前需要彻底清洁冰箱内外，除霜并擦拭干净，放置在通风干燥处，保持内部干燥，并在门封条上涂抹少量滑石粉或痱子粉，防止粘连和老化。搁置时不要用塑料罩覆盖冰箱，以免聚集潮气，可使用纸壳包装。

劳动技能

技能 冰箱除霜与维护

冰箱用久了，难免会遇到结冰的问题，不仅影响制冷效果，还会增加耗电量，甚至有可能损坏冰箱，所以定期除霜和维护对延长冰箱的使用寿命尤为重要。

一、劳动任务

为冰箱除霜，并对冰箱进行设备检查。

二、劳动工具及准备

劳保手套，不锈钢铲刀，毛巾，洗洁精，不锈钢盆。

三、劳动步骤

（一）制订劳动计划

根据劳动任务进行讨论并分组，制作冰箱维护任务清单。

（二）开展劳动实践

1. 冰箱清洁

使用毛巾附上洗洁精擦拭冰箱内部，去除食物残渣和异味。注意清理时避免使用强酸强碱等腐蚀性强的清洁剂。

2. 冰箱除霜

（1）断开冰箱电源，打开冷冻室的门，用不锈钢盆装热水，使冰霜尽快融化。如果冰较多，可以中途换一次热水。

（2）戴上劳保手套，用铲刀轻轻敲打冰霜，使其自然掉落。切记不可强力敲击冰块，可能会损坏冰箱。

（3）将冰霜装入盆中倒入水池，使用毛巾将冰箱内擦干。

（4）恢复冰箱通电。

3. 冰箱设备检查

（1）检查冰箱门封是否密封良好，门封不紧会导致冷气泄漏，冰箱制冷效果差。

（2）检查冰箱内排水孔是否畅通，如有堵塞，要及时清理。

（3）检查电源线和插头是否完好，如有损坏，要及时更换。

（4）将食物分类存放，生熟分开，避免交叉污染。

（5）检查冰箱内原料状态，丢掉过期腐坏的原料。

（6）检查控温设备是否正常，原料储存温度是否达标。

4. 制订冷藏定期检修维护计划

根据实训室冷藏设备日常使用习惯，讨论并制定冷藏设备维护工作方案，将设备维护内容制作成电子检查任务清单，形成定期检修工作机制。

四、劳动注意事项

（1）冰箱清洁时，可将冰箱内原有原料转移放入其他冰箱，避免原料解冻变质。

（2）除冰时注意戴手套防护，避免手部冻伤。

任务四 刀具及餐具保管

科普知识

刀具及餐具保管——烹饪与就餐安全的保障

刀具和餐具是厨房中最为重要的工具之一。刀具适用于切割、剁碎各种食材，如肉类、蔬菜、水果等。刀具具有锋利的刃口和坚固的结构，可能带来受伤的风险，所以在厨房中需要加强安全管理，建立领用归还制度；餐具是人们就餐必备的用具，需要格外注重卫生安全管理。

一、厨房刀具管理

（一）刀具分类与标识

厨房刀具应按用途分类，如切肉刀、切菜刀、面包刀、水果刀等。分类明确有助于快速选择合适的工具。

可以采用颜色编码系统标识不同用途的刀具，例如使用红色标识肉类刀具，使用绿色标识蔬菜刀具，蓝色标识面包刀具。这种视觉识别方式能有效减少刀具切割不同食材时交叉污染。

（二）刀具的存储

使用刀架、磁性刀条或专用刀具柜存放刀具，避免刀刃相互摩擦损伤。刀具应干燥存放，避免生锈。刀刃应朝下或朝内，防止不慎触碰而误伤。禁止随意堆放刀具，避免将刀具堆放在抽屉中，以免损坏刀刃或造成意外伤害。

（三）刀具的清洁与维护

1. 刀具打磨

磨刀是让刀具发挥最佳性能的重要步骤，每次使用刀具前进行打磨，使刀具能够轻松切割食材，提高使用效率。常见的磨刀工具有磨刀石、磨刀器等。

2. 刀具的清洁与消毒

每次使用后，应立即用温水和中性洗涤剂清洗刀具，并彻底擦干。定期对刀具进行消毒处理，可使用合适的消毒剂喷洒或浸泡。

（四）刀具的检查与更换

定期检查刀具是否有损坏迹象，如刀刃崩裂、刀柄松动等。及时识别问题可以避免进一步损坏和安全隐患。

在刀具管理时建立简便的更换流程，损坏的刀具应立即停止使用并记录在案，根据库存情况及时采购更换。

二、厨房餐具管理

厨房餐具的管理直接关系到食品的安全性以及厨房工作效率，因此制定科学有效的管理方法显得尤为重要。

（一）餐具分类与标识

分类整理：可以根据餐具的大小、形状和用途进行分类整理（见图 3–8）。合理的存储布局和标识系统可以确保员工能够快速找到所需餐具，减少寻找时间，提高工作效率。例如，碗和盘子可以根据大小放在不同的层或格子里；筷子和勺子则可以放在同一个区域，方便拿取。表 3–3 所示为餐具按使用类别进行分类。

图 3–8　餐具分类摆放

表 3-3　餐具使用类别划分

餐具使用类别	常见餐具	用途
盛放类	碗、盘子、汤盘、餐碟	用于盛放主食、菜肴、汤品等
进餐类	餐刀、餐叉、汤匙、筷子	用于切割、舀取、夹取食物
饮用类	杯子、水杯、酒杯	用于盛放饮料、酒水等
辅助类	餐巾、牙签、餐垫	用于擦拭、清洁或衬垫

塑料餐具因其轻便、易携带、成本低、卫生安全、设计多样以及环保等优点，在家庭、餐饮行业和户外活动中被广泛使用，但需要根据使用场景来选择合适材质的塑料餐具。每个塑料容器都有一个三角形的符号，标识中的三角形符号代表可回收再利用，数字 1 ~ 7 代表塑料所使用的树脂种类，其适用范围也有所不同，具体见表 3-4。

表 3-4　塑料餐具材料种类

符号	树脂类型	应用举例	产品特性	使用提醒
1 PET	聚对苯二甲酸乙二醇酯	汽水、水、果汁等饮料外包装	透明度高、有良好的阻隔性，耐热至 70℃左右，易变形	不要放在汽车内，不要装热饮、酒、油等食物，不要循环使用
2 HDPE	高密度聚乙烯	牛奶、水、果汁、酸奶等外包装	不透明，手感似蜡，有一定的强度、韧性、防潮性和透气性	由于较难清洁干净，建议不要循环使用，比较容易滋生细菌
3 PVC	聚氯乙烯	保鲜膜等产品	有一定的强度、韧性，可塑性好，对光和热的稳定性差	少用 / 不用于食品包装，不要循环使用，不要接触高温、高油脂食品
4 LDPE	低密度聚乙烯	塑料袋、保鲜膜等产品	具有良好的柔软性、延伸性、电绝缘性、透明性，其化学稳定性能较好，耐热性差	耐热性不强，不要用于微波炉加热
5 PP	聚丙烯	微波炉餐盒、一次性餐盒、一次性水杯等产品	具有耐化学性、耐热性、电绝缘性，机械性能和耐磨性好	唯一可以放进微波炉的塑料制品，耐热温度高达 130℃。可在清洁后重复使用
6 PS	聚苯乙烯	泡面盒、快餐盒等产品	具有良好的绝缘性、耐腐蚀性和透明性，低温易开裂，耐热性不强	不要放进微波炉中使用，不要盛装高温、强酸、强碱性食物
7 OTHER	其他所有未列出的树脂及混合料	太空杯、奶瓶、水杯等产品	性质取决于由何种树脂制成。如聚碳酸酯（PC）：无色透明、耐热，具有抗冲击	聚碳酸酯（PC）产品避免盛装高温食物，容器有裂纹 / 破损后需立即停止使用

（二）餐具管理要求

（1）餐具清洁是保持其卫生的基础。除了每次使用后都要清洗干净外，还可以定期进行高温或紫外线消毒，确保餐具的安全。

（2）餐具存储时，避免餐具直接接触地面，防止污染；避免餐具堆放过高，防止压坏。保障餐具存储环境干燥，避免细菌滋生。

（3）餐具是易损物品，需要加强对使用者的良好习惯，轻拿轻放，勤取勤拿，避免一次性拿取过多的餐具。

（4）避免生熟餐具混用或与其他物品交叉污染，从而减少食物中毒和传染病的风险。

（5）餐具管理是成本控制的重要一环，商业厨房在运营时需建立餐具登记盘点和领用发放制度。

【拓展阅读】

筷子要定期更新

常见的筷子材质主要包括塑料、合金、不锈钢、竹材和木材等。尽管金属材质的筷子具有较高的耐用性，但其表面光滑度较高，在使用过程中容易出现“打滑”现象，因此部分使用者更倾向于选择木质或竹质筷子。

筷子作为日常餐具同样具有使用期限，超出使用期限的筷子可能成为潜在的健康隐患。过期或变质的筷子表面可能滋生多种致病微生物，包括可引发感染性腹泻、呕吐等消化系统疾病的金黄色葡萄球菌、大肠杆菌，甚至可能产生国际公认的致癌物质——黄曲霉毒素。

塑料筷子虽然价格低廉、不易摔坏，但是质感脆、易变形甚至熔化（适用于 120℃以下，超过 120℃会产生有害物质）。此外，塑料筷子表面光滑度较高，不易清洗，使用过程中容易产生划痕，这些微小的划痕间隙极易成为细菌滋生的温床。

就使用期限而言，普通木质或竹质筷子建议每 3 ~ 6 个月进行定期更换，而金属筷子的使用周期相对较长。然而，若筷子长期处于潮湿环境中，即使使用时间较短也可能发生质变，特别是竹制品与木制品，容易产生霉斑。塑料筷子也须使用后进行高温消毒，如产生划痕或磨损应及时更换。

基于食品安全考虑，建议每天使用筷子前要注意查看一下有无变色；表面是否附着非本色斑点，特别是霉斑；有无显得很潮湿或出现弯曲、变形；是否带有明显的酸味；有无明显磨损。若发现上述任一情况，应立即停止使用并及时更换，以避免食源性疾病的发生。

劳动技能

技能 1　刀具打磨与管理

“磨刀不误砍柴工”，在烹饪制作中也是如此。刀具变钝不仅影响食材加工效果，还会降低切配效率。刀具会越磨越好用，所以刀具打磨是烹饪操作前不可缺少的环节。

一、劳动任务

在原料切配前，为实训室的刀具进行打磨，并对仓库的刀具进行维护和管理。

二、劳动工具及准备

磨刀石、毛巾、刀具、不锈钢碗、标签贴。

三、劳动步骤

（一）制订劳动计划

根据劳动任务讨论并分组，提前领用劳动所需用品。

（二）开展劳动实践

1. 打磨刀具

使用磨刀石打磨刀具，见表 3–5。

表 3–5　打磨刀具

步骤	操作	图示
步骤 1	浸湿磨刀石，放在平稳的台面上，确保其不会滑动。可以在磨刀石下方垫一条湿毛巾，增加摩擦力，防止滑动。 准备清水，用于润滑磨刀石。	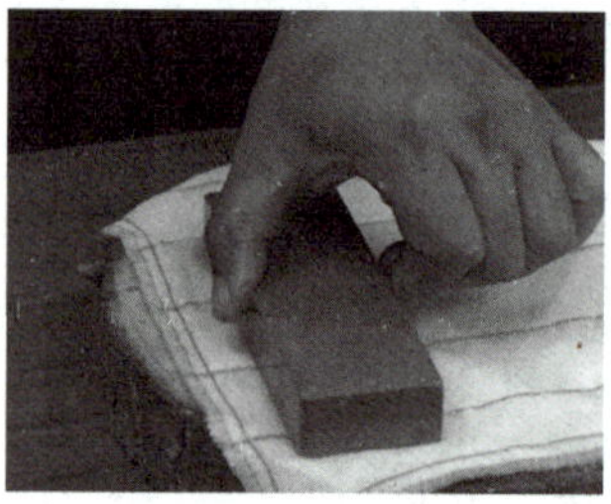
步骤 2	竖磨打薄：使用磨刀石粗面，左手握住刀背，右手握持手柄和刀体，保持刀刃与磨刀石平行，重推轻拉。重复推拉 20 次后，调转刀头磨另一侧。重复打磨刀具的两侧。注意磨刀时，角度要保持不变，左手和右手要同时推拉，用力要均匀。边磨刀边洒水，保持磨刀润滑。	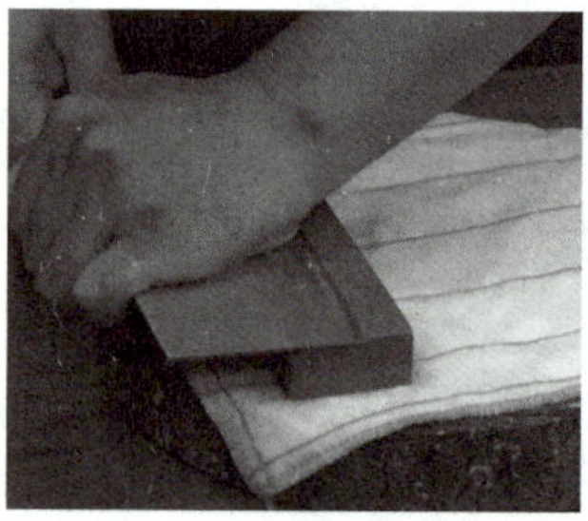 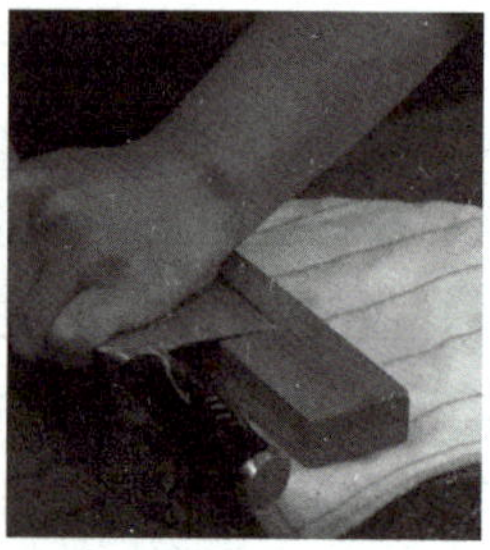
步骤 3	细磨开刃：使用磨刀细面，刀与磨刀石垂直，左手手指按压打磨处，前后推拉，分别打磨刀刃前部，中部和后部。打磨 20 次后打磨刀刃另一面。重复打磨刀具的两侧。	

2. 刀具维护与管理

（1）刀具的清洁与消毒。

使用后，应立即用温水和中性洗涤剂清洗刀具，并彻底擦干。将刀具放入刀具消毒柜进行消毒处理，也可以使用医用酒精擦拭后自然晾干。

（2）刀具的检查与更换。

第一，检查刀具是否有损坏迹象，如刀刃崩裂、刀柄松动等。

第二，制作刀具报废登记表，损坏的刀具应立即停止使用，并记录入表，根据库存情况更换或报废。

四、劳动注意事项

（1）手持刀具走动时，刀具刀刃朝内，避免指向他人。刀具摆放时，刀刃朝内，禁止置于桌子边缘，防止掉落。

（2）禁止在手持刀具时追逐打闹。

技能 2　餐具维护与管理

良好的餐具管理是保障饮食卫生的关键。如果餐具没有得到妥善的清洁、存放和消毒，就容易滋生细菌、病毒和霉菌等有害微生物。使用这样的餐具进食就可能引发疾病。同时，合理管理厨房餐具可以使烹饪过程更加顺畅和高效。

一、劳动任务

管理仓库中的餐具，对餐具进行一次清洁；制作餐具管理记录表，登记、盘点餐具型号和数量，并为餐具进行合理分类和摆放。

二、劳动工具及准备

毛巾、海绵擦、洗洁精、标签贴。

三、劳动步骤

（一）制订劳动计划

根据劳动任务讨论并分工，讨论餐具分类和摆放方案。

（二）开展劳动实践

1. 清洗餐具

使用毛巾附上洗洁精清洗餐具，用清水冲洗至洗去洗洁精后擦干。

2. 餐具消毒

将餐具放入消毒柜消毒。

3. 分类存放

将消毒后的餐具分类放入收纳柜，用标签标识。

4. 盘点制册

将餐具数目与类型登记入册，核对库存。将损坏的餐具登记报废，拟定采购补充计划。

5. 合理摆放

按照使用习惯将餐具放入置物架，避免餐具堆放过高，防止压坏。保障餐具存储环境干燥。

四、劳动注意事项

（1）劳动前提高责任意识，餐具是易碎品，需轻拿轻放，不可一次拿过多的餐具。

（2）餐具分类存放需遵循生熟分开原则，根据使用频率与使用场景来摆放餐具。

讨论与反思

1. 如何结合现代技术（如物联网、智能传感器、人工智能等）来创新烹饪实训设备的维护与管理，以提高效率和安全性？

2. 如何在设备维护与管理中融入可持续发展理念，减少资源浪费和环境影响？

3. 在烹饪实训设备的管理中，是否可以借鉴其他领域（如工业工程、供应链管理、产品设计等）的实践来优化操作流程和维护策略？

4. 如何通过人性化设计改进烹饪实训室的工作环境和设备摆放布置，以提高操作者的舒适度和工作效率？

项目二

仓库管理

项目目标

1. 了解食品原料管理的基本知识，包括原料的分类、采购标准、储存条件、保质期等。

2. 形成正确的食品原料管理态度，注重食品安全和成本控制，培养良好的职业道德和责任感。

3. 熟练运用食品原料管理的技能，包括验收、储存、盘点等操作。

项目导语

在供应链高效运转的全局图景中，仓库管理犹如无声的守护者，构筑起原料生命周期的关键堡垒。本项目聚焦“原料存储与保管”这一核心命题，系统解析仓储体系的科学架构与创新实践，通过阐释仓储类型和划分、原料储存环境需求及仓库原料管理方法，让学生对于从原料特性认知到仓库监控管理有完整的认知和系统的实训操作练习。

任务一 原料储存与保管

科普知识

原料储存与保管——烹饪食材的保障

原料的储存管理是餐饮、食品加工、制造业等众多行业中极为重要的一环。合理的储存管理不仅能确保原料的质量和安全，还能降低损耗、节约成本、提高运营效率。根据食材原料的特性，储藏方式通常分为干藏和冷藏。常温下即可保存的原料使用干货库储藏；需要低温或冷冻条件下才可保存的原料，需冷藏或冷冻储藏。

一、干货库管理

通常情况下，干货、罐头、调味品、米面等原料采用干货库储藏。干货仓库的最佳温度应控制在 15℃ ~ 21℃。温度过高会加速原料的变质，而较低的温度有助于延长保存期。储存环境应保持干燥，相对湿度应在 50% ~ 60%，避免潮湿导致原料受潮、发霉或变质。仓库应保持良好的通风，确保空气流通，避免异味积聚。原材料应存放在避光的环境中，以防止光照引起的氧化或变质。干货库管理要求如下。

（1）根据干货原料的种类（如谷物、干豆类、调料、罐头等）进行分类存放，并按使用频率安排位置，使用频繁的原料应放在易于取用的地方。重的原料放在货架下层，轻的原料放在货架上层。见图 3-9。

图 3-9 干货库原料分类摆放

（2）所有干货原料应包装严密，已启封的食品需存放在密封容器中，防止虫害和鼠害。

（3）货架最低层应距地面至少 10 厘米，避免受地面湿气影响，同时便于清扫。

（4）保持仓库地面、货架的清洁，不留卫生死角，防止虫害和鼠害滋生。

（5）所有入库的干货原料应注明采购日期、名称、保质期等信息，方便管理和先进先出。需要严格按照先进先出的原则管理库存，避免因过期导致浪费。

（6）定期检查库存，及时清理变质或过期的原料，保证仓库内原料的质量。

（7）一些气味较重的干货原料（如香料、茶叶等）应分开保存，防止串味。

二、冷藏库管理

冷藏是一种通过降低温度来延长食品和其他物品保质期的储存方法。其核心原理是利用低温环境来减缓化学反应和生物活动的速度，从而抑制微生物的生长、繁殖以及食品自身的代谢过程。通常需要冷藏的原料为肉类、蛋类、奶制品、蔬菜瓜果类及已经加工后的成品或半成品。如果没有专门的冷藏库，可将原料划分放入冰箱的冷藏区，一般食材原料冷藏的温度为0℃～10℃。冷藏库的管理要求如下：

（1）每天须定时检查冷藏库内温度，库内温度波动幅度不应超过±2℃，在食品进出库时，温度波动不应超过±3℃。库内可以安装温度传感器和自动记录设备，记录间隔不超过30分钟，超出允许波动范围时应报警提醒。

（2）制定合理的原料领取制度，减少冷藏室的开启次数，以节省能源，避免温度变化过大。

（3）根据物品的种类、性质分类存放，避免相互影响（见图3-10）。例如，肉类、海鲜、乳制品等应分开存放。原料之间应留有一定的空隙，不能直接堆放在地面或紧靠库壁，以使空气良好循环，保证冷空气始终包裹在每种原料的周围。

图3-10　冷藏原料分类摆放

（4）仔细检查入库前的各种原料，不得将已经变质或污染的原料送入库内。已初加工的原料，应用保鲜纸包裹并装入合适干净盛器内，以防止污染和干耗。

（5）成熟食品应等冷凉后再冷藏，盛放容器需经过消毒，并加盖存放，以防止干缩和沾染异味，并贴上标签便于识别。

（6）对库存商品，标明入库日期，要严格掌握储存保质期限，定期进行质量检查，执行“先进先出”制度。

表 3-6、表 3-7 为常见原料、水果蔬菜的冷藏知识，供学习参考。

表 3-6　常见原料冷藏温度与相对湿度

原料名称	冷藏温度（℃）	相对湿度（%）	存放时间
鲜肉类、禽类	0 ~ 4	75 ~ 85	3 ~ 7 天
鲜奶	2 ~ 4	75 ~ 85	3 ~ 7 天
蔬菜、水果类	2 ~ 7	85 ~ 95	2 ~ 14 天
新鲜鱼、水产类	-3 ~ 1	75 ~ 85	1 ~ 2 天

表 3-7　常见水果蔬菜参考冷藏温度与存放时间

原料名称	冷藏温度（℃）	存放时间
苹果	-1 ~ 3	2 ~ 70 天
西瓜	2 ~ 4	7 ~ 10 天
樱桃	0.5 ~ 1	7 ~ 21 天
椰子	3 ~ 6	2 星期
葡萄	3 ~ 6	3 ~ 5 天
草莓	3 ~ 6	3 ~ 10 天
橙子	3 ~ 6	2 星期
西蓝花	3 ~ 6	3 ~ 5 天
卷心菜	3 ~ 6	7 ~ 10 天
胡萝卜	3 ~ 6	45 天
芹菜	3 ~ 6	3 ~ 5
生菜	1 ~ 3	7 ~ 10 天
洋葱	3 ~ 6	2 星期
青、红椒	3 ~ 6	2 星期

三、冷冻库管理

冷冻库的温度应严格控制在 -18℃以下，温度波动不超过 2℃，特殊物品（如速冻食品、冰激凌等）需根据具体要求调整温度。在这种温度下，大部分微生物都得到有效的抑制，少部分不耐寒的微生物甚至会死亡。冷冻库相对湿度应控制在 40% ~ 60%，避免过高湿度导致物品受潮或结露，必要时使用除湿设备，保持库内干燥。冷冻库的管理要求如下：

（1）定时检查库内温度，确保库内温度在规定范围内。

（2）冷冻前检查原料质量，确保原料新鲜、无变质，包装完整，无破损或泄漏。

（3）冷冻储存的原料，尤其是肉类，使用食品级保鲜袋、保鲜盒或真空包装，确保原料密封，避免空气进入导致冰晶形成或氧化。

（4）对于肉类、鱼类等易腐原料，冷冻前应进行预处理，如清洗、分割、去内脏等。

（5）对于有特殊气味的原料（如虾、奶制品等），应单独包装，避免串味

（6）冷冻原料温度应保持在 -18℃以下，温度越低，温差越小，原料储藏期及质量越能得到保证。

（7）所有原料须注明入库日期，坚持“先进先出”的原则，优先使用先冷冻的原料，避免过期浪费。

（8）定期检查原料状态，发现变质或损坏的原料应及时处理。

（9）定期清洁整理，保持库内干净卫生。

（10）定期除霜和清洁冷冻库，避免冰霜堆积影响制冷效果。在除霜或清洁时，应将原料移至其他冷冻设备中，避免温度波动。

表 3-8 为常见原料冷冻最长储藏期，供学习参考。

表 3-8　常见原料冷冻最长储藏期

食品原料	最长储藏期（月）
香肠、肉末、鱼类	1 ~ 3
猪肉	3 ~ 6
羊肉、小牛肉	6 ~ 9
牛肉、禽类	6 ~ 12
速冻水果、蔬菜类	3

【拓展阅读】

什么食物不宜放进冰箱

冰箱在现代厨房中扮演着不可或缺的重要角色。作为储存各类食品的主要设备，通常可以存放蔬菜水果、生鲜肉类、饮料、剩余饭菜、干货以及糖果等多种食品。然而，并非所有食品都适合冷藏储存，部分食品放入冰箱反而会产生负面影响。

刚烹饪好还没有冷却的食物，如果马上放进冰箱，容易加重冰箱制冷负担，缩短其寿命。

水分含量低的食物，如茶叶、奶粉、咖啡等，这类食物容易吸收冰箱内其他食物的异味和潮气，导致原有风味丧失并增加霉变风险。。

含糖量高的食物，如蜂蜜、止咳糖浆等，会析出结晶影响口感，并且取出后容易变质。

某些蔬菜，放冰箱反而会加速变质进程。如洋葱在冷藏环境中存放过久会导致肉质粉化甚至发霉，切开的洋葱即使密封保存也难以避免水分流失；土豆在低温环境下会发生淀粉分解，产生麦芽糖和葡萄糖，导致口感变甜，影响烹饪效果；大蒜在冷藏条件下

容易软化、发霉，并丧失其特有的辛辣风味。

有些热带水果同样不适合放入冰箱冷藏。香蕉在冷藏环境会加速其表皮褐变，虽然果肉仍可食用，但外观品质下降且风味受损；芒果在冷藏条件下易发生果皮变黑、果肉软化等现象，建议将其置于室温阴凉处保存，待成熟后可短期冷藏，但不宜存放过久。

劳动技能

技能　烹饪原料管理

厨房原料管理是餐饮运营中极为重要的一环，它直接关系菜肴的质量、成本控制、工作效率以及食品安全。

一、劳动任务

为厨房仓库进行一次整理和检查，给厨师提供安全可靠的原料保障。

二、劳动工具及准备

标签贴、劳保手套。

三、劳动步骤

（一）制订劳动计划

明确劳动任务并分组，制作任务分配安排表。见表 3–9。

表 3–9　任务分配安排表（模板）

操作内容	任务安排及要求	人员安排
制作原料清点表格	合理设计用于原料清点的表格，表格可以呈现出在库原料状态及原料出入情况	
干货库整理	原料整理、检查原料状态及登记	
	干货库卫生清洁	
冷藏冷冻原料整理	原料整理、原料状态检查及登记	
	冰箱、冷冻库环境卫生清洁	

（二）开展劳动实践

1. 制作原料库存表格

合理设计用于原料清点的表格，表格要求能呈现在库原料状态及原料出入库情况。

2. 原料整理与检查

归类并整理原料；检查原料的包装情况是否符合要求、原料品质是否达标、原料储存是否过期。清理过期、腐败的原料。

3. 原料库存登记

将干货库中原料数量、类型、状态登记进入原料库存表格。

4. 冷藏环境检查

检查冷藏设备运行是否正常，冷藏、冷冻设备温度是否符合要求。

5. 仓库卫生清理

清洁干货库、冷藏库和冷冻库，保证原料储存的卫生环境。

四、劳动注意事项

（1）仓库中货物应整齐摆放，避免堆放过高或不稳，防止倾倒。

（2）搬运货物时注意安全，防止砸伤。搬运重物时使用推车或托盘等工具，减少人力搬运的风险。

（3）进入冷冻库时，必须穿戴保暖衣物（如防寒服、手套、帽子、防滑靴等），避免冻伤。尽量减少皮肤暴露，防止低温直接接触导致冻伤；在低温环境中长时间停留可能导致体温过低，应控制进入时间，必要时定时轮换；避免单独进入冷库，尽量两人以上同行，以防突发情况无人协助。

讨论与反思

1. 实践活动后，讨论如何提高原料库存的管理效率。

2. 讨论并设计方案：如何实时监控原料库存状态，及时发现原料库存异常情况，如库存原料积压、缺货等，并采取相应的措施进行调整。

项目三

中烹实训室开档与收档

项目目标

1. 通过学习，掌握中烹实训室开档与收档的流程、规范及重要性，明确关键步骤和要求。

2. 通过实训室劳动实践，掌握中烹实训室开档与收档的具体操作方法，包括食材验收、储存、预处理，设备检查、维护，餐具清洁消毒等技能，并了解安全管理制度，确保实训过程中的安全。

3. 结合理论与实践，理解中烹实训室工作的重要性，培养职业素养、团队精神和时间管理能力，提升实践效率并保障教学质量。

项目导语

开档和收档分别指餐厅或厨房在营业开始前和结束后的准备工作，以确保餐厅或厨房设备安全、环境卫生、运营顺利。本项目将深入探索中烹实训室开档与收档的全过程。在“中烹实训室开档”任务中，将详细解析从人员准备到设备与工具检查，再到环境卫生清理的每一个步骤，揭示这些准备工作如何确保烹饪实践课程的安全、有序与高效。在“中烹实训室收档”任务中，将聚焦实训结束后的整理、清洁与检查工作，探讨这些流程如何为下一次实训的高效开展奠定基础。通过本项目的学习，学生将全面掌握中烹实训室开档与收档的核心技能，深刻体会到烹饪实践中的严谨与乐趣。

任务一 中烹实训室开档

科普知识

中烹实训室开档流程——现代烹饪准备

随着现代烹饪教育的不断发展，中烹实训室已成为烹饪专业学生掌握传统与现代烹饪技艺、理解食材处理与菜品创新的重要平台。在这个高度模拟真实厨房环境的实训室中，学生们不仅能够学习到烹饪的基本技巧，还能深入了解食材的特性、菜品的搭配与烹饪的艺术。中烹实训室开档，作为每日实训活动的起始环节，其规范性和高效性直接关系后续实训活动的顺利进行以及学生烹饪技能的提升。

中烹实训室开档，是指在中餐烹饪实训室开始实训操作之前的一系列准备工作。这一过程主要包括人员到位、设备检查、食材准备、卫生清洁以及安全确认等环节，旨在确保实训室在实训开始前达到最佳状态，为后续的烹饪实训提供安全、有序、高效的环境。

一、人员准备

（一）考勤签到

每日开档前，实训室管理员 / 教师与学生们需按时到达，进行考勤签到。

（二）班前例会

由实训室管理员 / 教师主持简短会议，回顾前日的学习成果，强调当日的实训重点、特殊菜品或项目安排，同时进行人员分工与岗位调配。

二、食材与物料准备

（一）食材验收与储存

采购的食材需在开档前送达实训室，验收人员需仔细检查食材的新鲜度、质量、数量及规格。对于合格的食材，需按照其特性分类存放，确保食材的新鲜与安全。

（二）食材预处理

根据实训菜品需求，领取所需食材并进行初步处理，见图 3-11。如蔬菜的择洗、切配，肉类的解冻、分割，海鲜的宰杀、清洗等。切配好的食材按照菜品分类摆放整齐，贴上标签注明名称、数量与使用时间，以便于取用。

（三）调料与酱料准备

检查常用调料（如盐、糖、酱油、醋、料酒、鸡精等）的存量，及时补充短缺的调料，见图 3-12。对于自制的酱料、汤汁，需提前熬制或调配好，确保其风味与质量。

将调料与酱料按照使用频率和种类分别放置在易于取用的调料架或容器中，并贴上标签注明名称与用途。

图 3-11　食材预处理

图 3-12　常用调料

三、设备与工具准备

（一）炉灶与炊具检查

检查炉灶的燃气或电力供应是否正常，炊具是否齐全、完好。

（二）其他设备检查

如洗菜机、切菜机、搅拌机等厨房设备也需进行通电测试，确保其运转正常。

（三）餐具与厨具准备

取出干净的餐盘、碗、筷、勺等餐具与菜刀、菜板、削皮器、打蛋器、量杯、量筒等厨具，确保其清洁卫生、摆放有序，方便在操作过程中随时取用。

四、环境卫生准备

（一）厨房清洁

开档前，各岗位人员对各自负责的工作区域进行全面清洁。包括炉灶（见图 3-13）、工作台面、水槽（见图 3-14）、地面（见图 3-15）等，清除上一班次遗留的食物残渣、油污与杂物，保持厨房环境整洁卫生。使用专用的清洁工具与清洁剂，避免交叉污染。

图 3-13　炉灶

图 3-14　水槽

图 3-15　地面

（二）垃圾处理

将实训室内的垃圾清理干净，装入垃圾袋并扎紧袋口，放置在指定的垃圾存放区域，等待保洁人员统一清运。更换新的垃圾袋于垃圾桶内，确保垃圾桶随时处于可用状态。

五、开档检查与确认

（一）教师巡检

在完成各项开档准备工作后，教师需对整个实训室进行全面巡检。检查食材准备是否充足、新鲜，调料与酱料是否齐全、符合标准，设备与工具是否正常运转、摆放整齐，环境卫生是否达标等。对于巡检过程中发现的问题，及时督促相关人员进行整改，确保厨房开档工作无遗漏、无差错。

（二）与餐厅沟通确认（实训模拟场景）

虽为实训室，但学生们也需模拟与餐厅的沟通确认环节，了解实训菜品的需求与特殊要求，以便合理安排烹饪顺序与时间。

中烹实训室开档旨在确保烹饪实践课程有序高效进行，通过系统流程如人员、食材物料准备，设备工具检查及环境卫生清理，创造安全卫生高效的烹饪环境，提升实践效率并保障教学质量。中烹实训室开档的实施对烹饪教育意义重大，不仅保障课程顺利进行，还培养学生职业素养与团队精神，让学生学会时间规划、资源高效利用，并在实践中体会烹饪严谨与乐趣，同时传承弘扬中华美食文化，让烹饪学子成为传播这份文化瑰宝的使者。

劳动技能

技能 1　人员与食材物料准备

一、劳动任务

在中烹实训室开档前，确保所有参与实训的人员已到位，并根据实训项目准备好所需的食材和物料。

二、劳动工具及准备

（一）人员分工表

明确各成员的职责和角色，如实训负责人、食材采购员、物料准备员等。表 3–10 可作参考。

表 3-10　中烹实训室开档实训人员分工表（模板）

序号	姓名	角色 / 职责	具体任务描述
1	张三	实训负责人	负责整体实训计划的制定、监督执行及实训后的总结反馈
2	李四	食材采购员	根据食材清单采购所需食材，确保食材新鲜、质量达标
3	王五	物料准备员	准备烹饪工具、设备，确保实训所需物料齐全，并检查设备完好性
4	赵六	安全监督员	负责实训室的安全检查，确保安全设施完好，监督实训过程中的安全操作
5	……	……	……

（二）食材清单

根据实训项目列出所需食材的名称、数量和质量要求。表 3-11 可作参考。

表 3-11　中烹实训室食材清单（模板）

序号	食材名称	数量	质量要求 / 规格	备注
1	大米	5kg	新鲜、无杂质、颗粒饱满	用于制作基础米饭
2	牛肉	2kg	新鲜、瘦肉多、肉质细嫩	用于炒牛肉等菜品
3	西红柿	10 个	新鲜、色泽鲜艳、无病虫害	用于制作西红柿炒鸡蛋等
4	鸡蛋	50 个	新鲜、蛋黄饱满、无裂纹	用于多种菜品制作
5	……	……	……	……

（三）物料清单

包括烹饪工具、烹饪设备、清洁用品等。表 3-12 可作参考。

表 3-12　中烹实训室物料清单（模板）

序号	物料名称	数量 / 规格	备注
1	炒锅	2 口（大号）	用于炒菜
2	蒸锅	1 套	用于蒸制食物
3	刀具套装	1 套（含菜刀、砍刀等）	用于食材切割处理
4	电子秤	1 台	用于精确称量食材
5	清洁用品（如洗洁精、抹布等）	适量	用于实训室清洁维护
6	……	……	……

（四）实训室安全检查表

确保实训室的安全设施完好，如灭火器、烟雾报警器等。表 3-13 可作参考。

表 3-13 中烹实训室安全检查表（模板）

序号	检查项目	检查内容	检查结果（√/×）	备注
1	灭火器	数量是否足够，是否在有效期内，放置位置是否合理		
2	烟雾报警器	是否工作正常，有无损坏或故障现象		
3	紧急疏散通道	是否畅通无阻，有无障碍物阻挡		
4	电源插座及电线	是否完好无破损，有无裸露电线或老化现象		
5	烹饪设备安全性	设备是否接地良好，有无漏电现象，操作按钮是否灵敏可靠		
6	通风设施	通风是否良好，有无异味或烟雾积聚现象		
7	个人防护装备	是否配备足够的个人防护装备（如厨师帽、围裙、手套等）		
8	……	……		

三、劳动步骤

（一）制订劳动计划

1. 召开实训前会议

与所有参与实训的人员共同讨论实训目标、流程和注意事项。

2. 分配任务

根据人员分工表，将任务分配给各成员。

3. 制定食材采购计划

根据食材清单，确定采购渠道和采购时间。

（二）开展劳动实践

1. 人员到位

确保所有参与实训的人员按时到达实训室。

2. 食材采购与验收

按照食材采购计划，采购所需食材并进行验收，确保食材新鲜、质量达标。

3. 物料准备

根据物料清单，准备烹饪工具、设备和清洁用品，确保实训所需物料齐全。

4. 实训室安全检查

按照实训室安全检查表，检查实训室的安全设施是否完好，确保实训环境安全。

5. 劳动实践总结

根据中烹实训室开档要求，制定一个较详细的时间表或流程图来指导实训开档前的准备工作。

四、劳动注意事项

（1）各成员团结协作、相互配合，共同完成实训任务。

（2）确保采购的食材数量、规格、质量符合实训要求，避免使用过期或变质的食材。

（3）在实训过程中，严格遵守实训室的安全规范，确保人员和设备的安全。

（4）做好时间管理，合理安排时间，确保实训任务按时完成。

技能 2　设备工具与环境卫生准备

一、劳动任务

中烹实训室开档的主要任务是确保实训室在每次使用前处于最佳状态，包括设备工具的齐全与完好、卫生环境的清洁与达标，以及安全措施的到位，为实训提供有力保障。

二、劳动工具及准备

（一）清洁工具

扫帚、拖把、抹布、垃圾袋、清洁剂、消毒剂等，用于实训室地面、台面、设备的清洁与消毒。

（二）检查工具

多功能电笔、螺丝刀等，用于检查电器设备的线路安全及紧固螺丝。

（三）烹饪设备

检查炉灶、烤箱、蒸柜、微波炉等烹饪必备设备，确保其功能正常，预热至适宜温度。

（四）厨具餐具

锅碗瓢盆、刀具、砧板、量杯量勺等，需提前检查是否完好无损，锋利度适中。

（五）个人防护装备

厨师帽、围裙、防滑鞋、手套、护目镜等，保障操作者安全。

三、劳动步骤

（一）制订劳动计划

1. 任务分配

明确团队成员各自的职责，如清洁负责人、设备检查负责人等。

2. 时间规划

设定清洁、检查、预热设备的具体时间节点，确保开档流程高效有序。实际时间节点可能因餐厅规模、菜品种类、员工数量等因素而有所不同。请根据实际情况，灵活调整时间规划，确保开档流程高效有序，同时保证菜品品质与工作效率。

3. 物资准备

根据所需工具清单，提前收集并整理好所有劳动工具。

（二）开展劳动实践

1. 清洁与消毒

（1）使用扫帚清除地面杂物，拖把蘸取适量清洁剂擦拭地面。

（2）用抹布蘸取消毒液擦拭所有台面、设备表面，特别注意边角缝隙的清洁。

（3）厨具、餐具应先用热水浸泡，再用专用清洁剂清洗，最后冲洗干净并晾干或用消毒柜消毒。

2. 设备检查与维护

（1）使用多功能电笔检查电器设备线路是否安全，无裸露、破损现象。

（2）检查炉灶、烤箱等加热设备的温控系统是否准确，预热至指定温度。

（3）确保刀具锋利，砧板无裂缝，量具准确。

3. 安全与卫生复审

（1）确认所有个人防护装备齐全有效，放置在易于取用的位置。

（2）检查实训室通风系统是否良好，无异味。

（3）最后进行一次全面检查，确保无遗漏项。

四、劳动注意事项

（1）在整个开档过程中，严格遵守实训室安全操作规程，佩戴好个人防护装备。

（2）清洁与检查工作要细致到每一个角落，避免卫生死角，确保设备处于最佳工作状态。

（3）合理使用清洁剂和消毒剂，避免对环境造成不必要的污染，并将垃圾分类处理。

（4）每次开档后应记录设备状态、卫生情况及发现的问题，以便后续改进与追踪。

表 3-14 为中烹实训室设备工具、环境卫生检查表，供学习参考。

表 3-14　中烹实训室设备工具、环境卫生检查表（模板）

序号	项目	标准要求	检查结果	责任人	备注
1	地面清洁	无杂物、无油渍、无水渍，地面干净光亮			
2	台面与设备清洁	台面、设备表面无污渍、无油垢，光亮如新			
3	厨具餐具清洁	厨具、餐具清洗干净，无食物残渣、无油渍			
4	卫生死角清理	实训室各角落无积尘、无蜘蛛网、无杂物			

续表

序号	项目	标准要求	检查结果	责任人	备注
5	炉灶功能检查	炉灶加热均匀，无故障			
6	烤箱功能检查	烤箱温度准确，加热均匀			
7	蒸柜功能检查	蒸柜蒸汽充足，加热均匀			
8	电器设备安全检查	线路安全，无裸露、破损现象，接地良好			
9	通风设备检查	通风设备工作正常，无异味、无噪声			
10	消防设施检查	消防设施完好有效，定期检查记录			
11	安全出口与疏散通道检查	安全出口、疏散通道畅通无阻			
12	电器设备开关与插座检查	开关、插座无损坏、无松动现象			
13	厨具、餐具摆放检查	厨具、餐具摆放整齐，分类存放，无混放现象			
14	个人防护装备检查	个人防护装备齐全有效，放置在易于取用的位置			
注：每次清洁、检查后，由负责人填写检查结果，并在备注栏中记录发现的问题及改进措施。此检查表旨在确保中烹实训室始终保持清洁、安全、有序的状态，为学员提供一个优质的烹饪学习环境。					

任务二 中烹实训室收档

科普知识

中烹实训室收档流程——烹饪收工

中烹实训室作为烹饪教育与技能培训的重要阵地，其收档流程精细且严谨，各个环节紧密相连，每一个步骤都承载着特定的职责与要求，共同构成了烹饪实践活动的完美收工。

中烹实训室收档，指在完成实训操作后，对实训室进行的一系列整理、清洁与检查工作。通过这一过程主要包括剩余食材处理、餐具与厨具清理、设备清洁维护以及垃圾清理等环节，不仅确保了实训室环境的整洁与安全，更为下一次实训的高效开展奠定了坚实基础，充分展现了烹饪教育与技能培训的专业性与规范性。

一、剩余食材处理

（一）食材盘点与记录

实训结束后，由指定人员（如厨师或库管人员）对剩余食材进行详细盘点。记录每种食材的剩余数量、质量状况以及存放位置等信息，与开档前的食材准备记录进行对比，分析食材的使用情况，以便调整采购计划和控制成本。

（二）食材储存与保鲜

根据食材的特性，将其分类储存于适当的储存环境中（如冷藏、冷冻、常温等），见图 3-16。确保食材的包装完好，避免交叉污染。对于易变质的食材，需特别注意保鲜措施，如及时放入冷藏或冷冻设备中，见图 3-17。注意生熟分开、密封储存、不宜过满、定期清理。对于开封但未用完的罐装、瓶装食材，密封好后按规定位置存放，并标注开封日期。

图 3-16　食材储存

图 3-17　食材保鲜

二、餐具与厨具清理

（一）餐具清洗消毒

将使用过的餐具（如餐盘、碗、筷、勺等）收集到指定的餐具清洗区域。先去除餐具表面的食物残渣，然后使用洗碗机或人工用洗洁精和热水仔细清洗。清洗后的餐具放入消毒柜进行高温消毒，确保无油污和污渍残留。消毒后的餐具存放在清洁、干燥的餐具柜中，以备下次使用。见图 3-18。

（二）厨具清洁归位

对使用过的厨具（如菜刀、菜板、锅碗瓢盆等）先用清水冲洗掉表面的食物残渣和油污，再用洗洁精和刷子进行彻底清洁。清洗干净的厨具擦干或晾干水分，按照种类和用途分别归位放置在指定的厨具架或抽屉中，保持厨房操作台面整洁有序。见图 3-19。

图 3-18　餐具消毒

图 3-19　厨具清洁归位

三、设备清洁与维护

（一）烹饪设备清洁

对炉灶、烤箱、蒸柜等烹饪设备进行清洁。使用湿布擦拭设备表面和内部，去除油污和食物残渣。对于烤箱等加热设备，需特别注意内部的清洁和保养。

（二）其他设备维护

对洗菜机、切菜机、搅拌机等厨房设备进行通电测试，确保其运转正常。清洁设备的外部和内部，避免灰尘和食物残渣的积累。检查设备的电源线和插头是否完好，确保用电安全。

四、环境卫生打扫

（一）厨房清洁

对实训室地面、工作台面、水槽等区域进行全面清洁。使用专用的清洁工具与清洁剂，避免交叉污染。确保清洁后的厨房环境整洁卫生，无油污和食物残渣。

1. 台面与水槽清洁

用洗洁精和湿布擦拭厨房的操作台面、水槽等，去除油污、食物残渣和水渍，然后用清水冲洗干净并擦干。水槽的下水管道要检查是否通畅，如有堵塞及时清理疏通，可使用专用的管道疏通剂或工具进行处理。

2. 地面清洁消毒

先用扫帚清扫厨房地面的垃圾和杂物，然后用拖把蘸洗洁精和热水拖地，重点清洁油污和污渍较多的区域，如炉灶周围、水槽附近等。拖地后用清水冲洗拖把，再用干净的拖把将地面拖干，或使用吸水机吸干地面水分，保持地面干燥，防止滑倒事故发生。最后，使用专用的消毒剂对地面进行消毒处理，按照规定的稀释比例和消毒方法操作，消毒后通风换气，使消毒剂气味散去。

（二）垃圾清理

将实训室内的垃圾清理干净，装入垃圾袋并扎紧袋口。放置在指定的垃圾存放区域，等待保洁人员统一清运。更换新的垃圾袋于垃圾桶内，确保垃圾桶随时处于可用状态。

五、收档检查与确认

（一）水电燃气检查

关闭厨房内所有的水龙头，检查水管连接处是否有漏水现象。关闭所有电器设备的电源开关，拔掉插头，防止电器设备长时间待机耗电或引发电气事故。关闭燃气阀门，检查燃气表和燃气管道是否有泄漏情况，可使用肥皂水涂抹在管道连接处和阀门处，观察是否有气泡产生，如有气泡则表示有燃气泄漏，应立即采取措施进行处理，如打开门窗通风、关闭总燃气阀门并通知维修人员。见图 3–20。

（二）门窗关闭

检查厨房的门窗是否关闭严密，防止蚊虫、老鼠等进入厨房，同时也保障厨房的安全。见图 3–21。

图 3–20　水电燃气检查

图 3–21　门窗关闭

（三）教师巡检

在完成各项收档准备工作后，任课教师 / 实训室管理员需对整个实训室进行全面巡检。检查食材处理是否妥当，餐具与厨具是否清洁归位，设备是否运转正常，环境卫生是否达标等。对于巡检过程中发现的问题，及时督促相关人员进行整改，确保实训室收档工作无遗漏、无差错。

（四）记录与反馈

每次收档后，需记录设备状态、卫生情况及发现的问题。将记录反馈给实训室管理员或任课教师，以便后续改进与追踪。

劳动技能

技能 1　剩余食材处理与储存

一、劳动任务

在实训或烹饪活动结束后，对剩余的各类食材进行科学分类、有效处理与妥善储存，确保食材的后续利用价值与安全。

二、劳动工具及准备

（一）食材盘点表

用于详细记录剩余食材的种类、数量、质量等信息。

（二）储存容器

包括密封盒、保鲜袋等，确保食材在储存过程中不受外界污染。

（三）冷藏 / 冷冻设备

根据食材的储存需求，选择合适的冷藏或冷冻条件。

（四）保鲜膜

用于包裹食材，防止其表面干燥或受到污染。

（五）清洁工具

如抹布、洗涤剂等，用于清理储存区域。

三、劳动步骤

（一）制订劳动计划

1. 召开会议

通过简短会议，召集全体成员，明确剩余食材处理的任务分工、时间节点和预期目标。

2. 准备工具与设备

检查并准备所需的食材盘点表、储存容器、冷藏 / 冷冻设备、保鲜膜等。

（二）开展劳动实践

1. 盘点剩余食材

使用食材盘点表，对剩余食材进行详细盘点，记录每种食材的数量和质量状况。表 3–15 供学习参考。

表 3–15　厨房剩余食材盘点表（模板）

品名	单位	数量	备注	品名	单位	数量	备注
大米	袋			料酒	瓶		

续表

品名	单位	数量	备注	品名	单位	数量	备注
老抽	瓶			花生酱	瓶		
胡椒粉	瓶			生姜	斤		
大蒜	斤			沙司茄汁	瓶		

2. 分类处理食材

（1）对于易腐食材，如蔬菜、水果等，应尽快进行分类、清洗、切分（如需）并放入冷藏或冷冻设备中。

（2）对于肉类、海鲜等食材，应根据其新鲜程度进行分类，去除变质部分，并使用保鲜膜或密封盒进行包裹，然后放入冷藏或冷冻设备。

（3）对于干货、调料等不易变质的食材，应将其放入干燥、阴凉处保存。

3. 标记与记录

在储存容器上标注食材名称、储存日期和数量等信息，以便后续取用和管理。

4. 清理储存区域

清理并消毒储存区域，确保整洁与卫生，防止食材受到污染。

四、劳动注意事项

（1）根据食材的储存需求，选择合适的冷藏或冷冻温度，避免食材因温度不当而变质。

（2）在处理不同种类的食材时，应使用不同的工具和设备，防止交叉污染。

（3）在分类处理食材时，应充分考虑食材的后续利用价值，合理利用食材，避免浪费。

（4）定期对储存的食材进行检查，及时发现并处理变质食材，保持储存区域的整洁与卫生。

（5）在处理食材时，应注意个人安全，避免使用尖锐工具时受伤，同时确保储存设备的正常运行。

技能 2　餐具与厨具清洁归位

一、劳动任务

确保餐厅或厨房中所有使用过的餐具和厨具在每次使用后都能得到及时、彻底的清洁，并归位摆放整齐，以维护良好的卫生环境和高效的工作流程。

二、劳动工具及准备

（一）洗碗机

用于批量清洗餐具，提高清洁效率。

（二）清洁剂

选用温和且高效的清洁剂，能够去除油污和污渍，同时保护餐具表面。

（三）消毒柜

用于对清洗后的餐具进行高温消毒，确保餐具的卫生安全。

（四）湿布

用于擦拭厨具表面的油污和食物残渣。

（五）干布

用于擦干清洗后的餐具和厨具，避免水渍残留。

（六）清洗篮

用于收集待清洗的餐具，方便搬运和清洗。

三、劳动步骤

（一）制订劳动计划

1. 确定清洁时间

在每次用餐结束后，立即开始餐具和厨具的清洁工作。

2. 分配任务

根据各成员的能力和任务量，合理分配清洁任务，确保每个区域都有专人负责。

（二）开展劳动实践

1. 收集餐具

将使用过的餐具收集到清洗区域，去除食物残渣，如骨头、菜叶等。

2. 清洗餐具

若使用洗碗机，将餐具整齐放入洗碗机内，按照洗碗机的操作规程启动清洗程序；若人工清洗，使用清洁剂和水溶液，用刷子或海绵刷洗餐具表面，确保无油污和污渍残留。

3. 消毒餐具

将清洗后的餐具放入消毒柜内，按照消毒柜的操作规程启动高温消毒程序，确保餐具的卫生安全。

4. 存放餐具

取出消毒后的餐具，用干布擦干水，然后存放在清洁、干燥的餐具柜中，确保餐具摆放整齐、有序。

5. 清洁厨具

使用湿布和清洁剂擦拭厨具表面，去除油污和食物残渣。用干布擦干厨具表面，避免水渍残留。将清洁后的厨具归位摆放整齐，确保厨房整洁有序。

表 3-16 可供学习参考。

表 3-16　餐具清洗消毒保洁记录台账（模板）

日期	起止时间	餐具及数量						消毒方式		保洁柜保洁	消毒人员签名
		碗	盆	碟	汤勺	杯子	筷子	消毒柜（物理消毒）	药物（化学消毒）		

四、劳动注意事项

（1）在清洁餐具和厨具时，要确保清洁剂和消毒剂的用量适当，避免残留对人体造成危害。同时，要确保清洗和消毒程序的有效性，确保餐具和厨具的卫生安全。

（2）在清洁过程中，要避免不同种类的餐具和厨具混洗或混放，防止交叉污染。

（3）在清洁过程中，要使用合适的清洁工具和清洁剂，避免对餐具和厨具造成损坏。

（4）定期对洗碗机、消毒柜等清洁设备进行维护和检查，确保其正常运行和清洁效果。

讨论与反思

1. 通过本项目的学习，思考如何结合现代管理工具（如数字化管理系统）优化开档与收档流程，提高效率并减少人为错误。

2. 食品生产过程中食品安全至关重要，思考如何在开档与收档过程中融入食品安全管理的先进理念（如 HACCP 体系）。

3. 通过开档与收档的细节管理，思考如何减少食材浪费。

参考文献

［1］农业农村部农业生态与资源保护总站，李季，徐智．农场堆肥技术［M］．北京：中国农业出版社，2021.

［2］周庆生．农业有机废弃物堆肥效率化广域利用［M］．北京：中国农业出版社，2018.

［3］廖梅．科学施用堆肥促进绿色种养循环［N］．四川科技报，2024-11-15.

［4］龚大春，任立伟．农业微生物菌剂和生物有机肥［M］．北京：化学工业出版社，2022.

［5］李隆．间套作体系豆科作物固氮生态学原理与应用［M］．北京：中国农业大学出版社，2013.

［6］朱加楠，毕宇，田爽，等．根瘤菌剂的研发与应用进展［J］．中南农业科技，2025（1）．

［7］李艳杰，张武，项鹏，等．根瘤菌剂与种衣剂拌种对大豆生育及产量的影响［J］．现代化农业，2024（7）．

［8］孟令波，孙婷婷，郑苗苗，等．应用微生物学原理与技术［M］．重庆：重庆大学出版社，2021.

［9］王学聘，戴莲韵．苏云金芽孢杆菌制剂与化学药剂混合使用的初步研究［J］．林业科技通讯，1990（8）．

［10］刘娜．苏云金杆菌在林木病虫害防治中的应用［J］．现代农业科学，2009，16（5）．

［11］朱玮，赵兵，王晓东，等．生物农药苏云金芽孢杆菌的研究进展［J］．过程工程学报，2004（3）．

［12］顾卫兵，陈世昌．农业微生物［M］．北京：中国农业出版社，2022.

［13］沈萍．微生物学实验［M］．5 版．北京：高等教育出版社，2018.

［14］付贵，曹杰，朱峰志，等．芽苗菜的营养价值与功能特性以及安全性研究进展．食品科学，2025（11）．

［15］朱会霞，贾金霄，孙金旭，等．芽苗菜的营养与功能成分及应用研究进展［J］．中国瓜菜，2023（9）．

［16］乔迺妮．芽苗菜的栽培技术及应用分析［J］．农业技术与装备，2023（4）．

［17］贺晓伟．蔬菜嫁接与果树嫁接综合技术比较研究［J］．果农之友，2023（9）．

［18］梁硕，于策策．果树嫁接育苗及管理措施［J］．新农业，2023（4）．

［19］冯木彩，薛丽，张焕刚，等．果树嫁接苗培育技术［J］．果树实用技术与信息，2022（10）．

［20］张晓明．果树嫁接成活的原理与方法实践［J］．河南农业，2022（17）．

［21］初守军．果树嫁接的关键技术要点分析［J］．中国农业文摘，2022（3）．

［22］李梦旭，樊健．蔬菜嫁接技术研究现状及发展趋势［J］．农业工程，2023（4）．

[23] 陈贵林，等 . 蔬菜嫁接育苗彩色图说 [M] .2 版 . 北京：中国农业出版社，2010.

[24] 谢运萩 . 花卉嫁接繁殖技术 [J] . 林业与生态，2019（11）.

[25] 吴连峰 . 花卉嫁接繁殖技术 [J] . 中国园艺文摘，2017（6）.

[26] 李强国，朴勇建 . 园林花卉的嫁接繁殖技术 [J] . 吉林蔬菜，2013（58）.

[27] 张明远，李红梅 . 农药剂型与应用技术 [M] . 北京：中国农业出版社，2015.

[28] 王建国 . 农药使用技术与安全 [M] . 北京：化学工业出版社，2018.

[29] 刘广文 . 农药制剂工程技术 [M] . 北京：化学工业出版社，2018.

[30] 陈福良 . 农药剂型加工新进展 [M] . 北京：化学工业出版社，2018.

[31] 何雄奎 . 中国农药研究与应用全书 [M] . 北京：化学工业出版社，2019.

[32] 何雄奎 . 农药雾滴雾化沉积飘失理论与实践 [M] . 北京：化学工业出版社，2022.

[33] 曹坳程，王秋霞 . 农药问答 [M] . 北京：化学工业出版社，2020.

[34] 韩崇选，李建春，王培新，等 . 药剂拌种对飞播造林的影响研究 [M] . 榆林：西北农林科技大学出版社，2016.

[35] 欧晓明，司乃国，陈杰 . 中国农药研究与应用全书 [M] . 北京：化学工业出版社，2019.

[36] 董向丽，王思芳，孙家隆 . 农药科学使用技术 [M] . 北京：化学工业出版社，2019.

[37] 陶波，王崇生，洪峰 . 无人机农业飞防应用技术 [M] . 北京：化学工业出版社，2022.

[38] 李倩，滕葳，柳琪 . 农药使用技术与残留危害风险评估 [M] . 北京：化学工业出版社，2023.

[39] 胡志凤，张淑梅 . 植物保护技术 [M] . 北京：中国农业大学出版社，2022.

[40] 农业部种植业管理司，农业部农药检定所 . 新编农药手册 [M] . 2 版 . 北京：中国农业出版社，2013.

[41] 邱晓红，迟全元. 植物保护技术实训 [M] . 北京：中国农业出版社，2021.

[42] 黄宏英，康克功. 植物保护技术与实训 [M] . 北京：中国劳动社会保障出版社，2019.

[43] 黄保宏. 植物保护技术实验实习实训指导 [M] . 武汉：华中科技大学出版社，2022.

[44] 沈萍，陈向东 . 微生物学实验指导 [M] . 5 版 . 北京：高等教育出版社，2018.

[45] 邵蓬 . 工厂化循环水健康养殖技术 [M] . 北京：海洋出版社，2018.

[46] 占家智 . 水族箱造景与养护大全 [M] . 沈阳：辽宁科学技术出版社，2004.

[47] 张宇晴，杨铭铎 .4 种烹饪工艺对食品加工安全特性影响的研究进展 [J] . 食品安全质量检测学报，2019（17）.

[48] 邵万宽 . 现代厨房生产与管理 [M] . 3 版 . 南京：东南大学出版社，2023.

[49] 商学兵，钱峰 . 厨房管理 [M] . 北京：中国商业出版社，2021.

[50] 张意 . 小厨房大健康 [M] . 广州：中山大学出版社，2018.

图书在版编目（CIP）数据

耕读劳动：新时代劳动教育实践 / 李振科主编．北京：中国人民大学出版社，2025. 7. --（新编 21 世纪高等职业教育精品教材）. --ISBN 978-7-300-34198-9

Ⅰ. G40-015

中国国家版本馆 CIP 数据核字第 2025GU6408 号

新编 21 世纪高等职业教育精品教材·公共基础课系列

耕读劳动

——新时代劳动教育实践

主编　李振科

Gengdu Laodong——Xinshidai Laodong Jiaoyu Shijian

出版发行	中国人民大学出版社		
社　　址	北京中关村大街 31 号	**邮政编码**	100080
电　　话	010－62511242（总编室）		010－62511770（质管部）
	010－82501766（邮购部）		010－62514148（门市部）
	010－62511173（发行公司）		010－62515275（盗版举报）
网　　址	http: //www.crup.com.cn		
经　　销	新华书店		
印　　刷	北京市鑫霸印务有限公司		
开　　本	787 mm × 1092 mm　1/16	**版　　次**	2025 年 7 月第 1 版
印　　张	13.75	**印　　次**	2025 年 7 月第 1 次印刷
字　　数	304 000	**定　　价**	42.00 元